LAROUSSE

DE LA
DIETÉTICA
Y LA
NUTRICIÓN

LAROUSSE
DE LA
DIETÉTICA
Y LA
NUTRICIÓN

LAROUSSE

ES UNA OBRA

LAROUSSE

Han colaborado en la presente obra bajo la dirección y coordinación del editor:

Redacción:
GEMMA SALVADOR CASTELL
Dietista. Miembro de la Asociación Española de Dietistas y Nutricionistas AEDN.
Trabaja en el Programa de Alimentación y Nutrición del Departamento de Sanidad
y Seguridad Social de la Generalitat de Catalunya.
Miembro del equipo educativo de la Asociación de Diabéticos de Cataluña, ADC.
En la actualidad forma parte de la junta directiva de la Sociedad Española de Nutrición Comunitaria, SENC.

y LUCIA BULTÓ SAGNIER
Dietista. Miembro de la Asociación Española de Dietistas y Nutricionistas, AEDN.
Actualmente, miembro de la junta directiva.
D N. Centro de Asesoramiento en Dietética y Nutrición.

Dirección editorial: NÚRIA LUCENA CAYUELA

Coordinación editorial: JORDI INDURÁIN PONS

Edición: Mª ÀNGELS OLIVERA CABEZÓN y OLGA WUNDERLICH GRACIA

Documentación fotográfica: JUANA TORRES EZCURRA

Ilustración: JAVIER BOU PRENAFETA

Estilismo y cocina: GABRIELA BARJAJ

Fotografía de portada y recetario: ANNA GARCÍA FIGOLA

Diseño de cubierta: FRANCESC SALA

Diseño de maqueta y compaginación: MIQUEL DÍAZ MARTÍNEZ y ÒSCAR REINA BERNAD
(ORMOGRAF)

Agencias fotográficas: ARTVILLE, PHOTOALTO, PHOTODISC y POWERPHOTOS

© 2004, SPES EDITORIAL, S.L.
Aribau, 197-199, 3ª, 08021 Barcelona
Tel.: 93 241 35 05   Fax: 93 241 35 07
laroussc@larousse.es / www.larousse.es

ISBN 84-8016-513-8
Depósito legal: B. 11.222-2004
Impresión y encuadernación: Industrias Gráficas Mármol, S.L.
Ctra. N. II, km 593, barrio «Los fondos»
San Andrés de la Barca 08740 (Barcelona)
Impreso en España - Printed in Spain

PRÓLOGO

En la actualidad, la comunidad científica admite que la dieta puede contribuir a demorar o prevenir la aparición de un buen número de enfermedades crónicas y que la adecuación de los hábitos alimentarios hacia modelos más saludables es uno de los elementos más importantes en las estrategias de promoción de la salud. Por ello, los temas sobre nutrición, dietética y alimentación han cobrado un protagonismo notable y copan el interés de los consumidores. Además, diversos problemas acaecidos en Europa en los últimos años, en relación con la seguridad de los alimentos, han encontrado en una población muy sensibilizada por estos temas un caldo de cultivo idóneo que ha provocado diversas crisis sin precedentes en torno a la alimentación. Por todo ello, nunca la alimentación había sido un tema de tanta actualidad como lo está siendo ahora, y los aspectos sobre seguridad alimentaria, nutrición y dietética preocupan más que nunca al ciudadano.

Quizás como consecuencia de esto, existen innumerables libros en el mercado sobre alimentación y nutrición que intentan dar respuesta a las preguntas que el consumidor se hace en torno a estos temas; desgraciadamente, pocos merecen la pena ser leídos o consultados. No es posible impedir que personas sin la debida formación se embarquen en la dura tarea de escribir un libro de dietética y/o nutrición y pregonen sus opiniones y experiencia en este campo, en el que todo el mundo se atreve a dar consejos. Ello suele crear más confusión en la opinión pública que contribuir a apaciguarla.

El **Larousse de la dietética y la nutrición** de Gemma Salvador y Lucía Bultó es una notoria excepción. En primer lugar porque sus autoras tienen una sólida formación y una amplia y rigurosa experiencia práctica, con un perfil idóneo para llevar a buen puerto un proyecto como el que nos ocupa, que requiere una combinación de rigor científico y académico, por un lado, y capacidad de comunicación y divulgación, por el otro. En segundo lugar, por sus contenidos, exhaustivos, muy actualizados, de gran interés y expuestos en un lenguaje claro y fluido que cautivará al lector. Y en tercer lugar, porque a su organización y estructura práctica y de fácil consulta se suma un diseño gráfico propio de la calidad de Larousse que simplifica y ameniza su lectura y comprensión.

A lo largo de sus páginas se exponen temas tan importantes como la antropología de la alimentación, el concepto de dieta equilibrada en el transcurso de la vida, el papel de la nutrición en la prevención y tratamiento de algunas de las enfermedades que nos acechan, la por fin valorada dieta mediterránea, la dieta vegetariana, la alimentación en el deporte, las modas alimentarias, comer fuera de casa, las nuevas tecnologías alimentarias, así como acertados consejos sobre higiene y seguridad de los alimentos. Cierran este libro un recetario de cocina adaptado a necesidades dietéticas y unas tablas de composición de alimentos, junto a un útil vocabulario de nutrición.

En definitiva, un libro riguroso, completo, ameno y didáctico que, por el bien de todos, desearía que fuera leído por el máximo número de consumidores y comensales. Que lo lean a gusto, tienen un excelente menú entre manos.

Dr. Lluís Serra Majem
Catedrático de Medicina Preventiva
Universidad de las Palmas de Gran Canaria (1)

---

(1) El Dr. Lluís Serra Majem es médico, doctor en medicina y en nutrición y Catedrático de Medicina Preventiva y Salud Pública en la Universidad de Las Palmas de Gran Canaria. Es, a su vez, Catedrático de la U.N.E.S.C.O., Director del Centro de Investigación en Nutrición Comunitaria del Parque Científico de Barcelona, Presidente de la Fundación para el Desarrollo de la Dieta Mediterránea y Presidente de la Sociedad Española de Nutrición Comunitaria.

ÍNDICE DE CAPÍTULOS

"La sabiduría del cuerpo ha sido en parte engañada por la locura de las modas…, es decir, que con frecuencia las pautas culturales han sumergido la capacidad del ser humano para equilibrar su alimentación del modo más beneficioso."

(J. Contreras.,
Antropología de la alimentación,1993)

El hecho de que en la actualidad casi un 60% de la población de los países desarrollados siga algún tipo de régimen alimenticio ya sea por prescripciones dietéticas, por razones de estética o simplemente para obtener una alimentación equilibrada, pone de manifiesto un interés cada vez más elevado por todo aquello que hace referencia a la alimentación, la dietética y la nutrición.

Frente al incesante bombardeo de informaciones sobre lo que es o no es bueno para comer, para la salud o para conseguir una figura esbelta, esta obra pretende ofrecer información clara y asequible, pero al mismo tiempo argumentada, sobre aquellos temas que hemos considerado de mayor interés en el campo de la alimentación, la nutrición y la dietética.

Los dos primeros capítulos son preámbulos imprescindibles para el mejor entendimiento y fácil acceso a los siguientes temas, en los que se desarrollan aspectos de la alimentación más concretos en relación a diversas situaciones, tanto de salud como de enfermedad.

En cada capítulo hemos incluido ejemplos de aplicación práctica, cuadros resumen, tablas, figuras, etc., así como un capítulo exclusivo de recetas comentadas, con la intención de pasar armóniamente de la teoría… a la mesa.

Nuestra intención no ha sido en ningún momento ofrecer un arquetipo rígido y poco real de la alimentación saludable, sino facilitar unas recomendaciones básicas para que cada cual las adapte a sus características, preferencias y ritmo de vida.

Consideramos que la salud en la mesa pasa por valorar aspectos tan importantes como la satisfacción y el placer de comer.

Agradecimientos:

Queremos manifestar nuestro especial agradecimiento al Dr. Gonçal Lloveras por su histórico y reconocido interés por la nutrición y la dietética, así como por sus profesionales, los dietistas. En este sentido, recibimos su apoyo desde el principio de la realización de esta obra.
Agradecemos también la colaboración y asesoría de la Sra. Imma Palma, licenciada en biología y dietista y de la Sra. Eva Martín, dietista.

Gemma Salvador Castell
Lucía Bultó Sagnier

¿POR QUÉ Y PARA QUÉ COMEMOS?

La alimentación es uno de los procesos más importantes que influyen en el desarrollo tanto físico como psíquico del individuo, en definitiva, sobre su estado de salud.

Mediante la observación y el estudio de los hábitos alimentarios, las preferencias y aversiones, la elaboración de los platos, la forma y el momento de consumirlos, la elección y búsqueda de sabores, etc..., se obtiene abundante información acerca de las características de un determinado grupo social, ya que, probablemente, no existe ninguna conducta humana que se establezca de forma gratuita.

¿Qué es comer para el ser humano?

El comportamiento alimentario del hombre no se reduce tan sólo a la ingestión de alimentos. Comer, para el ser humano, es algo más que nutrirse. No comemos sólo para mantener nuestras constantes vitales, sino también para proporcionarnos placer, facilitar la convivencia y luchar contra determinadas ansiedades. La alimentación es, por tanto, un proceso complejo que trasciende la necesidad puramente biológica y que se ve influenciado por toda una serie de factores sociales, culturales, geográficos,

La gran variedad de dietas que existe en nuestro mundo se debe a la diversidad de los ecosistemas y las culturas que se han desarrollado en ellos.

Una comida puede ser una buena manera de relacionarse con los demás y compartir conocimientos y experiencias.

religiosos o afectivos. Para el recién nacido, por ejemplo, alimentarse es un acto sumamente placentero que no sólo satisface sus necesidades primarias, sino que le permite relacionarse con el medio exterior y, sobre todo, con la madre. Esta relación que se establece a través de la alimentación crea importantes lazos afectivos.

El ser humano utiliza la alimentación como vehículo de socialización, ya que la alimentación es un acto social que facilita la relación humana. Cualquier evento social tiene un componente alimentario que le da relevancia e identidad propia. Así, en nuestra cultura no pueden faltar los confites del bautizo, el pastel de cumpleaños, el banquete de boda, así como los turrones de Navidad o los buñuelos de Cuaresma. Todo suceso puede ser motivo para reunirse alrededor de una mesa, tanto a nivel familiar o profesional, en comidas de negocios, como a nivel religioso (no olvidemos que el rito católico más relevante, la celebración de la misa, es la rememoración de un banquete).

La gastronomía de cada pueblo, familia o comunidad es un lenguaje que deja entrever un sinfín de informaciones y matices referentes al recorrido histórico, la disponibilidad de alimentos, la situación geográfica, el clima...

Alimento: tradición y tabú

¿Por qué comemos unos determinados alimentos y rechazamos otros que igualmente podrían proporcionarnos los elementos necesarios para una adecuada nutrición?

En el consumo alimentario influyen todo tipo de tradiciones y creencias sobre lo que «es» y lo que «no es» conveniente para la alimentación humana. En cada sociedad encontramos tabús que van desde prescripciones individuales hasta prohibiciones colectivas de orden religioso o social, que restringen o desaconsejan el consumo de ciertos productos comestibles. Cabe recordar algunos alimentos que para nosotros son alimentos tabú, pero que, actualmente, otros pueblos consumen habitualmente, como escarabajos, larvas, insectos, carne de perro... y que nos producen una fuerte repulsión. No obstante, si consideramos racionalmente el valor nutritivo de estos productos, no difieren en gran medida de otros que encontramos exquisitos y totalmente adecuados.

Según indican algunos estudios,

ALIMENTOS TABÚ

	Consumo habitual en:	Consumo tabú en:
• Insectos	• América Latina, Asia, África	• Europa, E.U.A., Canadá
• Caballo	• España, Francia, Bélgica	• Países anglosajones
• Caracoles	• España, Francia, Italia Marruecos	• Países anglosajones
• Conejo	• España, Francia, Italia	• Países anglosajones

parece ser que la mayoría de las preferencias y aversiones alimentarias de cada cultura tienen su origen como consecuencia de la adaptación cultural a un medio ecológico concreto, aunque más tarde estas tendencias puedan revestirse de simbolismos o creencias religiosas.

Alimentación: modernidad, progreso y publicidad

La modernidad alimentaria presenta unas determinadas características para cada situación o actividad: alimentación en el trabajo, en el deporte, en el ocio, en las festividades. La mayoría de estas situaciones presentan una determinada forma de alimentarse. Actualmente, una comida rápida y ligera se interpreta como signo de participación activa en la vida moderna. También ocurre esto con las comidas o cenas de negocios, en las que se utiliza el placer gastronómico y la reunión de los comensales como elementos que facilitan las transacciones.

El consumo de alimentos procesados ha aumentado considerablemente en los últimos treinta años y sigue haciéndolo, a pesar de sus detractores morales, gastronómicos y económicos. Puede afirmarse que las pautas de adquisición, conservación, preparación y consumo de los alimentos se han visto muy influenciadas por los cambios sociales y demográficos. En primer lugar, destaca el importante aumento de mujeres que participan de un trabajo asalariado fuera del hogar. Esta mayor participación de la mujer no ha ido acompañada, en líneas generales, de una mayor corresponsabilización de los hombres en las tareas domésticas. Consecuentemente, aumenta la tendencia hacia la adquisición de aquellos alimentos que exigen menor

tiempo de preparación y limpieza. Los responsables de la alimentación en el núcleo familiar buscan, en definitiva, productos y técnicas que ahorren tiempo en las preparaciones de los platos y en la limpieza de la cocina. Cada vez están más solicitados los alimentos procesados, listos para consumir, así como la rapidez y eficacia de las nuevas tecnologías culinarias, microondas, congeladores...

Otro aspecto que caracteriza la modernidad alimentaria es la ansiedad producida por fuertes y contradictorias presiones. Recibimos constantemente un bombardeo de informaciones acerca de cuál es la alimentación más saludable, más conveniente, más preventiva frente al envejecimiento, etc... Por otro lado, numerosos programas de educación sanitaria señalan la conveniencia de cierto control y moderación en la ingestión de calorías en forma de grasas saturadas y azúcares. Todo

A menudo los empleados de una misma empresa suelen aprovechar la hora de comer para intercambiar impresiones o discutir nuevos métodos de trabajo.

La publicidad utiliza diversas estrategias para aumentar el consumo de un determinado producto.

ello predispone a lo que podríamos denominar un ambiente de crispación dietética, que comporta confusión y que, en cierto modo, junto con la publicidad, los patrones estéticos de extremada delgadez y la moda están influyendo en la aparición de trastornos del comportamiento alimentario (capítulo 10).

La publicidad utiliza muy diversas estrategias para aumentar y mediatizar el consumo de los productos alimenticios. De esta manera se asocia la adquisición o el consumo de algunos alimentos al sexo, a la edad, a la tradición, etc. Un alimento o bebida puede identificarse como masculina, desde el momento en que por razones históricas, nutricionales, simbólicas o morales no debe ser consumido por mujeres, niños o ancianos. Así, la mayor parte de las bebidas alcohólicas suelen anunciarse por y para los hombres: «...es cosa de hombres...», aunque las bebidas alcohólicas light suelen ser anunciadas

por mujeres, al igual que la mayoría de productos bajos en calorías. También la publicidad nos muestra conductas alimentarias asociadas a la población joven, moderna, activa, poco tradicional, nada convencional... mediante espots relacionados con el consumo de bollería, bebidas refrescantes y establecimientos de comida rápida de origen anglosajón, «...listo para tomar, listo para llevar...».

La incitación a consumir, beber, fumar, comer... es constante, y esto no favorece en absoluto el pretendido equilibrio para la salud si, al mismo tiempo, no se trabaja para que la población esté informada, capacitada y dotada de criterio para hacer frente a la gran oferta.

En definitiva, un proceso tan normal y cotidiano como es el de alimentarse se transforma en un conjunto de procesos que van mucho más lejos de la finalidad primaria, la de nutrirse, y nos describen una multiplicidad de formas de vivir.

Un alimento o bebida se identifica con determinados sectores de la población.

ALIMENTACIÓN, DISEÑO Y PUBLICIDAD

Desde hace décadas, las empresas dedicadas al sector de la alimentación han procurado aunar su imagen y la de sus productos a una referencia iconográfica que las diferenciara del resto de los productos similares en el mercado. En esas imágenes se puede rastrear la historia de qué valores y características han sido más valoradas y cuáles son actualmente los beneficios que el consumidor espera encontrar en esos alimentos tras su adquisición y consumo. Paralelamente, la técnica y las diferentes modas y estilos en el ámbito del diseño gráfico han emitido, con su evolución tipográfica y referencial, un mensaje acorde con las diferentes épocas, los diversos gustos alimentarios y las preferencias culturales de cada población.

garlic

HEAVY CREAM

red bliss potatoes

rosemary

olive oil

A pesar de que el sabor, el olor y el color son elementos imprescindibles para disfrutar de un buen plato, es necesario también que los alimentos que vayamos a ingerir se combinen de una manera sana y equilibrada.

EQUILIBRIO Y SALUD

Para que la alimentación no tan sólo sea agradable y placentera, sino que también sea saludable debe basarse en la variedad y el equilibrio, así como adaptarse a las necesidades individuales. Para llevar a cabo una alimentación saludable es importante conocer las características y las propiedades de los distintos alimentos, así como las proporciones y las frecuencias de consumo.

A menudo oímos hablar de alimentación, de nutrición, de nutrientes y de sustancias nutritivas y aunque son términos muy utilizados, quizás no conocemos muy bien su significado. La nutrición es el conjunto de procesos mediante los cuales nuestro organismo recibe, transforma e incorpora las sustancias contenidas en los alimentos que se ingieren a través de la alimentación. Estas sustancias constituyen el material básico para el mantenimiento de la vida. La mayor parte de las sustancias nutritivas (hidratos de carbono o glúcidos, proteínas, grasas, vitaminas, sales minerales) no existen en la naturaleza de forma individualizada (excepto el agua que es también una sustancia nutritiva) sino que forman parte de los distintos alimentos en proporciones determinadas. Se puede decir que la forma natural para poder obtener estas sustancias nutritivas son los alimentos, siendo muy variable la proporción en la que cada alimento contiene los distintos nutrientes. Algunos productos son mucho más ricos que otros en determinadas sustancias, aunque no podemos decir que exista un alimento, por muy completo que éste sea, capaz de cubrir las necesidades nu-

tricionales del individuo. Ciertos alimentos son muy ricos en hidratos de carbono o en glúcidos como, por ejemplo, los farináceos (cereales en general, legumbres, tubérculos), otros son muy ricos en agua, vitaminas y minerales (verduras, hortalizas, frutas) y otros contienen grasas (aceites, frutos secos).

La Organización Mundial de la Salud (O.M.S.) clasifica los distintos nutrientes según sus funciones en:
– *Plásticos* (proteínas y sales minerales) que intervienen básicamente en la construcción de las estructuras corporales, en el mantenimiento y en la reparación de los tejidos.
– *Energéticos* (lípidos o grasas, hidratos de carbono o glúcidos y, en menor proporción, las proteínas) que suministran al organismo la energía necesaria para sus distintas funciones.
– *Reguladores* (vitaminas, sales minerales y agua) que intervienen en los procesos de regulación del organismo.

Es también importante recordar que algunas de estas sustancias son energéticas, es decir, que una vez ingeridas y transformadas proporcionan a nuestro organismo energía, que en nutrición se mide en forma de calorías o kilocalorías (1 Kcal = 1.000 cal).

Las sustancias nutritivas o nutrientes energéticos son los hidratos de carbono (1 g de hidratos de carbono proporciona aproximadamente 4 Kcal de energía), las proteínas (1 g de proteínas proporciona aproximadamente 4 Kcal) y los lípidos o grasas

Haciendo una comparación muy sencilla, podríamos decir que los alimentos son cajas o envoltorios que contienen distintas proporciones de sustancias, imprescindibles para el desarrollo y funcionamiento de nuestro organismo.

En una alimentación equilibrada y saludable se considera que del total de la energía ingerida a lo largo del día, de un 50 a un 60 % debería ser suministrada por los hidratos de carbono, entre un 12 y un 15 % por las proteínas y entre un 25 y un 35 % por los lípidos o grasas.

(1 g de lípidos proporciona aproximadamente 9 Kcal). Estas sustancias energéticas se denominan macronutrientes o principios inmediatos. Las vitaminas, las sales minerales y el agua no proporcionan energía.

Con frecuencia olvidamos hacer una especial referencia al agua, sustancia imprescindible para el adecuado funcionamiento y equilibrio de nuestro organismo. A pesar de que los distintos alimentos la contienen en mayor o en menor proporción, se considera conveniente una ingesta de agua de 1 a 1,5 litros al día.

Clasificación de los alimentos

Los alimentos suelen clasificarse en grupos o familias según su contenido en nutrientes, su origen (animal o vegetal), su función en el organismo, etc. A continuación se presenta una clasificación de los alimentos en forma de pirámide. Es quizás una de las clasificaciones mejor aceptadas actualmente en el ámbito de la educación alimentaria.

1. Cereales y féculas
2. Verduras y hortalizas

MINERALES

	Fuentes	Funciones	Carencias	Ingesta recomendada
• Calcio (Ca)	• Leche y derivados • En menor proporción y grado de absorción: verduras, frutos secos y legumbres • Pescado pequeño ingerido entero (con espina)	• Formación y mantenimiento de la estructura ósea • Coagulación de la sangre • Contracción muscular • Impulsos nerviosos	• Raquitismo • Osteoporosis • Problemas de coagulación	1.200-1.400 mg/día
• Flúor (F)	• Agua potable, pescado marino, té, café, marisco • verduras y hortalizas (según el contenido de flúor del suelo)	• Reduce la incidencia de la caries dental	• Caries dental	2-5 mg/día
• Fósforo (P)	• Carne, pescados, leche, legumbres, frutos secos	• Estructura ósea • Formación de ATP (energía)	• No suele producirse	1.000-1.600 mg/día
• Hierro (Fe)	• Hígado, carnes rojas, yemas de huevo, marisco, legumbres, pescado	• Hemoglobina	• Anemia ferropénica	H 10 mg/día M 15 mg/día
• Magnesio (Mg)	• Verduras, hortalizas, legumbres, carne	• Activador enzimático • Impulsos nerviosos	• No suele producirse	300-400 mg/día
• Potasio (K)	• Frutas, verduras, frutos secos, legumbres	• Transmisión y generación de impulsos nerviosos	• Problemas musculares y de transmisión nerviosa	3-5 g/día
• Yodo (I)	• Alimentos de mar • Alimentos y aguas de zonas ricas en yodo	• Hormonas tiroideas	• Bocio • Cretinismo	150-200 µg/día

Fuente: Los minerales y la salud. Dr. R. Segura

3. Frutas
4. Leche y derivados lácteos
5. Carnes, pescados, huevos y legumbres
6. Aceites y frutos secos

Estos grupos de alimentos pueden considerarse básicos. Es conveniente ingerir a diario alimentos de estos seis grupos para conseguir un equilibrio adecuado en la alimentación. Por otro lado, existen una serie de alimentos y bebidas que no se consideran básicos como el azúcar, la sal, los productos azucarados, las grasas animales de adición, las bebidas refrescantes, las estimulantes y las alcohólicas, sino que son complementarios. En una alimentación equilibrada podría prescindirse perfectamente de estos alimentos aunque, en realidad, lo que se recomienda es moderación en cuanto al consumo de estos productos.

Para tener una idea aproximada de las cantidades y proporciones convenientes dentro de cada grupo de alimentos, numerosos autores sugieren el sistema de raciones.

RACIONES RECOMENDADAS DE CADA GRUPO DE ALIMENTOS

- de 2 a 4 raciones de leche y/o derivados lácteos
  – 2 para la población adulta
  – de 2 a 3 para la población infantil y anciana
  – de 3 a 4 para adolescentes, mujeres embarazadas y lactantes
- 2 raciones del grupo de carnes, aves, pescados, huevos y legumbres
- de 3 a 6 raciones del grupo de cereales y féculas
- de 2 a 3 raciones de verduras y hortalizas. Se recomienda que al menos una de estas raciones se consuma en crudo, por ejemplo, en forma de ensaladas, para garantizar el aporte en fibra, vitaminas y minerales
- de 2 a 3 raciones de frutas
- de 3 a 6 raciones de aceites (una ración = 1 cuchara sopera = 10 cc)

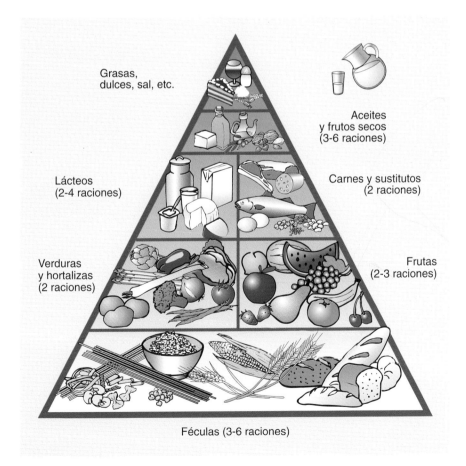

Grasas, dulces, sal, etc.

Aceites y frutos secos (3-6 raciones)

Lácteos (2-4 raciones)

Carnes y sustitutos (2 raciones)

Verduras y hortalizas (2 raciones)

Frutas (2-3 raciones)

Féculas (3-6 raciones)

La pirámide alimentaria indica cómo deben distribuirse los alimentos en la dieta en función de sus propiedades nutricionales.

17

VITAMINAS HIDROSOLUBLES

	Fuentes	Funciones	Carencias
• Ácido fólico o folacina	• Verduras de hoja verde, cereales, legumbres, carne	• Formación del ADN y el ARN • Formación y maduración de glóbulos rojos o blancos	• Anemia megalobástica • Malformaciones en el tubo neural del embrión
• B₁ (tiamina)	• Cereales integrales, verduras, hortalizas y legumbres, carne de cerdo, huevos, leche	• Interviene en el metabolismo de macronutrientes • Mantenimiento del sistema nervioso	• Beri-beri • Enfermedades del sistema nervioso
• B₂ (riboflamina)	• Carne, pescados, huevos, leche, cereales integrales, legumbres, hortalizas	• Formación de anticuerpos y glóbulos rojos • Metabolismo de macronutrientes	• Cataratas • Alteraciones en mucosas
• B₁₂ (cianoco-balamina)	• Carne, huevos, pescados, leche	• Funcionalidad de células nerviosas • Formación de mielina • Formación de hematíes • Maduración de glóbulos rojos	• Anemia perniciosa • Deficiencias neurológicas
• C (ácido ascórbico)	• Cítricos, verduras, hortalizas, patatas	• Acción antioxidante • Resistencia a las infecciones • Favorece la absorción del hierro	• Escorbuto • Trastornos hemorrágicos
• Niacina	• Carne, legumbres, cereales completos	• Metabolismo de los macronutrientes • Producción de hormonas sexuales • Síntesis de glucógeno	• Pelagra • Trastornos de la piel

VITAMINAS LIPOSOLUBLES

	Fuentes	Funciones	Carencias
• A	• Leche, mantequilla, yema de huevo, hígado, zanahorias, espinacas	• Mantenimiento de tejidos • Visión nocturna • Resistencia a infecciones • Desarrollo del sistema nervioso	• Ceguera nocturna • Piel seca y escamosa • Mucosas resecas
• D	• Pescado, yema de huevo, mantequilla y leche	• Crecimiento óseo • Absorción y utilización de calcio	• Raquitismo en los niños • Osteomalacia en los adultos
• E (tocoferol)	• Aceites vegetales (maíz, girasol, oliva, soja, etc.), verduras de hoja verde, huevo	• Acción antioxidante • Prevención de la hemólisis • Mantenimiento de la fertilidad	• Anemia y dermatitis en los niños • Hemólisis eritrocitaria
• K	• Verduras de hoja verde, fruta, cereales, hígado	• Ayuda a la formación de elementos para la coagulación	• Hemorragias

Fuente: «Las vitaminas en la alimentación de los españoles», Estudio cvc. Javier Aranceta

EJEMPLOS DE UNA RACIÓN DE LOS DISTINTOS GRUPOS DE ALIMENTOS

1 ración de lácteos
250 ml de leche (entera o descremada)
2 yogures
40-50 g de queso (de bola, manchego semicurado...)
125 g de queso fresco (requesón, Burgos, Villalón…)

1 ración de cárnicos
De 80 a 100 g de carne (de ternera, de buey, de cerdo…)
150 g de pescado
1/4 de pollo o conejo
2 huevos
Un plato de legumbres (aproximadamente unos 80 g en crudo)

1 ración de farináceos
50-60 g de pan
Un plato de arroz, fideos o macarrones (de 60 a 80 g en crudo)
Una patata mediana (de 180 a 200 g)

1 ración de verduras y hortalizas
Un plato de ensalada variada (de 200 a 250 g)
Un plato de verdura fresca o congelada (de 200 a 250 g)
Un par de zanahorias
Un par de tomates

1 ración de fruta
Una pieza mediana de fruta: pera, manzana, melocotón, plátano… (unos 200 g)
2 á 3 mandarinas
3 o 4 albaricoques
Media taza de fresones o de cerezas
Un par de tajadas de melón

1 ración de aceite
1 cucharada sopera de aceite (10 ml)
De 20 a 25 g de frutos secos oleaginosos (almendras, avellanas, cacahuetes, nueces...)

¿Qué es una ración?

Se considera que una ración de alimento es la cantidad habitual que suele consumirse. Teniendo en cuenta que no todas las personas comen la misma cantidad, se escoge una media determinada atendiendo a las costumbres sociales y a las encuestas nutricionales realizadas. La coordinación entre las diferentes raciones de los grupos de alimentos configura nuestra alimentación equilibrada.

Características y propiedades de los distintos grupos de alimentos

Leche y derivados lácteos

La leche es el alimento básico de este grupo y uno de los productos alimenticios más completos, ya que contiene cantidades considerables de proteínas, glúcidos (lactosa), grasas y sobre todo calcio. La leche y sus derivados como el yogur y los quesos representan la fuente más importante de calcio en nuestra alimentación, tanto por la cantidad que contienen, como por la facilidad de absorción de éste en nuestro organismo. La leche desnatada conserva la misma proporción de proteínas, azúcares (lactosa) y calcio que la entera, aunque pierde la grasa así como las vitaminas que se encuentran disueltas en ésta, llamadas liposolubles, como la vitamina A. Actualmente se encuentran en el mercado leches descremadas enriquecidas con vitaminas. Las organizaciones de expertos en nutrición recomiendan a la población adulta la utilización de leche y derivados lácteos bajos en grasas, es decir, desnatados o semidesnatados. La modificación del contenido en grasa puede ser la siguiente:

Leche entera (3,2-3,7 % en materia grasa [M.G.])

Leche desnatada (0-0,5 % en M.G.)

Es importante recordar que...

• El adulto necesita 2 raciones de leche y/o derivados lácteos al día; entre 2 y 3 los niños y las personas ancianas, y entre 3 y 4 raciones los adolescentes y las mujeres embarazadas.
• La leche y los derivados lácteos representan la mejor y más importante fuente de calcio en nuestra alimentación.
• La leche que menos cualidades nutricionales pierde después de los tratamientos de higienización y conservación es la pasteurizada o «fresca», y la esterilizada UHT.

La gran variedad de productos lácteos permite disfrutar de una dieta sana sin caer en la monotonía.

Leche semidesnatada (1,5-2 % en M.G.)

Con el objetivo de disminuir la grasa de origen animal propia de la leche, pero dar textura y sabor a la misma, existe cierto tipo de leche a la que se le añaden grasas de origen vegetal (ácidos grasos mono y poliinsaturados). Las proteínas de la leche se complementan muy bien con las de los cereales, de tal forma que al ingerir estos dos alimentos al mismo tiempo se consigue un mejor aporte en proteínas, tanto cualitativa como cuantitativamente. Sirva como ejemplo: leche con pan, con tostadas, con cereales de desayuno, con galletas, etc.

El proceso higiénico-industrial que sigue la leche antes de llegar al consumidor con el fin de mejorar las condiciones sanitarias y de conservación es el siguiente:

– Refrigeración

– Traslado a la central lechera

– Centrifugación y almacenamiento

– Homogenización o filtrado a alta presión para evitar que la grasa de la leche se acumule en la superficie.

– Higienización o pasteurización, es decir, un tratamiento térmico que destruye todos los gérmenes patóge-

nos o nocivos para la salud. Esta leche ya puede consumirse directamente sin necesidad de ser hervida. Es el tratamiento térmico que altera menos su sabor y su valor nutritivo, aunque debe consumirse en un plazo de 2 a 3 días. En el mercado puede encontrarse con el nombre de leche fresca.

– Esterilización. Actualmente se utiliza casi siempre el sistema de esterilización UHT (Uperised Hight temperature). Mediante este procedimiento se consigue una alteración mínima del contenido nutritivo y del sabor, así como una perfecta conservación (durante meses, sin necesidad de poner la leche en el frigorífico a menos que el envase se haya abierto).

El yogur se obtiene por la fermentación de la leche que se acidifica por la acción de unas bacterias (*Lactobacillus bulgaricus* y *Estreptococus thermophilus*). Si a la leche se le añaden otro tipo de bacterias se obtienen distintos tipos de leches acidificadas.

El contenido en nutrientes del yogur es prácticamente el mismo que el de la leche, a igual cantidad, aunque la digestibilidad es mejor. Podemos encontrar una gran variedad de yogures y de leches acidificadas: naturales, descremadas, azucaradas, con sabores de frutas, etc.

Actualmente se habla con frecuencia de los alimentos *probióticos*. Son aquellos que, además de su contenido nutricional, contienen microorganismos vivos que pueden tener efectos beneficiosos en la salud. En este sentido, los lacteos fermentados pueden considerarse alimentos probióticos ya que pueden ejercer una acción beneficiosa al mejorar el equilibrio de la flora bacteriana intestinal.

Asimismo, en el mercado encontramos otros tipos de leche *modificada*:

La enriquecida con vitaminas liposolubles. Es una leche descremada a la que se le han añadido las vitami-

nas A y D que son las que se pierden al extraer la grasa.

La enriquecida con calcio.

La modificada mediante la adición de ácidos grasos poliinsaturados. Es una leche descremada a la que se le ha añadido el mismo porcentaje de grasa que tenía pero de origen vegetal (considerada la más apropiada para la prevención y el tratamiento de las enfermedades cardiovasculares).

La enriquecida con fibra.

La enriquecida con fructooligosacáridos.

Los quesos son también derivados lácteos que se obtienen por la separación del suero después de la coagulación de la leche por la acción del cuajo o de otros coagulantes. A pesar de su gran variedad, a nivel nutricional tienen en común su riqueza en proteínas de origen animal, en grasas, en calcio y en sal. La concentración en sustancias nutritivas es mayor a medida que el queso es más curado o seco, ya que contiene menor proporción de agua. El contenido en glúcidos o azúcares es casi nulo. Se consideran también derivados lácteos las natillas y los flanes. No se incluyen aquí la mantequilla, la crema de leche o la nata, ya que estos productos se elaboran sólo con el extracto graso de la leche y representan un bajo suministro en calcio.

Cereales y féculas

Los cereales constituyen una importante fuente de hidratos de carbono o glúcidos complejos, que nuestro organismo utiliza principalmente como fuente de energía, así como también de proteínas de origen vegetal y vitaminas, sobre todo del grupo B. Son, en general, a excepción de los tubérculos, unos alimentos con un bajo contenido en agua y, por ello,

tienen un valor calórico bastante elevado. En este grupo se incluyen las harinas que se obtienen de los cereales (trigo, arroz, maíz, cebada, etc), los productos que se elaboran a partir de éstas (pan, pastas alimenticias, galletas, etc.) y también los tubérculos como la patata, de consumo frecuente en nuestro país. Las legumbres (garbanzos, habas, lentejas, guisantes judías y soja), por ser especialmente ricas en fibra y proteínas, también se suelen considerar dentro del grupo de las carnes.

Actualmente, la mayor parte de las harinas utilizadas en la elaboración de panes, pastas, etc., son muy refinadas, es decir, los granos han

Cuanto más curado esté un queso, la proporción de sustancias nutritivas será mayor.

Los cereales, las legumbres y los tubérculos se prestan a un sinfín de preparaciones y aseguran el aporte necesario de proteínas e hidratos de carbono.

sido desprovistos de su cascarilla. Este hecho empobrece, en parte, al cereal, sobre todo porque se produce una pérdida casi total de fibra y de bastantes minerales.

La fibra alimentaria es la parte mas consistente de los vegetales. Está constituida por hidratos de carbono de difícil digestión y su absorción se produce de tal manera que llegan muy enteros al intestino, aumentando considerablemente el volumen de los residuos. El aumento de estos desechos o bolo fecal estimula el tránsito intestinal y la evacuación por lo que previene o evita el estreñimiento. Una alimentación rica en fibra se considera una buena estrategia para la prevención y el tratamiento del estreñimiento, la diabetes, el exceso de colesterol en la sangre o incluso para la prevención de algunos tipos de cáncer como el de colon y el de recto. Son alimentos ricos en fibras los cereales enteros o integrales, las legumbres, las verduras, las hortalizas y las frutas sobre todo con piel.

Los cereales enteros o los productos integrales son recomendables para mantener una alimentación equilibrada, siempre y cuando sean bien tolerados, ya que pueden provocar algún trastorno en el caso de los niños y las personas ancianas. Como ya se ha mencionado, las leguminosas son ricas en proteínas, fibra y carbo-

ALGUNOS CONSEJOS

• Al lavar es conveniente no dejar las verduras demasiado tiempo en remojo, sobre todo si se han cortado.

• Cuando se precise cortarlas, los trozos deben ser bastante grandes para conseguir el menor contacto posible con el agua.

• Siempre que sea posible, las hortalizas deberán cocinarse en el horno y con la piel (pimientos, berenjenas, patatas...)

• Si se preparan hervidas o al vapor, se procurará no pelarlas.

• La cantidad de agua utilizada en la cocción será mínima y ésta se realizará en un recipiente cerrado a alta temperatura y durante un corto espacio de tiempo.

• Las cocciones al vapor son las más adecuadas, ya que son las que alteran en menor proporción la calidad nutricional y también la textura, el olor, el color y el sabor.

• El líquido de cocción puede utilizarse en la preparación de sopas o purés, aprovechando así las sustancias solubles.

• Debería evitarse calentar la comida en diversas ocasiones.

hidratos complejos, razón por la que suelen incluirse tanto en este grupo como en el de los alimentos ricos en proteínas, ya que pueden sustituir a las carnes y a los pescados.

La patata es el más importante de los tubérculos alimenticios. Originaria de América, al igual que el tomate, el maíz, el chocolate y otros alimentos, no se incorporó a la dieta del antiguo continente hasta el siglo XV. La patata se incluye entre los alimentos de este grupo, aunque en realidad presenta un contenido en agua muy superior (alrededor del 75 %) por lo que su valor calórico y proteico es muy inferior con respecto a los cereales y a las legumbres. Sin embargo, posee una proporción importante de vitamina C.

Las proteínas aportadas por los alimentos de este grupo (de origen vegetal) son pobres en algún aminoácido esencial. Para mejorar la calidad de estas proteínas, pueden complementarse con otros cereales o verduras o bien con pequeñas cantidades de proteínas de origen animal. Por ejemplo, el valor proteico de las lentejas mejora al prepararlas con arroz o el de los garbanzos al servirlos junto con espinacas.

En recientes estudios sobre el consumo y hábitos alimentarios en España, se ha podido observar un descenso importante en el consumo de este grupo de alimentos. Como consecuencia, las guías dietéticas recomiendan un aumento del consumo de hidratos de carbono a través de los primeros platos y/o de platos únicos, sin que esto signifique un exceso en la ingesta energética global.

Verduras y hortalizas

Las principales sustancias nutritivas que componen este grupo de alimentos son:

Las frutas y verduras son la principal fuente de vitaminas, minerales y fibra de nuestra dieta.

– el agua, que constituye más de un 80 % en la mayoría de las verduras. Por esta razón las verduras y las hortalizas son alimentos con un bajo aporte energético, ya que son muy ricas en agua y fibra, ambas sustancias no energéticas.

– vitaminas y sales minerales (vitamina C, A y minerales como el potasio, el sodio...).

– fibra, que se encuentra principalmente en las partes externas y más duras.

– pequeñas cantidades de hidratos de carbono.

Al cocinar los alimentos de este grupo, mejora, en parte, su digestibilidad, pero desde el punto de vista nutricional se pierden gran cantidad de vitaminas y sales minerales. Las pérdidas pueden representar en ocasiones de un 25 a un 60 % del contenido total en vitaminas, según el método de cocción. Los minerales, que no se destruyen por la acción del calor, quedan con frecuencia en el líquido de cocción. Para limitar estas pérdidas se ofrecen en la página anterior algunos consejos para preparar y cocer las verduras y hortalizas.

Es importante recordar que...

• Las verduras y las hortalizas son ricas en agua, vitaminas, sales minerales y fibras.
• Deberían ingerirse un par de raciones al día. Se recomienda que una de ellas sea en crudo.
• La disponibilidad y la producción de verduras y hortalizas en nuestro entorno es muy rica, por lo que es importante evitar la monotonía. Con frecuencia, cuando pensamos en un plato de verdura, nos imaginamos inmediatamente un plato de acelgas, de judías verdes o de espinacas hervidas. Los espárragos, las ensaladas de tomate, las ensaladas variadas, la coliflor, las setas o las alcachofas son grandes representantes de este grupo. No olvide la variedad.

23

Frutas

La función de las frutas en nuestro organismo es bastante similar a la de las verduras, dado que también actúan, en gran medida, como alimentos reguladores proporcionando agua, vitaminas, sales minerales y fibra. En el caso de las frutas, la cantidad de glúcidos o azúcares simples es bastante más elevada si se compara con las verduras y hortalizas, por lo que son unos alimentos más energéticos. Es preciso destacar que gran parte de la fibra de las frutas desaparece al pelarlas, por lo que se recomienda que se consuman con piel y bien lavadas, siempre y cuando sea posible. Los zumos también pierden casi toda la fibra. Es conveniente consumir tanto las frutas como los zumos naturales inmediatamente después de su preparación para evitar la oxidación y la pérdida de la vitamina C. Las naranjas, las mandarinas, los limones, las fresas, los fresones y los kiwis son las frutas más ricas en vitamina C. La producción de frutas en nuestro país es muy variada, por lo que es importante plasmar este hecho en nuestra alimentación. Incluir fruta como postre en las comidas principales, tales como los almuerzos o las cenas,

o bien en los desayunos y en las meriendas forma parte de nuestra cultura alimentaria. Aunque con relativa facilidad, sobre todo en el caso de los niños, las frutas suelen sustituirse por otros alimentos como los derivados lácteos o los productos de pastelería. Es conveniente recordar que esta sustitución no es adecuada si se realiza de forma habitual, ya que deberíamos reservar este tipo de postres para ocasiones especiales. Por ejemplo, en la programación de menús para los comedores escolares no se recomiendan más de una vez por semana aquellos postres que no sean fruta. El mercado ofrece un gran número de bebidas con sabor a frutas. La mayor parte contienen azúcar, conservantes y aromatizantes y algunos de ellos vitamina C añadida. Estas bebidas refrescantes no forman parte del grupo de alimentos del que estamos hablando, ni como frutas ni como zumos.

Las frutas son, pues, una valiosa adición a la variedad, atractivo y composición de la alimentación diaria, desempeñando un importante papel en el suministro de vitaminas.

Carnes, pescados, aves, huevos y legumbres

Los alimentos de este grupo son especialmente ricos en proteínas de alta calidad, grasas (excepto las legumbres), minerales hierro, zinc y vitamina A, así como las del grupo B.

Carnes

Las carnes más consumidas en nuestro país son la ternera, el buey, el cordero, el pollo, el cerdo y el conejo. Existe una gran tendencia a establecer diferencias entre las carnes blancas y las rojas, unas distinciones

La carne y el pescado, aun siendo importantes fuentes de proteínas, deben consumirse con mesura para evitar una ingestión excesiva de grasas.

que pueden ser útiles básicamente desde un punto de vista culinario, ya que en realidad su valor nutricional es muy parecido. La principal diferencia nutricional a tener en cuenta entre las carnes es su contenido en grasa. Ésta puede variar extremadamente en función, no tan sólo del animal, sino también de la pieza seleccionada. Como ya se ha comentado al inicio de este capítulo, las grasas de origen animal son las que se deben, con frecuencia, reducir en la alimentación de la población de los países desarrollados. Las carnes rojas tienen un mayor contenido en mioglobina (pigmento muscular que contiene mucho hierro). La cantidad de hierro es considerablemente superior en las vísceras, aunque la cantidad de proteínas no varía prácticamente de unas carnes a otras.

El valor nutritivo de los productos de charcutería, es decir, de embutidos y fiambres, es difícil de precisar, aunque en general contienen una proporción en grasa bastante elevada. El grado de digestibilidad de las carnes depende de la cantidad de grasa que contengan así como del tipo de cocción. La carne no es un alimento indispensable para el hombre, pero debido a sus propiedades nutritivas y gustativas es un componente muy importante y frecuente en las dietas de los países desarrollados. El consumo de carne y derivados de origen animal se ha elevado en todos los países a medida que ha ido aumentando el nivel de vida de la población, lo que puede provocar un desequilibrio alimentario.

Pescados

El pescado, al igual que las carnes, carece de hidratos de carbono o glúcidos y tiene un porcentaje algo inferior en proteínas ya que contiene más agua. Las proteínas del pescado son de igual calidad nutritiva que las de la carne. Es bastante generalizada la idea de que el pescado alimenta menos que las carnes, cuando en realidad tiene un valor nutritivo muy similar, a excepción del contenido y composición de grasas y hierro. En

La distinción entre carnes blancas y rojas no tiene demasiada relevancia desde un punto de vista nutricional, pues su contenido proteínico es bastante similar.

¿CÓMO RECONOCER SI UN PESCADO ES FRESCO?

• Por su aspecto general, limpio, brillante, húmedo y sin decoloración.
• Por su olor, que recuerda al mar y a las algas.
• Por sus ojos, que deben ser vivos, brillantes y saltones.
• Por su piel brillante, bien coloreada y sedosa al tacto. En el pescado poco fresco, ésta se vuelve pegajosa y totalmente mate.
• Por sus escamas brillantes y fuertemente adheridas, que no se desprenden fácilmente, excepto en las sardinas.
• Por sus branquias húmedas, brillantes y de color rosa o rojo sanguíneo. Deben estar despegadas y no tener un mucus pegajoso.
• Por su carne firme y elástica al tacto, que debe adherirse fácilmente a las espinas y no marcar huella cuando se presione.
• Por sus filetes de aspecto húmedo y de consistencia sólida, que nunca deben tener vetas pardas. Si se venden con piel, ésta debe estar prieta y bien adherida a la carne.

CONSEJOS PARA RECONOCER LA FRESCURA DE LOS HUEVOS

• Si cuando se introduce el huevo en un recipiente con sal, éste se sumerge hasta el fondo es señal de que es fresco. Por el contrario, si flota quiere decir que no lo es tanto.
• Cuando el huevo es fresco, al romperlo y verterlo en un plato, la yema queda abombada, en el centro de la clara y muy adherida a ésta.
• Cuando se cuece un huevo para hacerlo duro, si éste es fresco, la yema queda en el centro y hay poca cámara de aire en la parte más redondeada, al contrario de lo que sucede cuando el huevo no es fresco.

Es importante recordar que...

• Se recomienda el consumo de 2 raciones de carne o equivalentes al día.
• Según los estudios nutricionales, nuestra población realiza una ingesta excesiva de carnes, por lo que debería moderarse su consumo (escogiendo de forma habitual las piezas menos grasas) y potenciar la ingesta de pescado, tanto blanco como azul, y legumbres.

general, los pescados, y sobre todo el pescado blanco, son de más fácil digestión que las carnes. El pescado blanco se caracteriza por ser muy magro, es decir, por tener muy poca cantidad de grasa y el pescado azul es, por definición, más graso (sardinas, atún, caballa, salmón...), aunque esta cantidad de grasa varía sensiblemente en función de la época del año. Actualmente se recomienda el consumo de pescado azul, aunque sea más graso, con una frecuencia aproximada de 1 a 2 veces por semana, debido a que el tipo de grasa de estos pescados, aun siendo de origen animal, tiene una composición química muy parecida a algunas grasas vegetales (ácidos grasos poliinsaturados omega-3), a las que se otorga un potencial efecto protector contra las enfermedades cardiovasculares. En cuanto a sales minerales, el pescado es rico en yodo, fósforo, potasio y magnesio, en tanto que el contenido en vitaminas se reparte entre la A, la D y las del grupo B. El pescado congelado tiene un valor nutritivo muy parecido al pescado fresco, siempre

que la congelación, la conservación y la descongelación hayan sido adecuadas (capítulo 4).

En el caso del pescado de agua dulce, el aspecto debería ser brillante y el tacto muy escurridizo.

Huevos

Son otra fuente muy importante de proteínas de alto valor biológico, pudiéndose considerar el alimento de este grupo con más valor proteico. La yema, que se halla suspendida en el centro de la clara, contiene una gran proporción de lípidos o grasas (con una cantidad importante de colesterol). Debe desmitificarse el aducido valor nutritivo de los huevos crudos, ya que sobre todo la clara es de muy difícil digestión si no se ha emulsionado o cocido. La cocción no sólo facilita la digestibilidad de este alimento sino que además mejora su calidad higiénica. El consumo de huevos en la población adulta sana puede oscilar entre 3 y 6 unidades por semana, siempre recordando que este producto es sustituto de la carne o del pescado. El consumo de huevos ha disminuido de forma importante en los últimos años, quizás debido en parte a la mala publicidad que se ha hecho de éstos, por su contenido en colesterol. Teniendo en cuenta su alto valor proteico y su moderado precio es un alimento excelente a tener en cuenta en la programación de nuestros platos, siempre y cuando sustituya a carnes y pescados. Sólo se aconseja disminuir el consumo de huevos (concretamente de la parte del huevo rica en grasa y colesterol, es decir, la yema) a aquellas personas que presentan las cifras de colesterol en sangre elevadas, del mismo modo que también se les recomienda la reducción de todas las grasas de origen animal.

Los huevos sin colesterol. Los mal llamados huevos sin colesterol son huevos cuya grasa ha sido modificada a traves de la alimentación de las gallinas (utilizando piensos ricos en ácidos grasos poliinsaturados). La cantidad de colesterol de estos huevos es la misma, pero su contenido en grasas saturadas ha sido modificado incrementando la proporción de grasas poliinsaturadas, consideradadas más recomendables para la prevención de las enfermedades cardiovasculares.

El color de la cáscara de los huevos depende de la raza de las gallinas y no es ningún índice de calidad. Los huevos rubios no tienen un valor nutritivo superior al de los huevos blancos.

Las judías, las lentejas, los garbanzos, las habas, los guisantes y la soja, a pesar de no ser productos de origen animal suelen incluirse también en este grupo debido al importante valor proteico que representan, además de su contenido en hidratos de carbono complejos y fibras. Para mejorar el valor proteico de las legumbres pueden prepararse con cereales y verduras como el arroz, las acelgas o las espinacas, que proporcionan el aminoácido que les falta a las legumbres para tener una calidad de proteína parecida a la de las carnes. El consumo de legumbres ha disminuido considerablemente en nuestro país y debido a esto, las recomendaciones de los expertos se dirigen a potenciar el consumo de estos alimentos al menos un par de veces por semana. Es importante tener en cuenta el alto valor proteico, glucídico y en fibras así como su bajo valor lipídico en relación a su bajo precio.

Los aceites

Los aceites se caracterizan por ser una importante fuente de energía que nuestro organismo utiliza básicamente como reserva (1 g de cualquier aceite o grasa proporciona aproximadamente 9 Kcal de energía). Los aceites se utilizan de muchas formas, como complemento, aliño o medio de cocción. Hay que tener en cuenta que en este grupo sólo van a incluirse los aceites (grasas vegetales) y no las grasas de origen animal que, por otro lado, ya quedan representadas en nuestra alimentación mediante el consumo de leche y derivados, carnes, huevos, etc.

Dado que el exceso de grasas de procedencia animal ha sido considerado uno de los factores de riesgo para el desarrollo de las enfermedades cardiovasculares, es conveniente recomendar la utilización de aceites (oliva, girasol, maíz, soja…) en la preparación y el aliño de las comidas, en lugar de grasas de origen animal (mantequilla, manteca, crema de leche…). El aceite, además de ser una importante fuente de energía, es también vehículo de algunas vitaminas como, por ejemplo, la vitamina E, que realiza una función lubricante imprescindible para nuestro organismo.

Las legumbres son ricas en proteínas, hidratos de carbono y fibra, y bajas en grasas.

¿Qué nos indica el grado de acidez de los aceites?

Se trata de una información acerca de la intensidad del sabor del aceite. A mayor graduación mayor intensidad de sabor. Esto se debe al porcentaje de ácidos grasos libres existentes en el aceite.

Existen alimentos como los frutos secos (almendras, avellanas, nueces, cacahuetes...) que, dadas sus características de composición, podrían incluirse en distintos grupos. Los frutos secos son muy ricos en grasas vegetales (básicamente poliinsaturadas y libres de colesterol), en proteínas de origen vegetal de buena calidad, en carbohidratos complejos y en fibras. Debido a su composición se recomiendan como alimentos protectores frente a las enfermedades cardiovasculares, a pesar de su elevado valor energético.

Alimentos complementarios

Tal y como se ha indicado al principio del capítulo, existen una serie de alimentos y bebidas que no se consideran básicos, aunque sí de consumo habitual, por lo que se incluyen en la clasificación de alimentos complementarios. Estos productos son el azúcar, la sal, los productos azucarados, las grasas animales de adición y las bebidas refrescantes, estimulantes o alcohólicas. En una alimentación equilibrada podría prescindirse perfectamente de estos alimentos aunque en realidad lo que se recomienda es la moderación en cuanto al consumo de estos productos.

Una sencilla forma de calcular el equilibrio alimentario de nuestra ingesta consiste en comparar el consumo habitual con las recomenda-

Es importante recordar que...

• El contenido energético del aceite, tanto en crudo como en cocido, es el mismo que el de otros aceites vegetales.
• Se recomiendan de 3 a 6 raciones de aceite al día (1 ración = 1 cucharada sopera = 10 ml).
• El aceite es un alimento muy energético, por lo que en caso de problemas de sobrepeso u obesidad debería moderarse su utilización.

EJEMPLO DE MENÚ EQUILIBRADO

7:30 h. desayuno:	1 taza de leche con café	1 r de lácteos
	5-6 galletas María.	1 r de farináceos
10:30 h. media mañana:	1 panecillo de 60 g.	1 r de farináceos
	tomate y aceite	1/2 r de aceite
	40 g de queso	1 r de lácteos
	1 botellín de agua	
15:00 h. almuerzo:	1 plato de macarrones napolitana	1 r de farináceos
		1/2 r de verdura
		2 r de aceite
	2 trozos de lomo	1 r de carne
	con ajo y perejil	
	1 ensalada variada..	1 r de verdura
		1 r de aceite
	2 rebanadas de pan.	1/2 r de farináceos
	1 vaso de vino	
	1 vaso de agua	
	2 kiwi	1 r de fruta
	1 cortado	
18:00 h. merienda:	1 café con leche	1 r de lácteos
21:00 h. cena:	1 plato de sopa	1/2 r de farináceos
	3 filetes de merluza.	1 r de pescado
		1 r de aceite
	con ensalada de tomate	1/2 de verdura
		1/2 de aceite
	3 rebanadas de pan.	1 r de farináceos
	1 vaso de agua	
	1 manzana al horno	1 r de fruta

TOTAL: 3 raciones de lácteos, 5 raciones de farináceos, 2 raciones de cárnicos, 2 de verduras, 2 raciones de frutas y 5 raciones de aceite.

CONSEJOS PARA LA ADECUADA UTILIZACIÓN DE LOS ACEITES

• El aceite de oliva, por sus características y composición (rico en ácidos grasos monoinsaturados) es actualmente el más recomendado, tanto para el aliño como para las cocciones. Numerosos estudios realizados en distintos países atribuyen al aceite de oliva un cierto papel protector frente a las enfermedades cardiovasculares (este tema se trata con más amplitud en el capítulo 5).

• En las cocciones es conveniente evitar que los aceites humeen, ya que esto es una señal de que el aceite se está quemando. Un aceite quemado puede resultar irritante para el sistema digestivo y producir una sensación de pesadez y dificultar la digestión (capítulo 4).

• El aceite de oliva es más resistente a las altas temperaturas que los aceites de semillas (capítulo 4).

• Si el aceite de oliva una vez utilizado es cuidadosamente filtrado para que no queden pequeñas partículas de alimento que vayan quemándolo, puede reutilizarse algunas veces hasta que su aspecto nos indique el deterioro, oscurecimiento y espesamiento (capítulo 4).

ciones de raciones de cada grupo de alimentos expuestas en este capítulo. En la página anterior se ha presentado el ejemplo de la supuesta ingesta de una mujer adulta en situación de normopeso con la correspondiente identificación en raciones de alimentos y la comparación con las recomendaciones.

Una alimentación suficiente y variada no requiere la complementación de suplementos vitamínicos y minerales. Sólo en situaciones carenciales pueden estar indicados estos compuestos, siempre bajo prescripción médica. El equilibrio alimentario no se compra en las farmacias.

Proceso de elaboración del aceite.

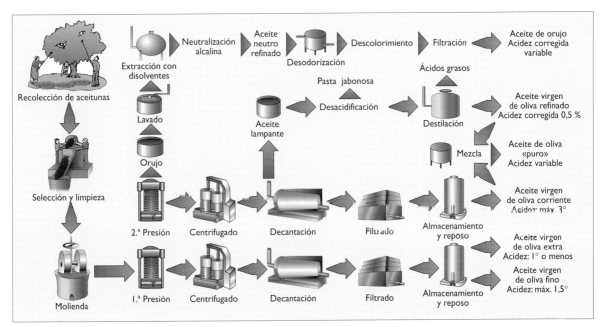

¿Es caro comer bien y de forma saludable?

Es importante recordar, tal y como se ha indicado, que el concepto de equilibrio alimentario y de alimentación saludable que se plantea a lo largo de este libro no tiene nada que ver con la obligación de tener que adquirir productos especiales, dietéticos, naturales, biológicos, etc. Las recomendaciones que se sugieren a lo largo de este texto priman el consumo tradicional, la moderación y la variedad en la elección de los alimentos, así como las técnicas de preparación (aspectos que se tratarán ampliamente en siguientes capítulos). El presupuesto económico previsto para llevar a cabo una alimentación saludable es, con frecuencia, inferior al que de entrada la mayor parte de la población podría imaginarse. Se recomienda el consumo de pescado azul y de legumbres, la disminución en la ingesta de productos cárnicos, el aumento de los primeros platos y los postres a base de frutas en lugar de preparados lácteos o de pastelería. Estas recomendaciones en conjunto favorecen el ajuste económico del presupuesto destinado a la alimentación.

Es decir, una alimentación saludable no tiene por qué ser más cara. Al contrario.

El bacalao

El origen de la pesca del bacalao está unido a historias y leyendas, ya que las crónicas unen la pesca de este pez con la de la ballena.

Su consumo en nuestro país se remonta a cinco siglos atrás ya que existe documentación, fechada en el año 1560, que avala la presencia de buques bacaladeros españoles en las frías aguas del norte de Europa.

España cuenta con una importante flota de pesca bacaladera que faena, entre otras zonas, en aguas de San Lorenzo y Terranova, en Canadá, en Groenlandia, en Noruega, en Svalbard y en los mares del Norte y de Barents.

La gran distancia que existía entre el puerto de origen y las zonas de captura del bacalao fue el motivo por

RECOMENDACIONES GENERALES PARA MEJORAR LOS HÁBITOS ALIMENTARIOS DE LA POBLACIÓN ESPAÑOLA

• Mantener y/o aumentar el consumo de verduras, hortalizas y frutas, aspecto muy positivo de nuestra alimentación tradicional.
• Continuar utilizando el aceite de oliva como grasa de adición, tanto para cocinar como para el aliño.
• Mantener los rasgos de la alimentación mediterránea, recuperando preparaciones y recetas tradicionales en el sentido de primar aquellas preparaciones en las que un único plato resulta por sí solo completo. Por ejemplo, paella, estofado, guisado de legumbres, potajes, etc.
• Disminuir el consumo de carne, especialmente de las piezas más grasas, y de embutidos, así como mantener y/o aumentar el consumo de pescado.
• Sustituir el consumo de leche y productos lácteos enteros por leche y derivados parcial o totalmente descremados en la población adulta, así como fomentar el consumo de estos productos tanto en adultos como en ancianos (para incrementar la ingesta de calcio, moderando las grasas de origen animal).

el cual se desarrolló el mecanismo de conservación o salazón. Este proceso no sólo sirvió para la conservación del pescado en el buque, sino también para que las zonas del interior del país, donde no podía llegar el pescado fresco, pudieran gozar de las virtudes gastronómicas y nutricionales de este delicado alimento. Ésta es la explicación lógica de la gran presencia de platos de bacalao en los recetarios de zonas geográficas no próximas a la costa.

El bacalao de importación sufre un proceso de salazón, que se lleva a cabo en tierra, muy diferente del bacalao dorado o nacional, capturado por la flota de barcos españoles que se sala en los propios buques. El primero contiene mayores proporciones de agua y su carne es más blanca. El nacional tiene una carne más dorada y un menor grado de humedad.

El bacalao es un pescado blanco con unas cualidades nutricionales muy interesantes. Es un alimento con un elevado índice de proteínas de muy buena calidad ya que contiene los ocho aminoácidos esenciales que el cuerpo precisa, pero no es capaz de sintetizar. Por ello deben llegar al organismo a través de alimentos proteicos como es el caso del bacalao. La grasa que contiene este pescado es muy poca y es rica en ácidos grasos esenciales. Como minerales destacados, podemos mencionar el potasio, el fósforo, el sodio, el calcio y el flúor y como vitaminas son importantes la vitamina D, la A, la B_{12} y el ácido fólico. El bacalao, como todos los pescados, es un alimento rico en agua, por lo que su valor calórico es moderado.

Cataluña, el País Vasco y Galicia son las tres comunidades con un mayor consumo de bacalao, pero como se ha dicho anteriormente, este pescado está presente en la gastronomía española tanto de la costa como del interior.

El bacalao combina muy bien con verduras, legumbres y patatas, aportando a una preparación rica en féculas la riqueza de las proteínas de calidad.

La diferencia nutricional que existe entre el bacalao fresco y el seco es notable ya que en este último, la cantidad de sodio, es decir, de sal, es mucho mayor, incluso una vez desalado. Por otro lado, al tener mucha menos agua, la concentración de nutrientes es mayor.

Las legumbres

Con la denominación genérica de legumbres secas conocemos a las semillas secas, limpias y sanas, separadas de la vaina, procedentes de plantas de la familia de las leguminosas.

Las leguminosas han sido uno de los primeros cultivos practicados por el hombre. Su historia se remonta al neolítico cuando el hombre pasó de la fase de la caza y la recolección espon-

Una alimentación completa y saludable no tiene por qué resultar cara.

Una alimentación correcta exige un consumo de legumbres adecuado.

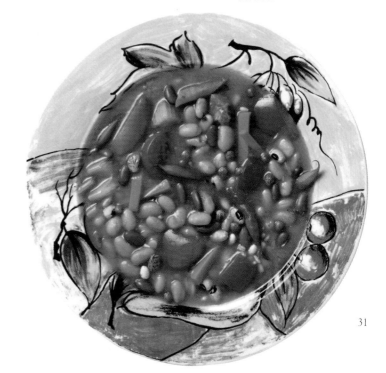

El bacalao es un pescado blanco con unas excelentes cualidades nutricionales.

posible y necesario el desarrollo de la agricultura.

En el Viejo Mundo el cultivo de leguminosas ocupa un lugar secundario, pero importante, en el inicio de la agricultura, por detrás de los cereales. Se han encontrado restos de guisantes y lentejas en Turquía que datan de 5.500 años a. C. En el continente americano se han hallado restos datados en 4.000 años a. C, lo que demuestra que las leguminosas aparecen pronto en la evolución de la agricultura en el Nuevo Mundo.

Así, podríamos decir que las legumbres en su forma seca han sido durante siglos un alimento básico en la región mediterránea, en el norte de África, en México, en América Central y del Sur, en Oriente medio y en China.

LENTEJAS: Los romanos las consideraban de procedencia egipcia. Esta antigua civilización las tenía en alta estima, siendo un apreciado alimento y de uso común en su dieta alimenticia. Es la primera legumbre que se menciona en la Biblia. En la actualidad, se cultiva en la mayor parte del mundo en diversas variedades.

GARBANZOS: Son originarios de las tierras que bordean el Mediterráneo oriental y de Mesopotamia. Se cultivan abundantemente desde los países de Oriente medio hasta el norte de la India.

JUDÍAS: Al contrario que las legumbres descritas hasta ahora, las judías son leguminosas cultivadas en América desde tiempos remotos. Los españoles encontraron este producto (junto con otros muchos vegetales) en América Central y del Sur y, a partir de aquí, se introdujo en Europa.

GUISANTES: La antigüedad del guisante como leguminosa cultivada es indiscutible. Se han encontrado restos en Suiza, en tumbas egipcias y en las ruinas de Troya. En la Roma

tánea de frutos a la de producción de alimentos mediante su trabajo.

Las grandes civilizaciones (Egipto, Persia, Mesopotamia) fueron las que dieron el impulso definitivo a las legumbres en nuestra dieta, como consecuencia del mayor asentamiento urbano de la población que hizo

VALORACIÓN NUTRICIONAL

100 g de bacalao fresco		100 g de bacalao seco
Calorías	79	290
Proteínas	17,7 g	62,8 g
Hidratos de carbono		
Grasa	0,4 g	2,4 g
Sodio	72 mg	7.027 mg
Potasio	356 mg	1.458 mg
Fósforo	184mg	950 mg
Flúor	28 mg	100 mg
Vitamina A	10 µg	42 µg
Niacina	7.500 mg	2.300 mg

* Un kilo de bacalao salado, en seco, equivale aproximadamente a 1.200 g de producto desalado. La ración por persona recomendada es de 120-150 g.

antigua era una alimento de consumo habitual y bastante apreciado.

HABAS: Parece ser que también es una de las leguminosas que se cultiva desde antiguo en Europa. Prueba de ello son las semillas que se han encontrado asociadas a restos de la edad de los metales.

SOJA: No es una legumbre que se utilice habitualmente en nuestro país, pero cada vez es más conocida y su consumo va en aumento. Los primeros cultivos de soja se llevaron a cabo en China y es la primera leguminosa de la que hay constancia escrita (en los libros del emperador Sheu Nung del año 2.800 a. C). Sin embargo, la soja no se introdujo en Europa hasta el siglo XVIII y fue también en esa época cuando llegó a América en el lastre de los barcos.

Nutricionalmente, las legumbres destacan por su alto contenido en proteínas, que por ser de origen vegetal no se pueden considerar completas ya que son pobres en el aminoácido metionina. Si las combinamos con alimentos ricos en este aminoácido –como son los cereales– conseguiremos una calidad proteica muy interesante, igualable a la de la carne (con la ventaja de que éstas no contienen las grasas saturadas propias de los productos de origen animal).

Son muy pobres en lípidos o grasas (la soja es más rica en grasas que las demás) poliinsaturadas, con lo que contribuyen a regular los niveles de colesterol en sangre. Así, combinando legumbres con cereales (por ejemplo, lentejas con arroz) conseguiremos un aporte proteico completo, como el que nos proporcionarían los productos cárnicos, con la ventaja de que éstas no contienen las grasas saturadas ni el colesterol propio de los alimentos de origen animal.

Los hidratos de carbono que contienen las legumbres son complejos y de absorción lenta, por lo que la glucosa pasa a la sangre de forma progresiva evitando así un sobreesfuerzo del páncreas en la secreción de insulina. Además, las legumbres son muy ricas en fibra, lo que proporciona un poder saciante elevado, contribuye a que la absorción de los hidratos de carbono sea todavía más lenta y mejora el tránsito intestinal, combatiendo eficazmente el estreñimiento. En algunas personas este elevado aporte de fibra puede ocasionar alguna molestia como flatulencias o aumento exagerado del peristaltismo. Para evitar estos problemas se pueden consumir en forma de puré, ya que se modifica así una parte importante de la fibra que contienen. Son también ricas en vitaminas y minerales. En ellas encontramos calcio, hierro, magnesio, zinc y potasio, vitaminas del grupo B, niacina y ácido fólico.

Por todas estas razones se considera a las legumbres un alimento básico en una dieta sana y equilibrada.

Las legumbres no tienen por qué engordar ni se deben excluir en una dieta para controlar el peso si se cocinan de manera ligera (estofadas con verduras, en ensalada, etc.). Así se pueden preparar platos muy nutritivos, poco calóricos, económicos (otra gran ventaja que nos ofrecen las legumbres) y muy sabrosos. La falta de tiempo y las nuevas modas culinarias las habían relegado un poco al olvido pero, afortunadamente, se están recuperando poco a poco. Se recomienda consumir legumbres una o dos veces a la semana.

Las legumbres son alimentos que permiten preparar platos nutritivos y económicos.

Recuerde que...

- Las legumbres, combinadas con cereales, constituyen una muy buena fuente proteica.
- Contienen una cantidad de lípidos muy baja y carecen de colesterol.
- Son una buena fuente de energía, con hidratos de carbono de absorción lenta.
- Proporcionan unas 340 calorías por 100 g (peso crudo), excepto la soja, que proporciona unas 420.
- La ración habitual son de 60 a 80 g por persona (peso crudo). Al cocerlas, multiplican su peso dos veces y media.
- Es un alimento rico en micronutrientes, vitaminas y minerales.

VALORACIÓN NUTRICIONAL

Alimento	Calorías	Proteína (g)	Hidratos de carbono	Lípidos (g)	Fibra (g)
Lentejas	336	24	56	1,8	10
Judías	330	19	60	1,5	17,5
Garbanzos	361	18	61	5	15
Habas	343	23	59	1,5	10
Guisantes	317	21,6	56	2,3	12,5
Soja	422	35	30	18	12,5

Esta valoración nutricional es por 100 g de alimento en crudo. Las legumbres secas, una vez cocidas, multiplican su peso seco por 2,5.

Recuerde que...

• Las legumbres, combinadas con cereales, constituyen una muy buena fuente proteica.
• Contienen una cantidad de lípidos muy baja y carecen de colesterol.
• Son una buena fuente de energía, con hidratos de carbono de absorción lenta.
• Proporcionan unas 340 calorías por 100 g (peso crudo) –excepto la soja, que proporciona unas 420.
• La ración habitual son de 60 a 80 g por persona (peso crudo). Al cocerlas, multiplican su peso dos veces y media.
• Es un alimento rico en micronutrientes, vitaminas y minerales.

Las nueces

Las nueces son alimentos del grupo de los frutos secos que se caracterizan por su bajo contenido en agua. Esto hace que la concentración del resto de los nutrientes sea muy elevada y haga de los frutos secos unos alimentos altamente nutritivos.

Últimamente, la prensa y los diferentes medios de comunicación han difundido diversos estudios que evidencian los beneficios de las nueces en la reducción de los niveles de colesterol. Una ingesta moderada de estos frutos secos a diario reduce los niveles de colesterol de aquellos individuos que tienen unos índices más elevados de los deseados. Los principales responsables de estos beneficios son los ácidos grasos poliinsaturados que las nueces contienen en una elevada proporción.

Las nueces, igual que la mayoría de los frutos secos, constituyen una buena fuente de energía ya que su contenido en grasas es muy elevado. 100 gramos de nueces nos aportan aproximadamente unas 650 calorías. Pero recordemos que 100 g de nueces es una cantidad muy grande, ya que el peso neto de este alimento por unidad es muy escaso. Las proteínas que contienen también son destacables, aunque la calidad de las mismas es menor que las que contienen los alimentos de origen animal como las carnes, los pescados, los huevos o la leche. Vale la pena tenerlas en cuenta en alimentaciones que precisen un aporte suplementario de proteínas sin aumentar los niveles de colesterol. Las nueces contienen una buena cantidad y variedad de minerales, sobre todo potasio, calcio, fósforo y hierro (aunque de baja disponibilidad). Las vitaminas que contienen las nueces son principalmente del grupo B y E. Las nueces, como todos los frutos secos, son alimentos ricos en fibra que favorecen el tránsito intestinal y ayudan a moderar los niveles de colesterol.

Los frutos secos en general y las nueces en particular son una saludable alternativa a las golosinas y a los dulces a los que son tan aficionados los niños. Estas sólo les aportan azúcares que favorecen la caries dental y la obesidad, además de colorantes y conservantes. Los frutos secos, en cambio, tienen una importante y equilibrada densidad de nutrientes que ayudan a complementar la alimentación de los más jóvenes fomentando los buenos hábitos alimentarios.

Se los podemos ofrecer ya pelados, crudos o tostados, como complemento de platos o entre horas para evitar que piquen otro tipo de alimentos menos recomendables. Los frutos secos azucarados o salados los reservaremos para ciertas ocasiones, ya que con ellos aumentamos considerablemente el consumo de azúcar y de sal.

El arroz

El arroz es el fruto maduro, entero, sano y seco de una planta gramínea conocida científicamente como *Oryza sativa*.

Es uno de los productos alimentarios mas antiguos, siendo difícil determinar la época en la que el hombre comenzó su cultivo. Sin embargo, la literatura china hace mención de este alimento 3.000 años a. C.

Procedente del Sudeste asiático, la India, China, Corea, Japón y Filipinas fueron probablemente los primeros países en cultivar este grano. Con los árabes llegó a Occidente a través de Egipto entre los siglos I y IV a. C.

El arroz es un alimento de primera necesidad para más de la mitad de la humanidad, tal como lo demuestran las más de 2.000.000.000 de toneladas anuales que se consumen en todo el mundo.

Asia es el continente que produce más de la mitad de la cosecha de arroz, seguido de América, que recolecta alrededor de ocho veces más que Europa. España e Italia son países productores de arroz y el consumo de este alimento está muy arraigado en sus culturas gastronómicas.

Nutricionalmente, el arroz es un alimento muy rico en almidón. El almidón es un hidrato de carbono, un polisacárido, cuya función principal es la de proporcionar energía al organismo. Tanto las proteínas como las grasas que contiene el arroz se encuentran, principalmente, en la parte externa del grano, el salvado, y también en el germen. La celulosa, una fibra que no se digiere, se obtiene del grano integral.

Las proteínas que contiene el arroz, al ser de origen vegetal, no se pueden considerar completas ya que son pobres en el aminoácido lisina. Combinándolo con alimentos como las legumbres, su perfil proteico se equilibra, de modo que da lugar a una preparación alimentaria de una muy buena cualidad proteica.

El arroz, como todos los cereales, es pobre en grasas y al ser de origen vegetal no contiene colesterol.

El arroz es rico en magnesio, fósforo y potasio y parte de estos minerales pasan al agua de cocción durante los procesos de preparación.

Este cereal contiene vitaminas del grupo B, sobre todo vitamina B_1. Es, en cambio, pobre en vitaminas C, D y A.

100 g de arroz en crudo proporcionan unas 350 calorías. Cocido, el arroz triplica su volumen. La ración media de arroz se calcula en unos 60/80 g en crudo por persona.

El arroz es un alimento del grupo de los farináceos que, junto con el pan, las patatas, la pasta y las legumbres deberían constituir la base de una alimentación equilibrada.

Tipos de arroz

Actualmente podemos encontrar diferentes tipos de arroz en el mercado:

• **Arroz bomba**. Es el más utilizado y el que más se cultiva en nuestro país. Ha perdido parte de las sustancias nutritivas, sobre todo de las proteínas, las vitaminas y los minerales en los diferentes procesos de elaboración y pulido. Es un arroz que absorbe casi 2,5 veces su peso en agua y que alcanza su punto óptimo de cocción a los 15 minutos aproximadamente, dependiendo sobre todo del tipo de agua o líquido añadido.

Arroz bomba

Arroz grano largo

Arroz vaporizado

Arroz integral

valor nutricional del arroz (100 g)	
Calorías	350
Proteínas	7,6 g
Glúcidos	77 g
Grasas	1,7 g
Sodio	4 mg
Potasio	120 mg
Fósforo	180 mg

Alimento farináceo	Calorías (100 g)
Arroz	350 Kcal
Pasta	350 Kcal
Pan	250 Kcal
Patatas	90 Kcal
Legumbres	340 Kcal

Actualmente pueden encontrarse en el mercado muchas variedades de pan.

- **Grano largo:** Esta variedad de arroz tiene una longitud de grano igual o mayor a 6 mm. Tiene algo menos de almidón que el arroz bomba y queda más suelto una vez cocido.

- **Arroz vaporizado**, parboiled o sancochado. Ha sido tratado con un proceso de hervido al vapor de agua, con lo que se logra adherir la cutícula al núcleo del grano. Este proceso preserva las cualidades nutritivas del arroz, hace que no se pase con la cocción y da lugar a un grano suelto y consistente.

- **Arroz integral.** Es un tipo de arroz al que se le ha sometido sólo al proceso de descascarillado para eliminar las cubiertas más externas. Es la variedad más rica en nutrientes, pero a su vez la más lenta de digerir.

El pan

Actualmente existen en el mercado numerosas variedades de pan. Varían los ingredientes, la forma de cocción, los múltiples tamaños y las presentaciones. De hecho, el paso del tiempo ha ido perfilando los diferentes tipos de pan adaptándolos a las modas.

El pan es uno de los alimentos que se encuentran a diario prácticamente en todos los hogares. Apreciado por muchos, su consumo es recomendable a cualquier edad. Mucha gente limita el consumo de pan, en ocasiones de forma exagerada por miedo a su valor energético, menospreciando sus cualidades nutricionales. La energía del pan viene determinada principalmente por su contenido en hidratos de carbono de lenta absorción que se encuentran en una proporción media de unos 50 a 60 g por 100 g. Las proteínas de origen vegetal se encuentran en un 6 o 7 %. La cantidad de grasa del pan tradicional, es decir, del hecho a base de harina, agua, sal y levadura es insignificante, no llegando al 1 % y, naturalmente, no tiene colesterol. Entre los minerales que contiene destacan el fósforo, el potasio, el calcio y el magnesio. Como vitaminas básicas se encuentran las del grupo B.

Tanto la cantidad de vitaminas como la de minerales se encuentran en mayor medida en los panes integrales, ya que ofrecen una cantidad de fibra que puede llegar a ser 6 veces superior a los panes elaborados con harinas refinadas.

100 g de pan aportan a la alimentación unas 250 Kcal, variando la composición nutricional si el pan es de alguna de las múltiples variedades: baguette, de molde, de aceitunas, cebolla, nueces, etc.

El pan es un alimento muy arraigado en la cultura mediterránea, saludable y nutritivo que merece ser desmitificado como alimento que engorda. Todo depende de con qué lo untemos o con qué embutido graso lo rellenemos.

Alimentos amigos

Pueden considerarse alimentos amigos, aquellos que son básicos en la alimentación de toda la familia. *Las frutas, las verduras y las hortalizas* proporcionan gran cantidad de vita-

minas, minerales, fibra y agua y aportan muy poca energía.

Las legumbres han sido injustamente desterradas de la cocina en los últimos años. Su calidad nutricional es excelente (gran contenido en fibra, proteínas vegetales de muy buena calidad y un escaso contenido en grasa) y presentan muchas posibilidades gastronómicas, en forma de primeros platos, en guarnición en los segundos platos, en tortillas, en cremas o en ensaladas. Además recuerde que son muy económicas.

El pan, las pastas, el arroz y las patatas deben ser un componente básico en nuestros platos. Estos alimentos los podemos encontrar en muy diversas preparaciones, lo que facilitará la variedad en nuestra mesa.

La leche, los yogures y los quesos representan la mayor y mejor fuente de calcio en nuestra alimentación. El calcio juega un papel fundamental en la formación y el mantenimiento de nuestros huesos (recuerde que los productos desnatados contienen la misma cantidad de calcio que los enteros).

El agua, aunque parezca una obviedad, resulta imprescindible para el buen funcionamiento de todos los procesos de nuestro organismo. El agua, inclusive el agua gasificada, no aporta energía y, por lo tanto, no engorda.

También pueden incluirse entre los alimentos amigos, aquellos que nos ayudan a ganar tiempo y a incrementar la variedad de propuestas gastronómicas:

Los alimentos congelados. La calidad nutricional de los congelados es excelente, si los procesos de transporte, almacenamiento y descongelación se realizan de forma adecuada.

Algunos platos preparados a base de arroz, pasta, legumbres o verduras pueden solucionar de forma rápida, sabrosa y con calidad las comidas o cenas que tiene que preparar con poco tiempo.

Cuidado con...

Es importante tener cuidado con los *excesos* en general. Sobre todo, con el consumo frecuente y abundante de alimentos con gran cantidad de *grasas, azúcares, sal, alcohol.* Las bebidas refrescantes y las alcohólicas, los dulces, la bollería y la pastelería, los embutidos y las carnes muy grasas pueden incluirse en la alimentación, pero siempre de forma moderada y reservada para ciertas ocasiones.

Recuerde que las bebidas refrescantes no deberían sustituir habitualmente al agua y que la bollería y la pastelería tampoco deberían ser sustitutos de los postres a base de fruta fresca.

Pequeños placeres

Los pequeños placeres gastronómicos no tan sólo deben existir, sino que también deben cuidarse. Tal y como ya hemos comentado en algún momento, la alimentación es una importante fuente de placer, pero esto no tiene por qué estar en contradicción con el hecho de que a la vez sea saludable.

El agradable aroma de una copa de vino o de un buen café, la suave textura de una tarta y la irresistible tentación del chocolate son, entre otros, pequeños placeres que dan un toque de diferencia y excepcionalidad a una comida.

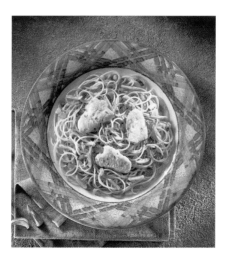

Nutricionalmente, el pan se puede equiparar al arroz o a la pasta y puede ser un correcto sustituto de cualquiera de estos alimentos.

Recuerde que...

- El arroz constituye una muy buena fuente de energía ya que las 3/4 partes de sus nutrientes son almidón.
- Contiene una cantidad de proteínas superior al resto de los cereales y su combinación con las legumbres es muy acertada.
- No es un alimento rico en micronutrientes, vitaminas y minerales. Contiene muy pocas grasas y nada de colesterol.
- Aporta unas 350 calorías por 100 g de producto crudo y la ración habitual es de 60 a 80 g por persona.
- La harina obtenida de este cereal no es panificable, ya que no contiene gluten. Esta misma característica hace que este cereal sea uno de los alimentos esenciales para el paciente celíaco.
- El arroz integral es el más rico en nutrientes. Le sigue el vaporizado, parboiled o sancochado. El blanco es el menos rico en nutrientes.

Una dieta será sana y equilibrada siempre y cuando se adecúe a las necesidades energéticas y nutricionales propias de cada edad.

LA ALIMENTACIÓN
A LO LARGO DE LA VIDA

Los requerimientos energéticos y nutricionales varían a lo largo de la vida, así como las recomendaciones en cuanto a la forma de repartir y preparar los alimentos.

La alimentación de la mujer embarazada

La salud de la mujer antes de la concepción influye de forma decisiva en la evolución del futuro embarazo. Concretamente, el estado nutricional y los hábitos alimentarios de la futura madre son factores directamente relacionados con la salud de la gestante y de su hijo. Se trata, por lo tanto, de un período muy adecuado para revisar los hábitos y estilos de vida.

Es aconsejable que la mujer tenga un peso adecuado antes del embarazo, que reduzca o suprima el consumo de tabaco y bebidas alcohólicas, y que lleve a cabo una alimentación variada y equilibrada, tal y como se aconseja al resto de la población adulta (capítulo 2). En el caso de mujeres que sigan pautas alimentarias alejadas del equilibrio anteriormente propuesto (vegetarianas estrictas, macrobióticas, crudivoristas...) será conveniente que se asesoren con profesionales sanitarios expertos en temas de alimentación (dietistas y nutricionistas), para revisar con meticulosidad el consumo de alimentos habitual y ver de esta manera cómo pueden complementarse los posibles déficits ocasionados.

Durante el embarazo, la mujer suele recibir muy diversas informaciones de distintas fuentes sobre «lo que debe y lo que no debe hacer», en especial, acerca de la alimentación que se supone que debe seguir. ¿Hay que comer por dos? Famosa frase que a continuación intentaremos desmitificar. Es cierto que a partir del primer trimestre de embarazo se detecta un aumento de las necesidades nutricionales debidas al crecimiento del feto, que normalmente la mujer acostumbra a cubrir con un espontáneo aumento de la ingesta de alimentos. Los especialistas calculan que el aumento de necesidades energéticas se cifra en unas 350 calorías a partir del primer trimestre, sobre la ingesta realizada habitualmente. Por lo tanto, ya vemos que no se trata de doblar el consumo, ni mucho menos. Los únicos nutrientes que con frecuencia suelen ser deficitarios en las dietas habituales de las mujeres embarazadas en nuestra sociedad son el hierro y el ácido fólico y, en ocasiones, también se observan ingestas deficitarias en calcio.

Clásicas molestias digestivas durante el embarazo: «antojos»

Con cierta frecuencia, la mujer embarazada experimenta cambios en sus preferencias alimentarias que se relacionan con variaciones de la sensibilidad gustativa. La embarazada puede encontrar desagradable el sabor o el olor de algunos alimentos que le gustaban antes de la gestación. Por el contrario, puede experimentar una marcada apetencia por productos que no eran de su consumo habitual. Este fenómeno, que en ocasiones se manifiesta ya antes del diagnóstico del embarazo, no se debe en absoluto a alte-

Algunas embarazadas pueden encontrar desagradable el olor o el sabor de ciertos alimentos.

raciones psicológicas, sino a alteraciones producidas por el trastorno hormonal que el embarazo representa. Estas aversiones o apetencias no tienen importancia si no alteran ni interfieren en la realización de una alimentación variada y equilibrada. Es un mito creer que un antojo no satisfecho de la embarazada puede dejar algún tipo de marca en el bebé.

Vómitos y náuseas

Es probable que a lo largo del embarazo, especialmente durante el primer trimestre, la embarazada sienta, en ocasiones, náuseas o vómitos, sensaciones debidas a los cambios metabólicos que experimenta. Para mejorar este malestar, será conveniente que la mujer embarazada:

– Realice comidas ligeras, frecuentes y poco copiosas, respetando los horarios y el número de tomas.

– Tenga a mano, en la mesilla de noche o donde le sea más cómodo, unas galletas, tostadas o cereales, para comer alguna cosa antes de levantarse de la cama.

– Evite beber agua o zumos ácidos en ayunas.

– Durante el día, en el caso de que los alimentos sólidos no sean bien tolerados, procúrese una ingesta importante de zumos o bebidas azucaradas sin gas.

– Evite el café y el té.

– No beba mucho entre comidas.

– Intente evitar los olores de guisos o preparaciones culinarias que le produzcan malestar.

– Disminuya el consumo de alimentos y preparaciones ricos en grasas y especias.

– Evite aquellos alimentos que tolere mal.

RECOMENDACIONES ALIMENTARIAS

Es prácticamente imposible obtener, sólo a través de la alimentación, las cantidades de hierro necesarias durante el embarazo. Las mujeres que no disponen de unas reservas de hierro importantes antes del inicio de la gestación tendrán que recurrir a la suplementación en hierro para evitar problemas relacionados con la anemia ferropénica, siempre bajo indicación del médico. De todas maneras, con el objetivo de aumentar el consumo de este mineral en la alimentación, así como de mejorar su absorción, podemos hacer algunas sugerencias:

• Consumir diariamente 2 raciones del grupo de las carnes.

• Las carnes rojas, las gambas y langostinos, los huevos, las legumbres, las almendras y los pistachos son alimentos especialmente ricos en hierro.

• El hierro procedente de los productos de origen animal presenta mejor absorción que el procedente de los vegetales. De todas formas, existen técnicas para mejorar la absorción del hierro, tales como hacer coincidir en una misma toma el alimento rico en hierro con vitamina C. Los alimentos más ricos en vitamina C son las naranjas, las mandarinas, los limones, las fresas, los kiwis, los pimientos verdes y rojos, los tomates... Recuerde que la vitamina C es muy sensible a la acción del calor y de la luz.

• El té y el café son dos bebidas que disminuyen el grado de absorción del hierro.

En cuanto a las necesidades de calcio, que también se ven aumentadas durante este período, se recomienda realizar una ingesta aproximada de 4 raciones de lácteos (leche, yogures, quesos, cuajadas...). Si el médico lo cree necesario también recomendará una suplementación en calcio.

El ácido fólico se encuentra en muchos alimentos, especialmente en verduras de hoja verde y cereales, y se relaciona con la formación del tubo neuronal del feto. Es una vitamina que acostumbra a suplementarse antes y durante el primer trimestre del embarazo.

Acidez o pirosis

– En este caso es también recomendable que fraccione la alimentación a lo largo del día, así como que evite grandes ingestas en una sola toma.

– Procure no tomar comidas muy grasas y, sobre todo, coma despacio.

– No es conveniente que se acueste o haga la siesta justo después de las comidas, sino que tiene que dejar pasar entre una y dos horas después de la ingestión de alimentos.

– Utilice ropa que no apriete y que sea muy cómoda.

Estreñimiento

– Ingiera una buena cantidad de líquidos a lo largo del día. Las bebidas tibias o calientes en ayunas favorecen el movimiento intestinal.

– Coma alimentos ricos en fibra, siempre que sean bien tolerados, como legumbres, verduras, frutas y hortalizas.

– No es conveniente que restrinja severamente el consumo de aceite, ya que éste tiene también una función lubricante.

– Evite tomar laxantes, excepto bajo indicación concreta de su médico.

Por último, los objetivos de aumento de peso se fijarán dependiendo de la corpulencia y peso de las mujeres antes del embarazo. Se sugiere como aumento adecuado un mínimo de 12 kilos en mujeres delgadas, entre 11 y 12 kilos en mujeres con un peso normal antes del embarazo y alrededor de 7 kilos en mujeres con sobrepeso u obesidad. Estos aumentos no son aplicables para adolescentes ni en situación de gestación múltiple. Los pesos máximos aceptables y compatibles con embarazos y partos normales son muy variables. Las mujeres muy delgadas son las que más dependen de un aumento ponderal suficiente para con-

seguir un bebé con un peso adecuado.

No existe ninguna sociedad cuyas costumbres no reconozcan la necesidad de que las mujeres embarazadas sigan una determinada propuesta alimentaria, expresando con ello la convicción de que las costumbres alimenticias de las mujeres encinta pueden tener influencia sobre la salud del futuro bebé.

Un estudio sobre los «antojos» de las mujeres embarazadas, llevado a cabo en E.U.A., sirvió para demostrar que las creencias populares en este sentido no siempre estaban desprovistas de fundamento. Los antojos muy intensos y repetidos de un determinado alimento lácteo (helado, flan, yogures…) puede tener su origen en las mayores necesidades de calcio que experimenta la mujer a lo largo del embarazo. Cuando la dieta seguida por la mujer embarazada es deficitaria en calcio, el feto obtiene el calcio necesario de las reservas presentes en los huesos y dientes de su progenitora, pudiendo producir en la madre esta necesidad expresada en forma de antojo. Este hecho podría explicar el popular dicho de que «un

Para evitar el estreñimiento es aconsejable consumir alimentos ricos en fibra, como las frutas.

¿Cómo recuperar la línea?

• Después de 9 meses de embarazo, el objetivo de muchas mujeres es recuperar la figura y poder «verse y vestirse como antes». Nunca debería empezarse un régimen de adelgazamiento ni durante el embarazo ni durante la lactancia, ya que puede entrañar riesgos importantes tanto para el bebé como para la madre. Las mujeres jóvenes suelen recuperarse con mayor rapidez que las de más edad.

• Se calcula que son necesarios al menos 6 meses, acabado el período de lactancia, para recuperar el peso habitual (sin realizar regímenes estrictos) y aproximadamente 1 año para recuperar el perímetro de la cintura. Cuanto más peso se haya ganado, más deben limitarse los alimentos ricos en grasas y las grasas de adición, así como los productos azucarados.

• Para ayudar a la recuperación de la figura es indispensable llevar a cabo una alimentación variada y adaptada a las características individuales, así como reanudar, bajo supervisión médica, la práctica de un ejercicio físico que contribuya a la mejoría del tono muscular y de la flexibilidad.

hijo cuesta un diente». Antojos de alimentos energéticos como la nata, los helados, los azúcares o productos azucarados podrían responder al aumento de requerimiento energético producido a partir del cuarto mes de embarazo.

Alimentación durante el crecimiento

La alimentación de niños y adolescentes se caracteriza por ser la encargada de cubrir las necesidades de un período crucial en el desarrollo físico y psíquico del individuo. Es muy importante que desde su nacimiento el niño siga una alimentación adecuada a sus necesidades, «sin excesos ni carencias». De esta manera y cuidando a la vez el proceso educativo y la adquisición de hábitos alimentarios, se ayudará a garantizar un desarrollo óptimo.

La alimentación del niño durante el primer año de vida

Los primeros meses de vida, durante los cuales el bebé se alimenta exclusivamente de leche (único alimento hasta los tres o cuatro meses), se denominan período de lactancia. Actualmente, hay muchos factores que conducen a recomendar, sin ninguna duda, la leche de la madre como el sistema de alimentación mejor y más adecuado durante este primer período, ya que se trata, en definitiva, de una prolongación natural de la alimentación intrauterina ofrecida por la madre durante la gestación. La alimentación a través del pecho materno fue, hasta principios de este siglo, el único medio que ase-

guraba la supervivencia de los niños y, cuando por algún motivo, la madre no podía amamantar a su bebé, éste quedaba expuesto a un grave peligro, dada su intolerancia a otros tipos de leche durante los primeros meses.

En este caso, se recurría normalmente a las «amas de cría» o mujeres que amamantaban a la vez a su hijo y al de otra mujer. Es a principios del siglo XX cuando se empieza a tratar y modificar la leche de vaca, para ser utilizada como sustituto de la leche de la madre. Las características principales de la leche materna se pueden concretar en los siguientes puntos:

– aporta el equilibrio nutritivo ideal para la alimentación del recién nacido, tanto en calidad como en cantidad (valor nutritivo, temperatura, concentración...);

– presenta propiedades inmunitarias que mejoran las defensas naturales contra ciertas infecciones;

– favorece la salud de la madre y refuerza el vínculo afectivo entre madre e hijo;

– no necesita preparación, está siempre a punto y a la temperatura óptima;

– es, al mismo tiempo, la alimentación más económica, aspecto a tener en cuenta en determinadas situaciones o grupos sociales.

La lactancia materna es, pues, la alimentación idónea. No obstante, durante los últimos años se ha venido efectuando cada vez con menor frecuencia, debido principalmente a razones de tipo social, laboral, incluso a una insuficiente información por parte de las madres. Un buen proceso de lactancia debe empezar a prepararse desde el embarazo, tanto nutritiva como psicológicamente.

La alimentación de la mujer lactante presenta las mismas características que la alimentación recomendada durante los últimos meses de embarazo. Los aspectos más importantes son la variación, un adecuado reparto, la ingesta de 4 raciones/día de productos lácteos para garantizar los requerimientos en calcio (no importa que se trate de productos semi o desnatados), así como una adecuada hidratación.

Cuando la lactancia materna no puede llevarse a cabo, existe el recurso de las leches adaptadas. Éstas se elaboran normalmente a partir de leche de vaca, modificada y sometida a unos tratamientos que la adecúan a las necesidades de los bebés, en función de la edad. Así, pueden encontrarse en las farmacias leches de inicio o 1, previstas para cubrir las necesidades desde el nacimiento hasta los 4-6 meses, y leches de continuación o 2, previstas desde los 4-6 meses hasta la utilización de leche de vaca. Existen también las «leches especiales», preparadas para situaciones concretas, como niños prematuros o con bajo peso al nacer, niños con alergias o intolerancias, etc. En la utiliza-

ción de leches adaptadas es conveniente seguir con minuciosidad las normas de preparación de los biberones, tanto en relación a las proporciones como a la manipulación higiénica.

Pasado cierto tiempo, la leche ya no será suficiente para cubrir íntegramente las necesidades del bebé, por lo que se iniciará la utilización de otros alimentos, además de ésta. No se recomienda empezar la etapa de introducción de nuevos alimentos o período de diversificación alimentaria antes de los 5-6 meses, y siempre bajo la orientación del pediatra, que aconsejará sobre el momento y tipo de alimento más apropiado. No existen suficientes razones científicas para establecer unos criterios estrictos sobre qué tipo de alimento debe incorporarse en primer o segundo lugar, ya que depende en gran medida del grado de desarrollo neuromuscular y psicomotor del lactante, por lo que se seguirán, en cada caso, las recomendaciones del pediatra. A pesar de esto, existen algunas pautas bastante consensuadas por los especialistas.

El éxito de la lactancia depende en gran parte de:

* una buena predisposición y convencimiento por parte de la madre.
* un entorno familiar, social y laboral facilitador.
* la succión del recién nacido, que estimulará la secreción.
* la adecuada alimentación de la madre, para poder garantizar el volumen y la calidad de leche que satisfaga las necesidades del bebé.

ALGUNOS CONSEJOS PRÁCTICOS

* La duración y frecuencia de las tomas de pecho dependen, según los especialistas, de la demanda del bebé. Es importante dejarse asesorar por un equipo de profesionales sanitarios.
* Son erróneas las creencias populares que aconsejan el elevado consumo de algunos alimentos como el té o la cerveza para aumentar el volumen de secreción de leche. Estas creencias carecen de fundamento científico.
* Recuerde que la leche es una secreción mamaria y, junto a ella, el organismo puede eliminar algunas sustancias que lleguen al recién nacido, como por ejemplo, la nicotina del tabaco, algunos residuos de medicamentos o el alcohol.
* La secreción de leche es más abundante por la mañana que por la tarde y, al principio de cada toma, la leche es menos rica en grasa y más rica en azúcar (lactosa).
* Existen algunos alimentos que, por su peculiar sabor, pueden modificar el sabor de la leche (alcachofas, coliflor, espárragos, ajo, cebolla o algunas especias). Sólo están desaconsejados en el caso de que la madre detecte un rechazo por parte del bebé.
* En la actualidad se recomienda la promoción de la lactancia materna, que debe prolongarse al menos durante tres meses. El destete no debería iniciarse antes de esta edad, ni ser exclusivo pasados los 6 primeros meses.

No se recomienda iniciar la alimentación complementaria antes de los 4 meses, considerándose más prudente retrasar este proceso hasta los 5-6 meses.

A continuación, se facilita un cuadro orientativo del inicio de la alimentación complementaria.

Se recomienda utilizar pequeñas cantidades de aceite de oliva crudo desde los primeros purés de verduras.

Una vez ha nacido el niño, la leche materna basta para satisfacer todas las necesidades nutricionales del recién nacido. Además, la leche materna proporciona al bebé anticuerpos que contribuirán a reforzar su sistema inmunológico. Por esta razón la sustitución creciente de la

PAUTA DE ALIMENTACIÓN INFANTIL

Alimentos	Preferentemente
Productos lácteos	
• Lactancia materna	• Exclusiva hasta los 5-6 meses
• Fórmula adaptada	• Hasta los 3 o incluso los 6 meses
• Fórmula de continuación	• Desde los 4 meses
• Yogur natural	• A partir del 7º mes
• Queso fresco	• A partir del 7º-8º mes
• Queso tierno	• A partir del 9º mes
• Leche de vaca	• A partir del año
Cereales	
• Harinas sin gluten	• A partir de los 4-6 meses
• Harinas con gluten	• A partir de los 7-8 meses
• Sémolas de pasta o arroz	• A partir de los 9-12 meses
• Pastas finas	• A partir de los 9-12 meses
• Pan y galletas	• A partir de los 9-12 meses
Carnes y pescados	
• Carne magra	• A partir de los 7 meses
• Pescado blanco	• A partir de los 9 meses
• Pescado azul	• A partir de los 18 meses
• Yema de huevo	• A partir de los 9 meses
• Huevo entero	• A partir del año
Verduras	
• Purés finos	• A partir de los 6 meses
• Purés más consistentes	• A partir de los 7-8 meses
Legumbres	
• Purés finos	• A partir del año
• Legumbres enteras	• A partir de los 18 meses
Frutas	
• Zumos naturales	• A partir de los 5-6 meses
• Compota	• A partir de los 6 meses
• Fruta entera	• Desde los 7-8 meses
• Frutas con grano (fresas, kiwi, moras)	• A partir de los 18-20 meses
Alimentos complementarios	
• Cacao	• A partir de los 2 años
• Frutos secos	• A partir de los 2-3 años
• Marisco	• A partir de los 2 años

lactancia materna por la lactancia a partir de leches adaptadas, que se ha producido en muchos países en vías de desarrollo, así como también en los países más industrializados, ha constituido uno de los cambios alimentarios del siglo xx más difíciles de comprender. Dada la indiscutible superioridad de la calidad de la leche materna, una de las explicaciones apuntadas por antropólogos y sociólogos es que el biberón fuera utilizado como identificador de un estatus social más elevado. En su momento muchas madres consideraron que el amamantamiento era una costumbre antigua que podía sustituirse sin diferencia alguna por la leche adaptada en las tomas de biberón. Se identificó como una modernización. Por otro lado, la mayor incorporación de la mujer al trabajo fuera del hogar y las pocas facilidades ofrecidas por las empresas no han ayudado a mantener y potenciar la lactancia materna.

La alimentación en edad preescolar y escolar

A partir del primer año, se empezará a utilizar leche de vaca, huevo entero, así como verduras y frutas, cortadas en pequeños trozos. Alrededor de los dos años, la maduración digestiva, así como la completa dentición, permitirán diversificar la alimentación del niño con alimentos básicos, como pueden ser las legumbres, que se servirán al principio en forma de purés y más tarde solas o mezcladas con otros alimentos.

En esta época el niño ya debe realizar entre cuatro y cinco tomas diarias de alimentos (desayuno, media mañana, comida, merienda y cena), siendo éste un período clave para el aprendizaje de hábitos alimentarios adecuados que se inician en el núcleo familiar y se complementan en el ámbito escolar, jugando aquí un importante papel el comedor escolar y la adecuada coordinación e información entre padres y responsables del comedor. Las necesidades energéticas de los niños en estas edades iniciales pueden variar mucho y es aconsejable respetar, en la medida de lo posible, la sensación de saciedad o de hambre expresada por los propios niños. Es un error frecuente intentar que terminen los platos cuando se han servido raciones parecidas a las de los adultos. Las preparaciones deben ser cada vez más variadas pero manteniendo técnicas culinarias apropiadas a estas edades. Deben tenerse en cuenta no tan sólo los aspectos nutricionales, sino también los aspectos organolépticos, textura, color, sabor, olor, en relación a sus posibilidades. Las presentaciones más apropiadas son las sopas, los purés, las cremas, los guisos y estofados, las carnes trituradas, las croquetas, tortillas…, preparaciones jugosas y de fácil masticación, debiendo evitarse las preparaciones a la plancha y las carnes muy secas. Los fritos también son una buena y sabrosa opción culinaria para los segundos platos, aunque no la única.

Energía recomendada:

De 1 a 3 años	de 1.000 a 1.300 Kcal./día
De 4 a 6 años	de 1.400 a 1.600 Kcal./día
De 7 a 10 años	de 1.700 a 2.000 Kcal./día

En relación a la distribución de esta energía a lo largo del día, ésta debería responder a un reparto aproximado de:

Desayuno	20 % del total energético
Media mañana	10 % del total energético
Comida	30-35 % del total energético
Merienda	10% del total energético
Cena	25-30% del total energético

Cartel de época de una marca de yogur, uno de los productos lácteos esenciales para una correcta alimentación infantil.

Muy importante

• Para evitar cualquier trastorno producido por la incorporación de un nuevo alimento, es imprescindible empezar introduciendo una pequeña cantidad del mismo, observar el grado de tolerancia y esperar entre 7 y 15 días antes de incorporar el nuevo producto de forma habitual.

Pautas alimenticias perjudiciales para los adolescentes

• Aumento progresivo del grado de autonomía en la selección de alimentos y del tipo de comidas.

• Mayor irregularidad horaria en las ingestas, y aparición del hábito de «picar» entre comidas; inicio del «tapeo».

• Aumento en el consumo de bollería y de productos envasados en general.

• Incremento en la utilización de servicios de comida rápida o *fast-food*.

• Mayor ingesta de bebidas refrescantes.

• Inicio del consumo de bebidas alcohólicas.

• Rápida aceptación de nuevas tendencias alimentarias, tal y como se detecta en otros ámbitos, por ejemplo la música o la forma de vestir.

• Gran preocupación por el aspecto, sumado a una fuerte presión social sobre la estética, el culto al cuerpo, la fobia al sobrepeso, la búsqueda del «cuerpo perfecto».

La alimentación en la etapa de la adolescencia

La adolescencia se define como el período de transición entre la infancia y la edad adulta. Es un período crítico que requiere una especial atención por la gran cantidad de cambios que se producen, y que afectan también a la alimentación.

Esta etapa oscila entre los 10 y los 19 años y se acompaña de una serie de procesos de crecimiento tanto físicos como psicológicos. Estos cambios en la maduración emocional y psicosocial del adolescente se definen como un descubrimiento del «YO». Los re-

La curiosidad y el afán por crearse una imagen propia afectan en gran medida a los hábitos alimentarios. Las comidas fuera de horas se convierten en una buena manera de socializarse y trabar nuevas amistades.

querimientos nutricionales están muy condicionados por lo que se denomina el estiramiento puberal o crecimiento acelerado que se presenta durante esta época. Se trata de un período con un marcado incremento de las actividades hormonales que se traduce en numerosos cambios físicos, así como en la aparición de los caracteres sexuales secundarios. Es interesante constatar que, aproximadamente, los adolescentes de 12 a 14 años presentan unas necesidades nutricionales superiores a las de sus madres, mientras que los adolescentes mayores de 16 años presentan ya unas necesidades superiores a las de los padres. En consecuencia, sus raciones serán más voluminosas y siempre estarán en relación con su peso, estructura y grado de actividad física.

En cuanto a la cantidad y distribución de las raciones de alimentos a lo largo del día, la estructura será prácticamente la misma que la propuesta para la persona adulta, siendo mayor el tamaño de las raciones de los distintos grupos de alimentos, así como las raciones de productos lácteos. Para la población adulta se recomiendan dos raciones de lácteos al día (capítulo 2) para cubrir las necesidades de mantenimiento en calcio. En el período de la adolescencia se recomiendan aproximadamente el doble, es decir, unas cuatro raciones de leche y/o derivados lácteos.

Puntos críticos en la alimentación del adolescente

Hay aspectos que caracterizan el comportamiento alimentario de los adolescentes y que, de alguna forma, pueden repercutir sobre su estado nutricional. Estas características podrían resumirse en el cuadro superior a la izquierda.

Todos estos aspectos, que caracterizan el comportamiento alimentario durante la adolescencia, representan, consciente o inconscientemente, una forma de romper con la tradición y lo establecido, así como una búsqueda de identidad del colectivo y del individuo.

Para afrontar este difícil período, es importante haber seguido un proceso de educación de los hábitos y comportamiento alimentario desde el núcleo familiar, en relación y coordinación con el ámbito escolar.

Raciones diarias recomendadas de los distintos grupos de alimentos básicos:

- 4 raciones de leche o productos lácteos
- 2 raciones de cárnicos
- 2-3 raciones de frutas
- 2 raciones de verduras
- 3-6 raciones de cereales y farináceos
- 3-6 raciones de aceites y frutos secos

Valoración cuantitativa de la comida

Por lo que se refiere al tamaño de las raciones, dependerá de la edad de los comensales. Desde un punto de vista práctico sugerimos una relación de proporcionalidad considerando el factor «1» la ración estándar del adulto.

Niños de 3 a 6 años 0,6

Niños de 7 a 9 años 0,8

Niños de 10 a 13 años y adultos . . .1

Adolescentes de 14 a 18 años 1,3

Todas las raciones estándar se encuentran referenciadas en la tabla anterior.

El tamaño de las raciones para los adolescentes será sensiblemente superior al de las raciones establecidas para el adulto.

El comedor escolar es un lugar importante para la adquisición de unos hábitos alimentarios correctos.

El comedor escolar

El comedor escolar es un espacio importante en el proceso de adquisición de hábitos alimentarios de muchos niños y adolescentes. El núcleo familiar y el ámbito colectivo del comedor escolar van a incidir de manera decisiva en la adopción de determinadas preferencias, aversiones, conductas, etc. relacionadas con la alimentación. Los objetivos del comedor escolar son:

– Proporcionar a los comensales (alumnos/as) una comida de calidad, tanto desde el aspecto nutricional (equilibrio y variedad) como desde el aspecto higiénico y organoléptico (textura, color, olor, sabor, aspecto).

– Ser, además, un espacio de promoción de hábitos y comportamientos adecuados en relación a la ingesta de alimentos.

– Al mismo tiempo, por su carácter colectivo, debería facilitar la convivencia y el compañerismo entre el alumnado.

EN EL COMEDOR ESCOLAR

Primeros platos		Técnicas culinarias recomendadas	
Frecuencia semanal recomendada en el comedor escolar			
CEREALES			
Arroz	1-2	sopas	1-3
Pasta	2-3	hervidos / horno	1-2
LEGUMBRES		fritos / rebozados	0-2
Lentejas, judías, garbanzos	1-2	Guisados	0-2
TUBÉRCULOS Y VERDURAS			
Patatas	1-2		
Verduras cocidas	1-2		
Verduras crudas	0-1		

Segundos platos

PESCADO (blanco, azul)	1-3	Horno / hervido	1-3
HUEVOS (tortilla, frito, duro)	1-2	Frito / rebozado	2-3
		Plancha	0-1
CARNE (aves, cerdo, ternera, buey, cordero, conejo)	2-3	Estofado / guisado y rustido	1-2

Guarniciones

ENSALADA	3-4	crudo	2-4
PATATAS, CEREALES, LEGUMBRES	1-2	frito / rebozado	1-3
		hervido	1-3
OTROS			
Verduras y hortalizas cocidas	0-1	Al horno	0-1

Postres

FRUTA
Manzana, plátano, naranja, mandarina,
albaricoque, cereza, melocotón, frutos secos 4-5

OTROS
Lácteos (yogur, flan, queso) 1
Dulces
Fruta en almíbar

EJEMPLOS DE MENÚS ESCOLARES

OTOÑO E INVIERNO

PRIMERA SEMANA	SEGUNDA SEMANA	TERCERA SEMANA	CUARTA SEMANA
Lunes Verdura tricolor con mayonesa. Chuletas con patatas al horno. Plátano.	Lunes Sopa de pistones. Libritos de lomo con patatas chips y lechuga. Yogur.	Lunes Raviolis con bechamel y queso. Bastoncitos de merluza con lechuga y maíz. Mandarinas.	Lunes Arroz con tomate y huevo duro picado. Filete de lenguado a la romana. Rodajas de naranja con azúcar.
Martes Sopa de pasta. Escalopa de ternera con tomate aliñado. Rodajas de naranja con miel.	Martes Lentejas con arroz. Croquetas de pollo con tomate, cebolla y aceitunas. Mandarinas.	Martes Pastel de puré de patatas gratinado. Butifarra con ensalada. Flan.	Martes Crema de calabacín y zanahoria con queso rallado. Pollo al horno con patatas fritas. Plátano.
Miércoles Lentejas guisadas. Filete de lenguado con lechuga y aceitunas. Pera.	Miércoles Fideos gratinados. Ternera guisada con setas. Bol de kiwi y manzana.	Miércoles Crema de calabacín con picatostes. Pollo al horno con patatas. Mandarinas.	Miércoles Guisantes y patatas con jamón. Hamburguesa con queso, tomate y cebolla. Pera.
Jueves Arroz a la milanesa. Pollo al horno con tomate aliñado y maíz. Yogur.	Jueves Arroz a la cazuela. Buñuelos de bacalao con lechuga. Plátano.	Jueves Garbanzos con espinacas. Calamares a la romana con tomate y lechuga. Kiwi.	Jueves Macarrones a la boloñesa. Sardinita frita con lechuga y maíz. Natillas.
Viernes Macarrones a la napolitana con queso rallado. Tortilla de calabacín. Manzana.	Viernes Sopa minestrone. Canelones. Macedonia variada.	Viernes Sopa de pescado con arroz. Pizza de atún con lechuga. Postre de músico.	Viernes Patatas con sepia y guisantes. Tortilla de queso con tomate y aceitunas. Manzana con caramelo.

PRIMAVERA Y VERANO

PRIMERA SEMANA	SEGUNDA SEMANA	TERCERA SEMANA	CUARTA SEMANA
Lunes Arroz tres delicias. Tortilla de queso con tomate y maíz aliñados. Plátano.	Lunes Patatas gratinadas. Hamburguesas a la plancha con cebolla y tomate. Helado de vainilla y chocolate.	Lunes Fideos a la cazuela con queso rallado. Salchichas con lechuga. Pera.	Lunes Gazpacho. Escalopa con patatas fritas y lechuga. Rodajas de plátano con caramelo.
Martes Ensalada de patatas, tomate, atún y aceitunas. Hamburguesa con cebolla. Fresones con zumo de naranja.	Martes Macarrones con atún. Aros de calamar con lechuga y zanahoria. Plátano.	Martes Ensalada de judías blancas. Croquetas de pollo con lechuga. Macedonia.	Martes Fideos a la cazuela. Sardinitas fritas con lechuga y maíz. Manzana.
Miércoles Macarrones a la boloñesa. Bastoncitos de merluza con zanahoria y aceitunas. Peras de san Juan.	Miércoles Entremeses. Paella. Kiwi.	Miércoles Arroz con tomate y huevo duro. Mero con ensalada y aceitunas. Yogur.	Miércoles Ensalada alemana. Croquetas de jamón con lechuga y aceitunas. Cerezas.
Jueves Menestra con mayonesa. Pollo a l'ast con ensalada. Kiwi.	Jueves Ensalada de garbanzos. Lenguado a la romana. Albaricoques.	Jueves Ensaladilla rusa. Costillas de cordero con tomate y cebolla aliñados. Melón.	Jueves Arroz a la milanesa. Muslitos de pollo al horno con cebolla y tomate. Macedonia.
Viernes Ensalada de garbanzos Empanadillas de atún con lechuga. Helado de vainilla.	Viernes Tortellini gratinados. Filete de pavo con tomate. Fresones con nata.	Viernes Sopa de pistones. Pizza de mar y montaña. Plátano.	Viernes Ensalada griega. Lomo con judías. Flan.

En este sentido va a ser muy importante una relación fluida entre la familia y el responsable del comedor escolar, principalmente con el objetivo de facilitar a los padres la programación de menús prevista para cada mes. De esta forma la familia podrá completar de forma adecuada el resto de las comidas.

En la página anterior, se facilita un cuadro con la frecuencia semanal recomendada de consumo de los diferentes alimentos, así como un modelo de programación de menús para el comedor escolar, destinados al período otoño-invierno y al de primavera-verano.

Aspectos que hay que recordar

1. Es conveniente introducir en los menús alimentos de temporada, sobre todo frutas, verduras y hortalizas.

2. Es conveniente adecuar las preparaciones o recetas de los menús a la época del año: platos más fríos en primavera y en verano (empedrado de legumbres, ensaladas y cremas frías, gazpacho…), y preparaciones más calientes en otoño y en invierno (guisados, sopas, cocidos…).

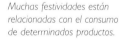

3. Hay que dar la oportunidad de conocer las tradiciones más arraigadas que relacionan determinadas festividades con la gastronomía:
– Todos los Santos: castañas, boniatos, dulces de Todos los Santos.
– Navidad: sopas de Navidad, turrones, mazapanes.
– Cuaresma: buñuelos de viento.
– San Juan: cocas.

4. Es conveniente que, excepto en la etapa preescolar, no haya un exceso de preparaciones trituradas en los

Muchas festividades están relacionadas con el consumo de determinados productos.

menús (salchichas, hamburguesas, croquetas, albóndigas…), con el objetivo de que los alumnos se habitúen a masticar.

5. Para conseguir un equilibrio alimentario, es muy importante que la familia complemente la comida del mediodía en la escuela con el resto de las comidas, de acuerdo con los criterios de una alimentación saludable. Por este motivo, es conveniente que en las programaciones quede claro el tipo de preparación, así como la especificación de las guarniciones y los postres.

El comedor puede constituir también un modo de interrelación entre diferentes culturas alimentarias.

Todas las consideraciones mencionadas hasta ahora se refieren a la alimentación de escolares sanos. En situaciones especiales de trastornos o patologías, habrá que asesorarse convenientemente.

A la hora de planificar los menús, es conveniente establecer una programación de 4 a 6 semanas.

Importancia de la alimentación mediterránea en los menús escolares

– Se debería promocionar y recuperar la alimentación mediterránea. El área mediterránea pertenece a la cultura del trigo como cereal básico. No es extraño que los componentes básicos de nuestros primeros platos sean los cereales, las patatas, las legumbres y las verduras.

– Si analizamos el contenido de los nutrientes de nuestros primeros platos tradicionales, veremos que en general son ricos en hidratos de carbono (base del requerimiento energético de nuestro organismo) y en fibra,

TABLA ORIENTATIVA DE GRAMAJES PARA LAS RACIONES DE LOS DIFERENTES GRUPOS DE EDAD

LECHE Y DERIVADOS	3-6 años	7-9 años	10-13 años	14-18 años
Leche (1 vaso)	200-250 cc	200-250 cc	200-250 cc	200-250 cc
Queso (ración)	30-40 g	40-50 g	50-70 g	70-90 g
Queso (bocadillo)	20-30 g	30-40 g	40-50 g	50-60 g
Leche (postre)	125-150 cc	125-150 cc	125-150 cc	125-150 cc
CEREALES, LEGUMBRES Y TUBÉRCULOS				
Legumbre (plato principal)	50-60 g	60-80 g	80-100 g	100-130 g
Legumbre (guarnición)	20-30 g	30-40 g	40-50 g	50-60 g
Patata (plato principal)	150-200 g	200-280 g	250-350 g	350-450 g
Patata (guarnición)	60-90 g	80-120 g	100-150 g	130-200 g
Patata (con verdura)	60-90 g	80-120 g	100-150 g	130-200 g
Arroz, pasta (plato principal)	50-60 g	60-70 g	80-90 g	100-120 g
Arroz (sopa)	20-25 g	25-30 g	30-40 g	40-50 g
Pasta (sopa)	15-20 g	20-25 g	25-30 g	30-40 g
Arroz, pasta (guarnición)	20-30 g	30-40 g	40-50 g	50-60 g
VERDURAS Y FRUTAS				
Plato principal	120-150 g	160-200 g	200-250 g	250-300 g
Guarnición	60-90 g	80-120 g	100-150 g	130-200 g
Salsa de tomate	30-40 g	40-50 g	50-60 g	60-80 g
Fruta fresca	120-150 g	120-160 g	150-200 g	150-250 g
Fruta en almíbar	50-60 g	60-80 g	80-100 g	100-130 g
CARNES Y DERIVADOS, AVES Y HUEVOS				
Bistec	60-70 g	80-100 g	100-120 g	120-140 g
Chuletas, costillas	80-90 g	100-120 g	130-150 g	150-170 g
Escalopas	55-65 g	70-90 g	90-110 g	120-140 g
Carne picada (hamburguesa, albóndigas)	60-70 g	80-100 g	100-120 g	120-140 g
Carne picada (pasta, arroz)	15-20 g	20-30 g	30-50 g	50-60 g
Pollo (guisado, rustido)	130-150 g	200-240 g	250-300 g	250-300 g
Filete de pollo	60-70 g	80-100 g	100-120 g	120-140 g
Filete de pescado	70-90 g	100-120 g	120-150 g	150-180 g
Huevos	1 unidad	1 unidad	1-2 unidades	2 unidades
Embutido (bocadillo)	25-30 g	30-40 g	40-50 g	50-60 g

sustancias que tenemos que potenciar en nuestra alimentación cotidiana.

– Nuestra agricultura y nuestra tradición gastronómica nos proponen también una oferta variada e integradora de «platos combinados» de extraordinario valor nutricional: potajes, guisos de legumbres, paella, pizzas mar y montaña, butifarra con judías…

– También forma parte de la cultura mediterránea el consumo habitual de aceite de oliva, de frutos secos y de frutas frescas.

La mejor manera de empezar bien el día… ¡Un desayuno completo!

La primera comida del día, el desayuno, se puede definir como la ingesta que se realiza después de levantarse y antes de salir de casa, ingesta que suele complementarse con una pequeña toma a media mañana. El desayuno debería representar aproximadamente de un 20 a un 25 % del total de la ingesta calórica a lo largo del día. En el momento de plantearse los desayunos deben tener-

El desayuno, comida fundamental, debería representar entre un 20-25% de las calorías ingeridas a lo largo de todo el día.

se en cuenta tanto los aspectos nutricionales (requerimientos, equilibrio y variedad) como los aspectos sensoriales (sabores, colores y texturas).

Un buen desayuno no sólo es importante para niños, adolescentes o deportistas, sino para todos, incluso para aquellas personas que han decidido seguir una dieta baja en energía.

Alimentos clave para un desayuno equilibrado.

Es recomendable que en la primera comida del día se incluyan:

– Productos lácteos, ya sean enteros o descremados, leche, yogures y quesos representan una importante fuente de calcio y de proteínas de muy buena calidad.

– Cereales de todo tipo: pan, tostadas, galletas, cereales, muesli, bollería (no demasiado grasa). Todos estos alimentos representan una importante fuente de hidratos de carbono y, en algunos casos, de fibra, si los productos son integrales.

– Frutas frescas, en forma de zumo o de compota. Son muy ricas en agua, azúcares y vitaminas, con una pequeña cantidad de fibra, sobre todo si se toman con piel.

Las frutas, y en especial los cítricos, deben convertirse en uno de los alimentos principales en la dieta de una persona adulta por su aporte de fibra y vitaminas.

Otros productos ricos en azúcares como la miel, las mermeladas y las confituras están especialmente reservados para los más jóvenes o para aquellas personas con importante actividad física, deportistas aficionados o de elite. Se puede decir lo mismo de los frutos secos y, sobre todo, de las grasas como las margarinas, mantequillas y natas.

En cuanto a otros alimentos como las carnes, huevos y embutidos, es más aconsejable reservarlos para otras comidas con el fin de no abusar de su consumo. En todo caso se pueden utilizar pequeñas cantidades de embutidos para la preparación de bocadillos a media mañana.

Diferentes propuestas de desayunos

1. Deportista o persona con mucha actividad física:
– 1 bol de yogur natural (2 unidades) con azúcar o miel, con muesli
– 1 vaso de zumo de frutas (a poder ser natural)
– 1 brioche o panecillo con queso cremoso de untar y mermelada acompañado de un puñado de nueces y avellanas

2. Adulto (hombre o mujer promedio)
– 1 taza de leche semi o descremada con azúcar o miel y un poco de café o té
– 2 o 3 tostadas, galletas o bizcochos con compota de manzana o de melocotón
– 1 pieza de fruta

3. Persona que sigue un régimen bajo en energía
– 1 vaso de leche descremada aromatizada con café o té y edulcorante artificial
– 2 tostadas o rebanadas de pan integral con un trozo de queso fresco
– 1 tajada de sandía

4. Niños de 6 a 12 años
– 1 batido de leche fresca con cacao
– 1 brioche o panecillo con jamón y queso
– 1 bol de macedonia de fresas y plátano

5. Adolescentes y jóvenes con actividad física
– 1 bol de yogur con cereales y trozos de frutas
– 1 vaso de zumo de frutas natural
– 3 magdalenas con chocolate de avellanas y almendras

6. Mujeres embarazadas y lactantes
– 1 vaso de leche fresca con cacao
– 4 o 5 galletas con un ración de queso fresco con una cucharadita de mermelada
– Una macedonia de kiwi, plátano y fresas

7. Personas de edad avanzada
– 1 taza de leche semi o descremada con un poco de café o té
– 3 o 4 galletas o bizcochos con mermelada

Menopausia y osteoporosis

La menopausia no es una enfermedad. Se define como el período en la vida de la mujer en el que desaparece la menstruación debido al final de la actividad ovárica. Suele producirse entre los 45 y los 50 años. El período en el que se produce la menopausia se llama climaterio.

Hace apenas unas décadas se consideraba el climaterio como la primera etapa de la llamada tercera edad. Actualmente, la mayoría de las mujeres de 50 años están en perfectas condiciones tanto físicas como psicológicas, con una vida social activa y plenamente integradas en el mundo laboral. No se considera en absoluto una persona de edad a la mujer de 50

Durante la menopausia conviene realizar ciertos cambios en la dieta para evitar aumentos de peso excesivos o pérdidas de calcio que puedan conducir a una osteoporosis.

años que se viste de una forma moderna y actual, hace deporte y participa activamente en los eventos sociales.

A pesar de todo la menopausia conlleva una serie de cambios, inconvenientes y perturbaciones que se deben asumir como parte ineludible en la vida de la mujer.

La menopausia provoca, al principio, una tendencia a ganar algo de peso que se traduce, prácticamente en todas las mujeres, con un aumento de 2 a 3 kilos. En este momento, la mujer debería asumir este ligero aumento de peso, tomando las medidas pertinentes para que éste no se descontrole. Una alimentación controlada en energía, con abundantes verduras y frutas, lácteos descremados y control de grasas, junto con la

A partir de los 35 años conviene consultar a un dietólogo y a un osteópata qué tipo de precauciones deben tomarse para evitar el riesgo de osteoporosis.

Ración diaria recomendada de calcio

- Niño: 800 mg
- Adolescente: 1.200 mg
- Adulto: 600 mg
- Embarazada: 1.200 mg
- Lactante: 1.200 mg
- Menopausia: 1.200 mg
- Anciano: 800 mg

práctica sistemática de ejercicio físico van a ser las principales armas para mantener un peso adecuado.

El principal problema nutricional de la menopausia es el comienzo de una fuga paulatina de calcio de los huesos, como resultado del cambio hormonal y de la reducción de la producción de estrógenos. Empezando alrededor de los 50 años, el proceso se irá acelerando con el transcurso de los años, pudiendo dar origen a la osteoporosis. Actualmente se define la osteoporosis como un déficit de masa ósea adecuadamente mineralizada, que afecta a la composición del hueso, aumentando la fragilidad del mismo y, por tanto, el riesgo de fracturas.

La osteoporosis, junto con el cáncer ginecológico y las afecciones circulatorias son las tres patologías más importantes que actualmente afectan a la mujer.

The American Dietetic Association (ADA), publicó en noviembre de 1993 unos datos que pueden calificarse de muy serios:

– Aproximadamente la mitad de las fracturas en mujeres de más de 50 años son debidas a la osteoporosis.

– Esta enfermedad produce más de 1,5 millones de fracturas al año. Entre ellas hay que incluir las fracturas de cadera y de cabeza de fémur, consideradas muy graves y dolorosas.

– Un 20% de los pacientes que sufren fractura de cadera mueren durante el primer año y la mitad de los supervivientes padecen durante el resto de su vida graves dificultades de movilidad.

El origen de la osteoporosis

La estructura del tejido óseo está sometido a un constante proceso de desgaste y renovación. Este proceso debería dar un balance neutro, es decir, que el desgaste debería ser repuesto de una manera óptima. Si este proceso se desequilibra a favor del desgaste, el resultado es una disminución progresiva de la masa ósea.

En condiciones normales, el balance es positivo hasta los 30 o 35 años. A partir de ese momento, el equilibrio pasa a ser ligeramente negativo. A los 60 años la pérdida de masa ósea puede ser de un tercio. Un 50% de las personas mayores de 75 años presentan un cuadro de osteoporosis.

Una vez declarada la enfermedad, generalmente a causa de dolor articular o de alguna fractura menor, no se puede recuperar el hueso perdido, pero sí se puede paliar y frenar el proceso de fuga ósea. De todas formas, la prevención de la enfermedad es un factor básico y una prioridad en todos los organismos de salud pública, los cuales coinciden en señalar que para ello la ingesta alimentaria es algo fundamental.

La prevención, la mejor arma

Está demostrado que un bajo aporte de calcio durante la adolescencia produce un hueso más débil en la edad adulta.

En mujeres premenopáusicas con un aporte de calcio aumentado, se retrasan las pérdidas de masa ósea. Por el contrario, un aporte insuficiente de calcio en las personas mayores favorece las roturas óseas. Ya que el aporte de calcio es fundamental en la prevención de la osteoporosis, conviene precisar la cantidad adecuada para llevar a cabo dicha prevención.

En los individuos adultos las necesidades de calcio se estiman entre 800 y 1.000 mg al día. Este aporte se debe aumentar en la edad avanzada, ya que entonces la absorción de este mineral es menor. Asimismo hay etapas de la vida en que las necesidades de calcio son mayores: la lactancia, el embarazo y la adolescencia son situaciones que precisan un aporte más elevado, fijándose las necesidades en 1.200 mg al día.

En la alimentación diaria, los alimentos que contienen una elevada proporción de calcio son la leche y los derivados lácteos, tanto enteros como descremados. En el resto de los alimentos el contenido en este mineral es muy reducido, por lo que es difícil cumplir las raciones recomendadas si la alimentación no incluye una cantidad adecuada de productos lácteos.

Osteoporosis y sexo femenino

La osteoporosis es ocho veces más frecuente en la mujer que en el hombre. Esta diferencia se debe, fundamentalmente, a los cambios hormonales que afectan al sexo femenino durante la menopausia. Se calcula que entre un 30 y un 40 % de mujeres postmenopáusicas se ven afectadas, en menor o mayor grado, por esta enfermedad.

Factores que aumentan el riesgo de sufrir osteoporosis:

- Sexo femenino
- Raza blanca
- Edad avanzada
- Talla y peso reducidos
- Nuliparidad
- Alimentación baja en calcio
- Alimentación alta en sodio
- Déficit de vitamina D
- Menopausia precoz
- Desequilibrios ponderales, oscilaciones notables de peso
- Ciertos fármacos (corticoides)
- Alto consumo de alcohol, café y tabaco

Alimentos que contienen (aproximadamente) 200 mg de calcio

- 200 cc de leche entera o descremada
- 2 yogures, enteros o descremados
- 40-50 g de queso de bola
- 125 g de queso fresco

Una persona anciana puede disfrutar de los placeres de la mesa siempre y cuando se atenga a las indicaciones que le dé el médico de cabecera.

• Baja actividad física, sedentarismo. Práctica deportiva intensa a nivel profesional.

Por otro lado, cada vez parece ser más evidente la relación entre el sedentarismo y el riesgo de padecer complicaciones derivadas de la osteoporosis. El ejercicio físico adecuado a lo largo de toda la vida forma parte importante de la prevención.

Algunos de los factores de riesgo son ineludibles, pero hay otros que pueden ser prevenidos eficazmente. La osteoporosis tiene un gran impacto en la calidad de vida, tanto desde el punto de vista físico como psíquico, por ello es muy importante la prevención de este trastorno desde edades muy tempranas.

¿Qué elementos debe tener en cuenta una mujer en período de menopausia?

– Controlar el peso (sin obsesionarse).
– Procurar que la dieta siga siendo variada y equilibrada, baja en grasas de origen animal.

– Asegurar el aporte de calcio adecuado a la situación.
– Potenciar el consumo de pescado frente al de carnes, asegurando una adecuada ingestión de yodo.
– Potenciar la variedad en el consumo de frutas, verduras y hortalizas.

Alimentación de las personas mayores

En las últimas décadas la esperanza de vida ha aumentado espectacularmente en los países desarrollados. La ancianidad o última fase de la existencia se prolonga cada vez más. La sanidad moderna, la alimentación y la forma de vida actual han alargado la esperanza de vida hasta límites impensables hace sólo 50 años.

Actualmente, en España se experimentan importantes cambios demográficos. La esperanza de vida al nacer es de 73,1 años para los varones y de 79,6 años para las mujeres (mucho mayor que a principios del siglo XX). El porcentaje de personas mayores de 65 años es de aproximadamente el 14 %, y se cree que ha superado el 15 % en el 2000.

La dieta de las personas ancianas debe ser muy variada, blanda y rica en proteínas, fibras, vitaminas y minerales.

Los procesos fisiológicos del envejecimiento conllevan una serie de cambios alimentarios que convierten a la población anciana en un grupo vulnerable de riesgo nutricional.

Las personas mayores presentan una serie de cambios, tanto físicos como psíquicos, que pueden influir de una manera u otra en su estado nutricional.

Cambios producidos en el organismo por el envejecimiento

– La pérdida de piezas dentarias, así como los problemas de encías y la frecuente mala adaptación de las dentaduras postizas dificultan la masticación de los alimentos y obligan al anciano a ingerir preparaciones blandas que precisen poca masticación.

– La cantidad de saliva y la actividad de la misma es menor, por lo que la insalivación es menos efectiva, pudiendo dificultar la digestión de los alimentos.

– La sensibilidad de las papilas gustativas acostumbra a disminuir, por lo que este colectivo gusta de sabores fuertes, picantes, dulces y salados.

– La paulatina pérdida de destreza manual y sensorial (vista, oído) suele influir notablemente en la alimentación del anciano, ya que éste va a escoger un tipo de dieta que no conlleve demasiado esfuerzo. Esto influye en la adquisición y preparación de los alimentos, así como en la ingesta de los mismos.

– En general, el organismo del anciano se vuelve menos funcional. Su tubo digestivo es menos eficiente, produciéndose una mayor dificultad

PAUTAS GENERALES

Energía: La alimentación del anciano debe ser algo menos calórica que la del adulto, ya que su actividad es menor y su metabolismo está ralentizado. Por ello los volúmenes de las ingestas deben ser menores que los del adulto.

Hidratación: El envejecimiento es, en parte, un lento proceso de pérdida de agua. El colectivo de ancianos suele ser un grupo de riesgo frente a la deshidratación. Un aporte de líquidos en forma de agua, caldos, infusiones, etc… es vital para mantener y mejorar el estado de salud.

Cárnicos: cuando se detecta inapetencia y un consumo reducido e insuficiente de este grupo de alimentos, las carnes se servirán picadas, en hamburguesas, albóndigas, guisados o estofados, frente a otras preparaciones que resultan más duras y secas. Croquetas, pescados en supremas, sin piel ni espinas, huevos o jamón son también alternativas apropiadas.

Lácteos: los lácteos se tomarán descremados, variando su presentación en forma de yogur, flan, cuajada o arroz con leche, para que el anciano los acepte bien y no descuide su consumo. Este grupo de alimentos, por otra parte, suele ser bien admitido por este colectivo.

Frutas y verduras: es conveniente el consumo de fruta y verdura, variadas y en cantidades suficientes, ya sean frescas, congeladas, crudas o cocidas. En el caso de la fruta se seleccionarán piezas maduras. Se presentarán peladas o en macedonia. Puede, asimismo, alternarse su consumo con el de preparaciones en almíbar o compotas.

Grasas: se vigilarán las grasas «escondidas» de la bollería, los platos preparados y la pastelería. Tampoco se debería abusar de embutidos grasos, bacon, panceta, sobrasada, etc.

El aceite de oliva, como se viene recomendando a lo largo de toda la obra, es la grasa más adecuada, tanto para guisar como para aliñar.

en la absorción de principios inmediatos, sobre todo de minerales y vitaminas.

– En este colectivo es habitual el trastorno del estreñimiento, debido a una disminución del peristaltismo, así como a una ingesta deficitaria de agua y de fibra, y también a una menor actividad física.

– El sistema circulatorio pierde elasticidad y la placa de ateroma acelera los procesos de arteriosclerosis.

– El sistema nervioso indica su menor actividad con alteraciones en la memoria, lentitud de reacciones y reticencias en el cambio de hábitos o costumbres arraigadas. Las personas mayores son muy reacias a aceptar cualquier situación que no les sea familiar, lo cual, en el tema de la alimentación, hace muy difícil el cambio de hábitos.

– La soledad, la depresión, la constatación de la propia incapacidad, así como la posible limitación de recursos económicos son circunstancias que a menudo se dan en el colectivo de ancianos, influyendo de una manera directa en su alimentación.

Necesidades alimentarias y nutricionales

Es difícil fijar unas pautas alimentarias concretas en este colectivo, ya que las necesidades van a variar individualmente, dependiendo del grado de deterioro de cada persona en cuestión. No todos los ancianos tienen la misma capacidad funcional. Hay *viejos jóvenes*, tanto física como psíquicamente, con capacidad para seguir un estilo de vida activo. Los hay psíquicamente lúcidos, pero con importantes discapacidades físicas y, a la vez, existen ancianos con unas capacidades tanto físicas como psíquicas muy deterioradas que condicionan absolutamente su estilo de

vida. Por todo ello, el patrón alimentario de este colectivo es, en todo momento, muy individual.

En general, este grupo de edad avanzada tiene los procesos de degradación (catabolismo) más acelerados que los procesos de síntesis o construcción (anabolismo), es decir, no está garantizado un recambio 100 % efectivo que reponga las estructuras y diferentes materiales deteriorados.

En este colectivo se produce una pérdida progresiva de mineral óseo. La alimentación del anciano debe tratar de compensar, en lo posible, dichas pérdidas. Es importante mantener un correcto aporte de proteínas de buena calidad (las que contienen la carne, el pescado, los huevos...). Muchas veces estos alimentos son rechazados o muy poco consumidos por el anciano, debido a su elevado coste, su dureza (carne), la dificultad en la preparación (espinas) o el miedo al colesterol (huevos).

Las grasas deben estar controladas y deberían reducirse aquellas que esconden algunos alimentos como la bollería, ciertos dulces... que tanto gustan a este grupo de edad, así como los embutidos grasos y algunos platos y comidas preparadas.

Es importante mantener un elevado consumo de frutas y verduras para asegurar un correcto aporte de vitaminas y minerales, así como de fibra alimentaria, que ayudará a prevenir y combatir los problemas de estreñimiento.

Variación y adecuación

Como se ha visto hasta ahora, la alimentación de la persona mayor tiene que ser lo más variada posible, adaptando las texturas y diferentes técnicas culinarias a las necesidades específicas de este colectivo. Así, por

La alimentación de las personas mayores debe ser variada: cereales, presentes en el pan, frutos secos, hidratos de carbono, presentes en la pasta y fruta fresca de temporada.

ejemplo, las legumbres se pueden ofrecer en forma de puré, lo que las hará más digestivas y evitará problemas de flatulencias. En casos de inapetencia, las sopas y otras preparaciones se pueden enriquecer con verduras, pasta, leche descremada, huevo, sémolas de trigo o arroz, tapioca, etc...

Las preparaciones culinarias más apropiadas para este colectivo son las sopas, caldos, guisos, estofados, cocciones al vapor, papillotes, purés, fritos y rebozados, estos últimos no de forma habitual. La alimentación del anciano debe estar bien fraccionada a lo largo del día, evitando grandes ingestas.

Como puede verse, la alimentación del anciano es un compendio de disciplinas que no deben descuidar la individualidad de la persona. Tener en cuenta su estado físico y anímico, así como el económico, es la mejor garantía de éxito a la hora de plantear la alimentación de la persona de edad. Debe mantenerse, en todo momento, la ilusión y el placer de comer y conseguir mediante este placer una nutrición adecuada y eficaz.

RECUERDE QUE...

• En el anciano, determinadas conductas anómalas pueden estar motivadas por una nutrición deficiente.
• En caso de padecer distintos trastornos que requieran tratamiento dietético en edades avanzadas debería priorizarse el placer de comer y los gustos y apetencias de la persona.
• No pueden faltar proteínas de calidad, calcio y fibra.
• Con la vejez, el paladar pierde sensibilidad y se producen una serie de cambios en los hábitos y, sobre todo, en las preferencias alimenticias. Alimentos que habían sido muy deseados en la edad adulta pierden interés. Suele suceder con las carnes, los pescados y los mariscos. En cambio, suelen volver al primer lugar de preferencia los lácteos y los dulces y, en general, los alimentos y preparaciones de fácil masticación y digestión.

• No son escasas las creencias relativas a los elixires de la eterna juventud, en relación al consumo de determinados alimentos o preparaciones culinarias que conserven la salud y aumenten la longevidad. Algunos pueblos presumen de contar con una gran cantidad de personas longevas y atribuyen el hecho a un determinado alimento. En este sentido podemos destacar la longevidad de los habitantes de una región del Cáucaso, quienes atribuyen parte del éxito al consumo habitual de una leche fermentada parecida al yogur. También podría destacarse la longevidad detectada a mediados del siglo XX por el investigador Keys, en una zona del sur de Italia, atribuida en parte al beneficioso efecto de la auténtica y secular dieta mediterránea.

Para disfrutar de una dieta sana y equilibrada es indispensable conocer perfectamente diversas técnicas de preparación y conservación de los alimentos.

COCINA: **HIGIENE, CONSERVACIÓN Y TÉCNICAS CULINARIAS**

Es un gran error creer que la gastronomía está reñida con la alimentación saludable. Unos conocimientos adecuados y una buena dosis de imaginación son elementos esenciales para llevar a cabo una alimentación saludable y placentera. Para ello es de vital importancia conocer las distintas técnicas de manipulación y cocción de los alimentos, así como la forma de conservarlos y las propiedades y ventajas de cada una de estas técnicas.

La alimentación se define como un proceso voluntario del ser humano que comienza con un deseo de ingerir alimentos. Éste conduce a seleccionar, preparar y consumir una serie de productos frente a otros, sin olvidar todos los condicionantes históricos, ambientales y sociales que intervienen en dicho proceso.

Al hablar de alimentación, no se puede olvidar que este término está interrelacionado a una sensación de bienestar. El hombre, desde que empieza su aventura de vivir, hasta que la acaba, busca y encuentra en la alimentación una fuente de placer. Es muy importante que, a lo largo de la vida, se siga fomentando este acto placentero y se armonice una alimentación equilibrada y saludable, con una gastronomía variada y placentera.

Higiene de los alimentos

La O.M.S. (Organización Mundial de la Salud), define la higiene alimentaria como «Un conjunto de condicio-nes y medidas que deben estar presentes a lo largo de todo el proceso de manipulación de los alimentos con el objetivo de garantizar la salubridad de los mismos».

Desde que un alimento es ofrecido por la naturaleza hasta que forma parte de un plato, debe pasar por una serie de etapas y medidas que garanticen la seguridad de su consumo y que impidan la transmisión de enfermedades, así como ofrecer al consumidor productos sanos, nutritivos y agradables que le permitan llevar a cabo una alimentación sana y placentera.

La correcta manipulación de los alimentos es imprescindible para evitar cualquier riesgo de contaminación.

Manipulación de los alimentos

La preparación culinaria, sea cual sea la técnica a aplicar, implica la manipulación de los alimentos, lo que supone un riesgo de contaminación si dicha manipulación es incorrecta.

El manipulador puede tanto provocar como detener una contaminación alimentaria. Para evitar toxiinfecciones, se deben respetar unas normas básicas de higiene y manipulación.

Reglas de oro para la preparación higiénica de los alimentos (según la O.M.S.)

La O.M.S., Organización Mundial de la Salud, ha resumido en 10 puntos las normas básicas de higiene y manipulación de los alimentos, a fin de preservar la salud. Como veremos, uno de los puntos de mayor incidencia es el control de las temperaturas ya que este parámetro, junto con el tiempo (binomio tiempo/temperatura) es básico a la hora de manipular correctamente los alimentos.

1. Elegir alimentos tratados con fines higiénicos. Hay algunos alimentos que no necesitan tratamientos específicos para su consumo, como son las frutas y verduras, pero hay otros cuyo consumo sólo es seguro cuando han sido tratados con sistemas específicos. Así por ejemplo, la leche hay que adquirirla pasteurizada y no cruda. Las aves también son tratadas para que su consumo resulte más seguro desde el punto de vista sanitario.

2. Cocinar bien los alimentos. La temperatura mínima de seguridad es de 70 °C en toda la masa del alimento.

3. Consumir lo antes posible los alimentos cocinados. Cuando los alimentos pierden temperatura, los microorganismos empiezan a proliferar. Cuanto mayor es la espera, mayor es el riesgo de contaminación.

4. Guardar adecuadamente los alimentos cocinados, evitando que éstos estén más de dos horas entre las llamadas temperaturas de riesgo, entre 70 y 5 °C.

5. Recalentar adecuadamente los alimentos cocinados. La totalidad del alimento debe llegar a los 70 °C, como medida de protección frente a los posibles microorganismos que puedan haber proliferado en el mismo.

6. Evitar el contacto entre alimentos crudos y cocinados. Un alimento puede contaminar a otro provocando una contaminación cruzada.

7. Lavarse las manos a menudo. Antes y después de entrar en contacto con los alimentos, así como al cambiar de tarea, ir al servicio, sonarse o después de cualquier actitud que pueda ser contaminante.

8. Mantener limpias las diferentes superficies en la cocina. Esta tarea, a ser posible, debe realizarse con detergentes clorados (lejías).

9. Mantener los alimentos fuera del alcance de animales, tanto domésticos como insectos o roedores. La mejor manera de proteger los alimentos es mantenerlos aislados del suelo, bien guardados en recipientes cerrados.

10. Utilizar agua potable y clorada para la limpieza y cocción de los diferentes alimentos. Una causa importante de contaminación puede ser la insalubridad del agua utilizada.

Todas estas medidas, que en cierto modo pueden parecer muy obvias, son imprescindibles a la hora de manipular los diferentes alimentos. La limpieza de la cocina, de los alimen-

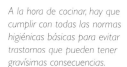

A la hora de cocinar, hay que cumplir con todas las normas higiénicas básicas para evitar trastornos que pueden tener gravísimas consecuencias.

tos, del manipulador, el respeto de las temperaturas tanto frías como calientes, así como la correcta conservación de los productos, son los tres pilares básicos para evitar toxiinfecciones alimentarias.

Conservación de los alimentos

Todos los alimentos son susceptibles de ser alterados en mayor o menor espacio de tiempo, debido a la acción de microorganismos que los contaminan o a reacciones enzimáticas del propio alimento.

La alteración y el deterioro de los alimentos ha sido una constante preocupación y motivo de investigación para el ser humano con el objetivo de conservarlos el mayor tiempo posible y asegurar una disponibilidad de los mismos. Así, técnicas de conservación como salazones, encurtidos o secados fueron practicadas por el hombre desde tiempos muy remotos, dando paso a otros sistemas cada vez más sofisticados como son las conservas, congelados, alimentos al vacío, esterilizados, irradiados, etc.

Algunas técnicas de conservación

Deshidratación: es uno de los procesos más antiguos utilizados por el ser humano. Se basa en el secado por aire, eliminándose parte importante del agua de composición. Al haber una cantidad mínima de agua, los micoorganismos no pueden proliferar y de esta manera degradar el alimento.

Actualmente la técnica se basa en un secado al vacío, evaporando el agua a bajas presiones. Leche en polvo, frutas desecadas, café, puré de patata o huevo en polvo son alimentos que actualmente se conservan mediante este sistema.

Salazón: desde la antigüedad se ha utilizado la sal común (cloruro sódico) para la conservación de los alimentos. El efecto conservador de la sal se fundamenta en que ésta disminuye la actividad hídrica, y no debido a que la sal tenga ninguna actividad antimicrobiana. Es una técnica muy utilizada en el caso de pescados (bacalao), carnes y quesos.

Curado: se entiende como curado, el tratamiento de la carne con sal común y sales de ácido nítrico y ácido nitroso. Esto provoca la estabilidad del color rojo de la carne, dando asimismo un ligero cambio de sabor y aroma. Con este sistema se conservan algunos embutidos.

Ahumado: se sirve de la acción desecante y antiséptica del humo de leña. Los alimentos pueden ser previamente salados o no. Para valorar la acción conservadora del ahumado

Cada alimento debe mantenerse a la temperatura de conservación más adecuada.

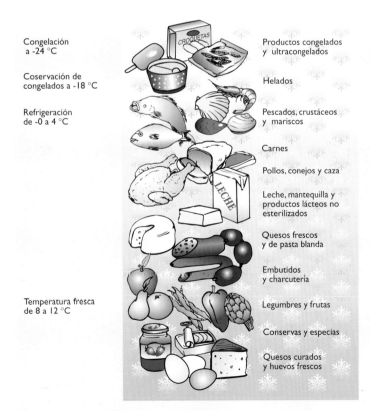

Congelación a -24 °C — Productos congelados y ultracongelados

Coservación de congelados a -18 °C — Helados

Refrigeración de -0 a 4 °C — Pescados, crustáceos y mariscos

Carnes

Pollos, conejos y caza

Leche, mantequilla y productos lácteos no esterilizados

Quesos frescos y de pasta blanda

Embutidos y charcutería

Legumbres y frutas

Temperatura fresca de 8 a 12 °C — Conservas y especias

Quesos curados y huevos frescos

Seamos realistas

Si tienes poco tiempo, no hay que renunciar a un sabroso pisto (berenjenas, pimientos, calabacines, etc.), sino buscar una preparación (en este caso, congelada) que te permita servirlo en tu mesa con toda su calidad. Este ejemplo vale también para unas croquetas, una lasaña, un arroz o unas patatas guisadas.

ha de considerarse que sus efectos son superficiales y que la acción es tanto más intensa cuanto menor sea el grosor del producto a ahumar. Se usa este tratamiento en carnes, pescados (salmón) y jamones.

* *Conservas:* método que consiste en envasar los alimentos en recipientes herméticos y someterlos a un determinado calentamiento que asegure la destrucción de gérmenes, toxinas y enzimas, capaces de alterar dicho alimento.

Las conservas caseras deben respetar unas normas básicas de higiene y manipulación, sin las cuales podrían resultar peligrosas para la salud.

* *Radiación:* método cuyo origen se remonta a principios de la década de 1950, pero su aplicación es restringida y con regulación propia en cada país.

El tratamiento con irradiación prolonga el tiempo de almacenamiento y elimina insectos en frutas, legumbres y granos de cereales. Elimina también la salmonela en carnes, aves y huevos frescos. En frutas, retarda además la maduración, permitiendo más tiempo de transporte y almacenamiento. Bloquea también la germinación de patatas y cebollas. En las carnes y embutidos mantiene el color, evitando la utilización de nitratos y nitritos.

Por el momento, ésta es aún una técnica muy poco utilizada en nuestro país, debido, en parte, a que es un método con poca aceptación social. En 1980, la F.A.O. y la O.M.S., concluyeron que la radiación de los alimentos es inocua para el ser humano hasta una dosis global de 1 Mrad.

* *Refrigeración:* el alimento se mantiene a temperaturas por debajo de la temperatura de multiplicación bacteriana en neveras o cámaras refrigeradoras. La conservación es corta y limitada. La temperatura de conservación es próxima a los 0 °C (normalmente entre 2 y 5 °C). Es importante que los alimentos se almacenen dentro de la nevera en condiciones y temperaturas adecuadas para cada producto.

Los alimentos congelados, a pesar de lo que suele creerse, no pierden ni un ápice de sus propiedades nutricionales.

TIEMPOS DE CONSERVACIÓN DE LOS ALIMENTOS CONGELADOS

• Carne	Vacuno	Hasta 12 meses
	Cordero	Hasta 8 meses
	Cerdo	Hasta 6 meses
	Carne picada, salchichas	Hasta 2 meses
	Pollo y volatería	Hasta 10 meses
	Patos	Hasta 5 meses
• Pescado y marisco	Pescado blanco	Hasta 6 meses
	Pescado azul (graso)	Hasta 3 meses
	Marisco	Hasta 3 meses
• Hortalizas	La mayoría de ellas	Hasta 12 meses
• Frutas	Tanto si se han envasado en almíbar o con azúcar seca, según la variedad	De 8 a 10 meses
• Huevos y productos lácteos	Huevos, mantequilla	Hasta 6 meses
	Nata	Hasta 3 meses
	Queso blando	Hasta 8 meses
• Pastelería, pan y bollería	Tartas y pasteles horneados	Hasta 6 meses
	Masa de pasteles sin hornear	Hasta 3 meses
	Pan y bollos	Hasta 3 meses
• Platos preparados	Sopas y salsas	Hasta 4 meses
	Estofados, guisos y platos cocinados sin mucha grasa	Hasta 3 meses
• Productos congelados industrialmente	Según las indicaciones del fabricante	Hasta 3 meses

La congelación

Congelar consiste en enfriar el alimento a temperaturas por debajo de los –24 °C. La rapidez de congelación es muy importante a la hora de realizar un buen congelado. Cuando el enfriamiento es lento, el agua contenida en las células del alimento cristaliza en forma de agujas alargadas y punzantes, atravesando las paredes celulares. Esto ocasiona que cuando se descongela el alimento, éste pierda líquidos y con ellos valor nutricional y calidad organoléptica.

Sólo se realiza una correcta congelación con aquellos congeladores que son capaces de alcanzar temperaturas inferiores a –24 °C (**** = congelador de 4 estrellas). Los que no la alcanzan son meros conservadores de productos ya congelados.

Los congeladores de tres estrellas (***) alcanzan una temperatura mínima de -18 °C, por lo que no son aptos para congelar sino para conservar alimentos ya congelados.

La descongelación de los alimentos debe hacerse en la nevera, a una temperatura aproximada de 4 °C. De esta manera se evita la multiplicación de los posibles micoorganismos que el alimento pueda contener y que durante la congelación y debido a las bajas temperaturas se han mantenido alertagados, frenando su multiplicación.

Se pueden también descongelar correctamente ciertos alimentos mediante el microondas.

Las piezas pequeñas, croquetas, empanadillas, verduras, etc. es preferible cocinarlas directamente, sin previa descongelación, vigilando que el alimento, incluso en su interior, quede bien cocido.

El valor nutricional de los alimentos congelados es muy similar al de los frescos, mermando algo su valor vitamínico. Para conservar este valor nutritivo es importante respetar las normas básicas de congelación y conservación de los distintos alimentos.

Aditivos alimentarios

Aditivo alimentario es toda sustancia que, sin constituir por sí misma alimento, ni poseer valor nutritivo, se añade, intencionadamente a ciertos alimentos y bebidas, con objeto de modificar o estabilizar sus características organolépticas (color, olor, textura, aroma) o para facilitar y/o mejorar su proceso de elaboración y conservación. Estas sustancias no tienen el propósito de cambiar el valor nutritivo del alimento.

Existe la tendencia a valorar negativamente la tecnología aplicada en el campo de la alimentación, lo cual es un gran error. La correcta aplicación de nuevas tecnologías alimentarias permite una disponibilidad de alimentos que sería impensable sin dicha tecnología. Por poner un ejemplo, continuamente se dice que el pollo, actualmente, no sabe a nada, que es insípido comparándolo con el sabroso pollo de antaño. Poca gente recuerda que esta ave, no hace mucho tiempo, era manjar de mesas privilegiadas y de días señalados. Actualmente este alimento forma parte de los menús de bajo coste, aportando una excelente fuente de proteínas. Las nuevas tecnologías que permiten la gran producción de pollo, abaratando su coste, hacen que sea un alimento accesible al gran público sacrificando, para ello, alguna cualidad organoléptica.

Es importante recordar que la legislación marca unos márgenes de seguridad muy amplios, siendo, al mismo tiempo, muy estricta en el cumplimiento de la normativa. A pesar de ello, es frecuente ver reflejadas en los medios informativos noticias, a veces alarmantes, sobre tal o cual producto, que infringiendo la ley, contienen sustancias de consumo no deseado que pueden ser perjudiciales para la salud. El consumidor actual, cada vez más exigente y capacitado, adquiriendo productos de calidad, de conocida procedencia y respetando las normas de manipulación de los alimentos, es la mejor barrera para que estos productos no lleguen a su mesa.

PRINCIPALES GRUPOS DE ADITIVOS

Sustancias que modifican los caracteres sensoriales (color, sabor)	Sustancias que impiden o retardan alteraciones químicas y biológicas	Estabilizadores de la textura y otras propiedades fisicoquímicas
Colorantes (n.ᵒˢ 100 a 109)	*Conservantes (n.ᵒˢ 200 a 299)*	*Emulsionantes, estabilizantes, espesantes (n.ᵒˢ 400 a 499)*
E 100 Curcumina	E 200 Ácido sórbico	
E 101 Lactoflavina	E 211 Benzoato sódico	E 406 Agar-agar
E 102 Tartrazina	E 221 Sulfito sódico	E 410 Harina de semillas
E 150 Caramelo	E 251 Nitrato sódico	de algarroba
E 160 Carotenoides	E 270 Ácido láctico	E 414 Goma arábiga
		E 420 Sorbitol
Potenciadores de sabor (n.ᵒˢ 600 a 699)	*Antioxidantes (n.ᵒˢ 300 a 399)*	E 461 Metilcelulosa
E 620 Ácido glutámico	E 300 Ácido ascórbico	E 471 Mono y diglicéridos
E 621 Glutamato monosódico	E 307 Alfatocoferol sintético	de ácidos grasos
	E 320 Butilhidroixianisol (BHA)	comestibles
	E 322 Lecitinas	
Edulcorantes (n.ᵒˢ 900 a 999)	E 330 Ácido cítrico	*Acidulantes y correctores de la acidez (n.ᵒˢ 500 a 599)*
E 951 Aspartamo	E 337 Tartrato sódico-potásico	E 500 Carbonatos de sodio
E 954 Sacarina y sales sódica, potásica y cálcica	E 338 Ácido ortofosfórico	E 507 Ácido clorhídrico
E 959 Neohesperidina DC		E 575 Glucono-delta-lactona
E 967 Xilitol		

CONSEJOS PARA REALIZAR UNA BUENA FRITURA

• El aceite debe calentarse a fuego moderado, no a fuego vivo.

• Nunca se debe dejar humear el aceite. El humo es signo inequívoco de que éste empieza a quemarse.

• Una forma sencilla de comprobar la temperatura del aceite consiste en echar una bolita de pan en él. Cuanto más rápidamente se sumerja el pan y más tarde en subir a la superficie, más frío está el aceite. Si el pan no llega a sumergirse y empieza rápidamente a dorarse, la temperatura del aceite es elevada, aproximadamente 180 °C, idónea para empezar la fritura.

• Es interesante pasar los alimentos, inmediatamente después de fritos, por un papel absorbente, para intentar retirar el exceso de aceite de los mismos.

• El aceite debe filtrarse inmediatamente después de su uso, en caliente, para evitar que las posibles partículas en suspensión aceleren su degradación.

• Nunca se deberían mezclar aceites de diferente procedencia, semillas y oliva, ni tampoco aceite nuevo con aceite usado, ya que sus puntos críticos son diferentes.

• Aunque es difícil concretar el número de veces que un aceite puede ser reutilizado, si éste está bien manipulado se podría reutilizar aproximadamente 3 o 4 veces. Si es aceite de oliva, el rendimiento es mayor y se puede reutilizar de 5 a 6 veces. Esto dependerá, principalmente, del tipo de alimento y cantidad del mismo que se fría. El oscurecimiento y la pérdida de transparencia serán signos inequívocos de que el aceite está degradado.

• El aceite usado se debería guardar en utensilios opacos, de acero inoxidable, loza o porcelana y en un lugar sin cambios bruscos de temperatura.

• Las tres normas básicas para realizar una buena fritura son: mucho, buen aceite y con una temperatura adecuada.

Preparación culinaria de los alimentos

Es un hecho constatado, a través de la historia de la humanidad, que la cocina juega y ha jugado un papel muy importante en el proceso de civilización y como vía de intercambio cultural entre los pueblos. Como dijo el ilustre científico Faustino Cordón, «Cocinar hizo al hombre».

La preparación culinaria de los alimentos consiste, la mayoría de las veces, en la aplicación de un tratamiento térmico que varía, complementa y mejora sus cualidades gastronómicas. Igualmente, las diferentes cocciones aplicadas a los alimentos mejoran la digestibilidad de gran parte de éstos, como es el caso de carnes, huevos y farináceos.

Técnicas culinarias

Freír

Freír es someter un alimento a la acción continuada de una grasa muy caliente. El frito necesita un baño de fritura, lo que quiere decir una cantidad suficiente de grasa que permita que el alimento esté completamente rodeado de dicha fritura. Un frito que no haya tenido suficiente baño va a tener un aspecto no deseado, blando, poco crujiente y «mojado».

Tipos de grasas

Del baño de fritura es primordial conocer el punto crítico de la grasa empleada, o lo que es lo mismo, la temperatura máxima que dicha grasa soporta antes de empezar a quemarse y a generar cuerpos tóxicos.

El punto crítico del aceite de oliva es, aproximadamente, de 210 °C. El de los aceites de semillas, girasol, soja, maíz, etc., es, aproximadamente, de 170 °C y el de las diferentes grasas animales, manteca, mantequilla, margarinas, sebos, etc., va de 80 a 120 °C. Al ser 180/190 °C la temperatura óptima de fritura de la mayoría de los alimentos, se puede afirmar que el aceite de oliva es la grasa de elección más conveniente para las frituras.

¿Qué alimentos se pueden freír?

Prácticamente todos los alimentos se pueden freír, tanto dulces como salados, farináceos, carnes, pescados, verduras o frutas (manzana, plátano...). Los alimentos muy ricos en agua, como son las verduras o los pescados, precisan, antes de freír, un secado minucioso y, frecuentemente, un recubrimiento de harina o pasta de freír.

A menor tamaño del alimento, mayor temperatura de fritura (croquetas, patatas fritas...) y por el contrario, a mayor tamaño del alimento, menor temperatura de fritura (empanadas, San Jacobos, alimentos congelados..), de lo contrario los alimentos quedarían crudos, incluso fríos, en su interior.

Ventajas de los fritos

El frito es una técnica culinaria muy bien aceptada por la mayoría de las personas, desde los niños hasta la gente mayor.

Si el aceite de fritura está bien manipulado, los fritos no tienen por qué ser indigestos. La posible irritación gástrica suele ser debida a la utilización de un aceite quemado y en malas condiciones.

Nutricionalmente, los alimentos fritos conservan bien sus nutrientes ya que el tiempo de cocción es corto. Se producen algunas pérdidas vitamínicas por la acción del calor, como en la mayoría de las cocciones. El alimento frito se enriquece en grasas gracias al aporte que le proporciona el baño de fritura. Este enriquecimiento en grasas, que de entrada y dadas las tendencias al sobrepeso que sufre la sociedad actual, puede parecer una característica peyorativa de los fritos; sin embargo puede resultar muy interesante en otros casos. La fritura es la única técnica culinaria que realmente enriquece (en grasas) el alimento de origen. Por otro lado, esta es la técnica culinaria menos apropiada en caso de obesidad. Un alimento frito absorbe entre un 5 y un 15 % de su peso en aceite, lo que aumenta considerablemente su valor energético. Así, por ejemplo, 100 g de patatas aportarán aproximadamente 90 calorías si se toman hervidas o 165 calorías si se toman fritas.

El aceite de oliva, al soportar mayor temperatura, penetra menos en el alimento que los aceites de semillas, por lo que no aumenta tanto el valor calórico de los mismos.

Utensilios más apropiados para freír

Será el propio usuario el que decidirá, dado el volumen de fritos que consuma, cuál va a ser, en su caso, el utensilio más adecuado para freír. La freidora eléctrica tiene la gran ventaja del termostato, que permite el control de la temperatura, pero si no se le saca un mínimo rendimiento, acaba por convertirse en un utensilio engorroso, lleno de aceite rancio que cuesta tiempo y dinero mantener a punto. Las sartenes siguen siendo, en el ámbito doméstico, los utensilios más usados para freír. Hay que vigilar que los fondos antiadherentes no estén rayados o desprendidos. Las sartenes de hierro son más difíciles de mantener, pues se oxidan con facilidad. Las de fondo grueso mantienen una alta

El asado, en todas sus variantes, es una de las técnicas culinarias más sanas, ya que elimina buena parte de las grasas de la carne y permite recuperar los jugos que pierda el alimento mediante las salsas.

temperatura, no se deforman y con unos mínimos cuidados de mantenimiento estarán en perfectas condiciones durante mucho tiempo.

Asar

Asar es someter un alimento crudo a una fuente de calor, mediando una porción grasa para evitar que el alimento se pegue al utensilio y se reseque excesivamente. Ésta es una técnica culinaria muy sabrosa, pues el alimento pierde pocos jugos, los cuales se pueden recuperar en forma de salsas, y la pequeña porción grasa de adición potencia el sabor de los mismos. Se pueden asar infinidad de alimentos mediante distintas técnicas o utensilios.

Asar al horno

Generalmente se emplea esta técnica para cocinar piezas grandes, tales como cordero, pescados enteros, solomillos, costillares..., con poca adición de grasa. Se recomienda ir regando la pieza con caldos o con agua, en el caso del cordero, para evitar que el alimento se seque.

Nutricionalmente, el alimento asado al horno pierde parte de vitaminas, así como sales minerales, por la larga acción del calor.

En el caso de hortalizas y patatas, esta técnica culinaria es muy recomendable ya que se pueden asar los alimentos con la propia piel, preservando de esta manera gran parte de sus vitaminas así como minerales y demás nutrientes. Es una técnica culinaria sabrosa y digestiva.

Asar en cazuela y guisar

Este método de cocción es muy adecuado para cocinar piezas duras que requieren cocciones largas. Precisan un fondo rico en agua y verduras, para evitar su resecamiento, pero no requieren, necesariamente, una gran cantidad de grasa. Suelen ser preparaciones largas, lo que las hacen fáciles de digerir pero, a su vez, implica pérdida de nutrientes. La mayoría de los guisos admiten una posterior congelación. Actualmente, el ama de casa no suele disponer de mucho tiempo para dedicarse a la cocina y ésta es, sin duda, una buena manera de ahorrar tiempo sin que se resienta el nivel culinario de la mesa familiar.

Asar a la plancha

Suele emplearse esta técnica para asar piezas, generalmente de ración, ya sean carnes, pescados o verduras.

Es requisito básico que el utensilio esté muy caliente, pues de esta manera el alimento frío entra en contacto violento con la plancha, cerrándose los poros y coagulándose las albúminas, disminuyendo la pérdida de jugos y el consiguiente resecamiento del alimento. Es importante, durante la cocción, no pinchar el alimento, no voltearlo continuamente ni chafarlo o aplastarlo contra la plancha para acelerar su cocción. Lo único que se consigue es resecarlo y endurecerlo. Cuando el alimento se despega de la superficie, se le da la vuelta, esperando a que se cueza por la otra cara.

La técnica del asado a la plancha se utiliza generalmente para cocinar carnes, pescados y verduras, que conservan de este modo gran parte de sus nutrientes.

La sal debería añadirse a los alimentos al final de la cocción, ya que ésta les hace sudar perdiendo jugos y favoreciendo el resecamiento.

Ésta es una de las preparaciones culinarias que más agradece una técnica correcta. Un alimento cocinado a la plancha puede resultar sabroso y jugoso o por el contrario, reseco e insípido.

Los utensilios más adecuados para aplicar esta técnica son las planchas que soportan gran temperatura, como las de hierro colado, aunque son caras, pesan y a la vez son frágiles y precisan un mantenimiento cuidadoso.

Nutricionalmente, las preparaciones a la plancha implican poca pérdida de nutrientes ya que las cocciones son rápidas. El alimento debe estar cocido adecuadamente para evitar posibles toxiinfecciones, sobre todo en el caso del pollo y de las preparaciones de carne picada.

Asar en papillote

Es ésta una técnica culinaria sencilla e innovadora que tiene, prácticamente, todas las ventajas, tanto de sabor como de originalidad, facilidad de realización e interés nutritivo.

El sistema consiste en asar un alimento, preferiblemente de ración, envuelto en papel de estraza engrasado o en papel de aluminio (mucho más habitual este último).

Puede hacerse tanto a la plancha, si las piezas son pequeñas (rodajas o supremas de pescado) como al horno, si las piezas son mayores (pescados enteros, pollo...). El alimento se pone a asar, envuelto completamente y bien cerrado en el papel de estraza o de aluminio (este último es más fácil de manipular), junto con algún aderezo, tal como cualquier tipo de verdura cortada en juliana, un

El asado en papillote potencia el sabor de los alimentos y preserva casi todas sus propiedades nutritivas.

poco de fumet, alguna especia o una nuez de mantequilla o mostaza. Cuando el papel se empieza a hinchar, el alimento está en su punto. Con este sistema se consigue que los sabores y sustancias que de otro modo escaparían con el vapor, queden en el asado, potenciando y manteniendo todo su sabor. Es uno de los sistemas culinarios que mejor conserva los diferentes nutrientes, así como las cualidades organolépticas. Las preparaciones en papillote son innovadoras, no ensucian ni huelen y son nutritivas y saludables. Sólo precisan un poco de experiencia y originalidad para dar al plato el aspecto deseado.

Asar a la sal

Es ésta una técnica culinaria innovadora y muy sabrosa. Prácticamente todos los alimentos, carnes, pescados, verduras o patatas, pueden asarse perfectamente a la sal. Se recomienda que las piezas sean grandes: una cinta de lomo, un solomillo de ternera o buey, lubina, besugo, gambas o sardinas de buen tamaño, patatas y berenjenas son alimentos muy adecuados para asar de este modo.

El alimento en cuestión queda totalmente rodeado y escondido por una capa de sal, gruesa o fina, compactada y humedecida con un poco de agua. Se introduce en el horno caliente, aproximadamente a 200 °C y se pone a asar hasta que la sal empiece a resquebrajarse o se «mueva» un poco. No hay que esperar que ésta se dore o se rompa completamente, pues el alimento estaría demasiado cocido. Se libera el alimento de su salado escondite intentando sacar toda la sal que queda en la superficie. El alimento queda en su perfecto punto de sal, a la espera de ser acompañado por cualquier salsa suave, unas gotas de buen aceite o un poco de limón.

Nutricionalmente, las cocciones a la sal son completas y nutritivas. Al no estar el alimento en contacto con agua y al no haber pérdidas por evaporación de jugos, los diferentes nutrientes quedan en el interior del alimento. Es ésta una técnica culinaria innovadora, limpia, que no desprende olores y que precisa muy poca adición de grasa, lo que la hace muy apropiada para según qué requisitos dietéticos.

Se recomienda empezar a practicar esta técnica con alimentos sencillos y accesibles, como pueden ser unas patatas o unas sardinas. La imaginación y la experiencia, una vez más, serán las armas más eficaces para obtener éxito.

Hervir o cocer

Este sistema de cocción consiste en sumergir los alimentos crudos en un líquido, caliente o no, y llevarlos a ebullición durante un tiempo variable. Por este proceso, en el que parte de los solutos del propio alimento pasan al líquido de cocción, se preparan platos tan variados como sopas, potajes, arroces o pastas.

El agua, ¿caliente o fría?

Una precisión muy importante a la hora de emplear esta técnica culinaria es tener en cuenta el posterior uso que se le va a dar a los alimentos. Si lo que se pretende es preparar un caldo sustancioso, los alimentos sólidos del mismo (carnes, verduras...), deben introducirse en el agua cuando ésta está fría y llevarla suavemente a ebullición. De esta manera los diferentes alimentos irán liberando en el agua elementos nutritivos así como cualidades organolépticas, enriqueciéndola en sabor y aromas.

Por otro lado, si lo que se desea es, principalmente, el aprovechamiento de los alimentos sólidos, éstos deberán introducirse en el agua cuando hierva. De esta manera el choque térmico cerrará los poros y coagulará las albúminas, preservando el valor nutritivo del alimento en cuestión.

En la técnica del hervido, el tiempo que se va a emplear es el parámetro básico para lograr un producto final satisfactorio. Cada alimento precisa un tiempo determinado que lo va a dejar en su punto óptimo.

Cocciones al vapor

Este sistema de cocción, originario de Oriente, va introduciéndose en nuestra cocina por sus grandes ventajas, no sólo culinarias sino también nutritivas. El alimento no está en contacto directo con el agua, sino que media un utensilio, rejilla o colador, que permite el paso del vapor que desprende un fondo de agua. Es este vapor el que cuece el alimento. Esto es esencial para conservar el máximo de cualidades nutritivas (vitaminas y minerales), así como textura, color, olor y sabor de los alimentos.

Es un método limpio que apenas desprende olores. Las diferentes cocciones se pueden hacer sin adición de sal ni de grasa, pues el alimento, al no perder apenas solutos, conserva muy bien el sabor. Esta técnica es muy interesante en el seguimiento de diferentes regímenes dietéticos (obesidad, hipertensión...).

Recuerde que no es necesario adquirir un utillaje especial para cocinar al vapor. Con una olla, un colador que se ajuste a ella y una tapa se puede realizar una correctísima cocina al vapor. Sí es cierto que existen en el mercado utensilios específicos y sofisticados para esta técnica de cocina. La experiencia y la aceptación que tengan estas preparaciones serán los parámetros que justifiquen la adquisición de dichos utensilios.

Cocción a presión

En la olla a presión, la temperatura alcanzada se acerca a los 120 °C, por

Gracias a esta técnica, los alimentos asados conservan todo su sabor y son más jugosos que si se hubiesen preparado directamente en el horno.

La cocina japonesa se basa en preparaciones principalmente de pescado crudo, aderezadas con diferentes salsas.

lo que el tiempo de cocción es mucho menor. Esto implica una mejor conservación de sustancias nutritivas y organolépticas.

Las cocciones, al ser más cortas, representan, asimismo, un ahorro de tiempo y de combustible. Al alcanzarse temperaturas tan altas, la olla exprés es indicada para la elaboración de alimentos en conserva, pues se llega a temperaturas de esterilización. La olla exprés requiere una cierta práctica de utilización. Si se exceden los tiempos de cocción, el alimento queda afectado tanto nutritiva como organolépticamente.

Cocina en crudo

Gran parte de los alimentos que generalmente se consumen cocidos se pueden, de hecho, consumir crudos, lo que tiene sus ventajas, así como algunos inconvenientes.

Prácticamente todas las verduras pueden consumirse crudas. La espinaca, la col, el puerro, la alcachofa o el brócoli, todas ellas muy tiernas, cortadas en láminas finas o en brotes tiernos, no precisan más que un lavado riguroso y un buen aliño a base de aceite de oliva, sal y unas gotas de limón o vinagre para salir a la mesa con todo su sabor y poder nutritivo.

Las carnes de ternera y buey, así como los pescados y mariscos, marinados o laminados en forma de «carpaccios», son también preparaciones en crudo, sabrosas e innovadoras que no han perdido ninguna de sus cualidades nutritivas.

La comida japonesa, actualmente muy de moda, exquisita y minimalista, sirve como platos estrella deliciosos preparados a base de pescado crudo acompañado de ligeras salsas.

Las preparaciones en crudo son innovadoras y en su manipulación no hay pérdidas de nutrientes. Son alimentos con muy poca adición de grasa salvo las salsas o condimentos que les puedan acompañar. Recuerde, no obstante, que los alimentos crudos son más difíciles de digerir y al no haber pasado por ningún foco de calor, existe mayor riesgo de toxiinfección, por lo que hay que ser muy riguroso en la manipulación de dichas preparaciones.

La cesta de la compra

En primer lugar, es importante programar los diferentes menús de la semana, teniendo en cuenta las preferencias de la familia y procurando variedad y equilibrio en la oferta diaria. Esta programación previa permite ganar tiempo en el momento de la compra, garantiza variedad en los menús y ayuda a resolver aquellos momentos en los que el cansancio o el estrés nos hacen incapaces de contestar la frecuente pregunta: ¿...y hoy, qué cenamos...?

Distribuya una cuartilla en siete columnas, una para cada día de la semana, y divida de nuevo cada día en dos partes, comida y cena.

Empiece poniendo los platos que más gustan a la familia, aquellos que tienen el éxito asegurado y cuya preparación tiene ya muy por la mano.

Recuerde que para conseguir una alimentación equilibrada, los expertos aconsejan incluir durante la semana:

Un par de veces, legumbres (garbanzos, lentejas, judías, habas, guisantes).

Tres veces (aproximadamente), pescado, utilizando alguna vez pescado azul.

Procure no abusar de los fritos y emplee otras técnicas de cocción: al horno, al vapor, los guisos, etc.

Ya sabe que las verduras y hortalizas también son muy importantes. Incluya algún alimento de este grupo cada día, en forma de ensalada, cremas, tortilla, en primeros platos o en guarniciones.

Una vez rellena esta planilla, repase plato por plato los ingredientes que los componen y empiece a hacer una lista, pero con orden. Ponga juntos los alimentos *base* (harina, sal, aceite...), los *frescos* (verduras, frutas, carnes y pescados, huevos, embutidos...), así como los *congelados*, las *conservas*, los *cereales*, las *bebidas*, los *lácteos* (yogures variados, leche, quesos...).

Elabore un apartado de ayudas o «trucos» (salsas preparadas, cubitos, especias y frutos secos, masas...). Prepare una lista con el apartado extras (que será el de menor prioridad, ya que no lo componen alimentos «básicos»). Considere los «extras» (bebidas refrescantes, alcohólicas, dulces, bollería, aperitivos...) como lo que realmente son. Con frecuencia son estos alimentos los que desequilibran el presupuesto... y la dieta.

Si dispone de ordenador, es muy útil tener una planilla de los alimentos y preparaciones que se consumen habitualmente en casa. Marque las cantidades, elimine los que aquella semana no precise, imprima y listo.

A la hora de comprar es importante empezar por los productos de limpieza, que irán en bolsas diferentes a las de los alimentos; luego las conservas, semiconservas, las bebidas, los productos frescos, los refrigerados y, por último, los congelados, preferiblemente ubicados en bolsas isotérmicas. De esta manera pueden respetarse las diferentes temperaturas que precisan los alimentos para su conservación.

Si en la cocina o en la despensa dispone de espacio, puede ser interesan-te comprar los productos de larga conservación una vez al mes. Puede aprovechar ofertas interesantes. Ocurre lo mismo con los congelados. Recuerde la importancia de no romper la cadena del frío y tener el congelador preparado para la recepción de una cantidad importante de alimentos congelados. Es importante «conocer lo que se nos ofrece» y «escoger lo que nos conviene».

El pescado fresco es un apartado delicado a la hora de comprar. Las ciudades marítimas no tienen por qué tener un pescado más fresco que las del interior. Actualmente, la red de transportes, en nuestro país, es muy eficaz y una ciudad sin mar disfruta de un pescado tan fresco como el de una ciudad costera. Sí es importante, no obstante, poder conocer los aspectos básicos sobre la frescura del pescado. Sólo requiere un poco de atención y práctica. La carne debe ser firme, sin melladuras, la cola y el vientre, rígidos. Los ojos deben aparecer saltones y brillantes, igual que la piel, que debe tener las escamas bien adheridas. Las agallas, a su vez, deben ser de color rojo vivo, pero no oscuras. El pescado sólo debería oler a mar...

En cuanto a la carne de ternera, debería ser satinada y lisa, rosada, de color uniforme y con la grasa blanca, diferente de la de buey, cuya carne es más roja y la grasa más amarillenta.

La carne de cordero es rosada, tersa y entreverada de una grasa blanco-rosada y con un olor suave. El color de la carne de cerdo debería ser uniforme, rosa vivo, tersa y acompañada de una grasa muy blanca.

El pollo debe tener las patas de un color amarillo-rosado y la piel, sin cambios de color y bien adherida a la carne.

La preparación de platos a base de carne y pescado crudos requiere ciertos cuidados para evitar intoxicaciones y asegurar una buena digestión.

Mediante una correcta alimentación es posible prevenir y tratar determinadas enfermedades.

PREVENCIÓN Y TRATAMIENTO DE ALGUNAS ENFERMEDADES MEDIANTE LA ALIMENTACIÓN

Como hemos visto hasta el momento, con una alimentación adecuada podemos ayudar a mantener la salud e incluso a prevenir la aparición de algunas enfermedades. Asimismo, a través de determinadas pautas o modificaciones alimentarias se pueden tratar algunas alteraciones o trastornos. En muchos procesos de enfermedad y por distintos motivos, debe modificarse el tipo de alimentación habitual del paciente. El resultado de estas modificaciones constituye la llamada *dieta terapéutica* o *régimen terapéutico*.

Hasta el 70 % de las enfermedades crónicas están relacionadas con la alimentación y el estilo de vida.

A continuación facilitamos una serie de recomendaciones para el tratamiento de algunas enfermedades tanto crónicas (diabetes, hipertensión, celíaca) como agudas (trastornos digestivos).

La alimentación en la prevención de enfermedades cardiovasculares

Las enfermedades cardiocirculatorias constituyen uno de los principales problemas de salud en los países desarrollados.

Alimentación e hipertensión arterial

La hipertensión arterial se define como una elevación crónica de la presión de la sangre que circula por las arterias por encima de los valores considerados normales en las distintas edades. Este aumento puede deberse a factores hereditarios del individuo, al consumo excesivo de sodio (sal = cloruro sódico), al estrés o simplemente a la edad, ya que la tensión arterial suele aumentar con los años. Este aumento no se observa en algunas comunidades rurales aisladas y con economías de subsistencia en los países en vías de desarrollo, ya que se caracterizan por estilos de vida marcados por bajas ingestas de sal, una actividad física importante y bajas tasas de sobrepeso y obesidad. El exceso de peso predispone, asimismo, al aumento de la presión arterial. El incremento de peso entre los 30 y los 50 años se asocia a un aumento de la presión arterial, siendo la concentración de grasa a nivel abdominal la de mayor riesgo.

Criterios de control

Control óptimo
PAS*<140 mmHg y
PAD** <90 mmHg

Control aceptable
PAS < 160 mmHg y
PAD < 95 mmHg

Mal control
PAS >= 160 mmHg y
PAD >= 95 mmHg

* Presión arterial sistólica o máxima
** Presión arterial diastólica o mínima

El elevado consumo de bebidas alcohólicas, de grasas saturadas (principalmente las de origen animal) y el hábito del tabaquismo predisponen también al incremento de la presión arterial.

¿Cómo prevenir y tratar la hipertensión?

— Reducir el peso si éste fuera elevado (sobrepeso u obesidad) mediante la observación de una alimentación completa pero con menos energía.

— Disminuir el consumo de sal en la alimentación, reduciendo la sal añadida en las preparaciones y aquellos alimentos ricos en este elemento. Ésta es la pauta dietética más específica para el tratamiento de este trastorno.

— Incrementar el consumo de verduras, hortalizas, frutas y alimentos ricos en fibra y potasio (K).

— Reducir el consumo de grasas saturadas (grasas de origen animal).

— Moderar, disminuir o suprimir la ingestión de bebidas alcohólicas.

— Abandonar el hábito de fumar.

— Practicar ejercicio físico moderado de forma habitual.

El tratamiento de la hipertensión arterial requiere una reducción drástica en el consumo de sal.

como las aceitunas, los pepinillos, las alcaparras, las patatas fritas, los frutos secos salados, las galletas, la pastelería y la bollería industrial.

— Evitando el consumo de aguas gasificadas, ya que contienen bastante sal añadida (más adelante se facilitan unas tablas reducidas de composición de los alimentos en las que figura el contenido en sodio de los mismos).

Alternativas a la utilización de la sal

— Para condimentar las preparaciones culinarias, utilizar especias tales como la pimienta, el pimentón, la nuez moscada, el curry, el clavo, la canela, el azafrán, la mostaza, así como hierbas aromáticas como, por ejemplo, el hinojo, el tomillo, el laurel, la menta, el perejil, el romero, el estragón, la albahaca o la salvia, potenciando de esta forma el sabor de los platos.

— También puede utilizar el vinagre y el limón para aliñar y aliáceos como el ajo, la cebolla, las cebollitas, la escalonia o el puerro.

El consumo de bebidas alcohólicas resulta perjudicial para la hipertensión arterial.

¿Como reducir el consumo de sal?

— Eliminando la utilización del salero en la mesa.

— Evitando la sal en la preparación de las comidas o utilizando la mínima posible.

— Reduciendo el consumo de embutidos, quesos curados, comidas preparadas, precocinados (croquetas, empanadillas, canelones, pescados empanados, etc.), salsas comerciales (mostaza, mahonesa, salsa de tomate, etc.), conservas en general y salazones, productos para aperitivos

CONDIMENTOS QUE RESALTAN
EL SABOR DE LAS COMIDAS

Las especias y las hierbas aromáticas son perfumes, olores que estimulan el sabor y confieren a sus platos un refinamiento y un gusto especiales. Deben acompañar el plato realzando el sabor característico de cada alimento, sin enmascararlo.

Especias

Azafrán	Arroz, paella, platos exóticos…
Canela	Entremeses, cremas, compotas, lácteos, postres y pastelería.
Clavo	Cocido, caldo de pescado, ramillete de hierbas aromáticas…
Comino	Sopas, patatas, tomates, pescados y salsas.
Curry	Salsas para pescados, pollo, carnes, otras salsas…
Guindilla	Ensaladas, carnes, salsas, pastas…
Jengibre	Ensaladas, salsas, vino caliente, mermeladas…
Nuez moscada	Carnes, salsas, bechamel, huevos, verduras, algunos dulces…
Pimienta	Sazona todos los platos, desde los entremeses hasta los quesos.
Pimentón	Sopas, estofados, fritos, salsas…

Hierbas aromáticas y finas

Ajedrea	Ensaladas, adobos, infusiones, salsas, verduras, carnes…
Albahaca	Ensaladas, salsas, pastas y arroces.
Anís estrellado	Infusiones, licores, vino caliente…
Anís verde	Infusiones, sopas, licores, pastelería…
Cilantro	Caza, carnes, especialidades regionales…
Eneldo	Adobos, pescados, salsas, pasteles, licores…
Estragón	Ensaladas, vinagreta, salsas, pescados…
Hinojo	Pescados, carnes, verduras…
Laurel	Salsas, caldo de pescado, guisos…
Mejorana	Carnes picadas, pizza, platos a base de tomate…
Menta	Salsas vinagretas, cordero, infusiones, postres de fruta…
Orégano	Ensaladas, quesos, pasta, tomate, pizza, salsas…
Perejil	Guarnición, salsas, ensaladas, sopas, adobos, caldos de pescado y aliños.
Perifollo	Ensaladas, vinagretas, salsas, sopas…
Romero	Pescados, caza, carnes, pollo, cordero e infusiones.
Salvia	Cordero, cerdo, pescados y carnes.
Tomillo	Caldo de pescado, sopas, pescados, carnes, estofados y huevos.
Vainilla	Repostería, platos exóticos…

El ajo, la piel del limón y de la naranja y el vinagre pueden utilizarse también como sustitutos de la sal.
El vino y los licores pueden emplearse en pequeñas cantidades para dar sabor.
Frotar la superficie de los alimentos antes de la cocción para dar más sabor (ajo sobre la carne, etc.).

Las especias y las hierbas aromáticas constituyen unas perfectas alternativas al uso de la sal.

— Poner en una fuente o bandeja para el horno distintas hierbas aromáticas (tomillo, orégano, romero, etc.) e introducirlas en el horno caliente unos minutos con el objetivo de tostarlos ligeramente. Poner estas hierbas en la picadora o molinillo para obtener una mezcla bien fina. Añadir pimienta o las especias que considere oportunas y vertir esta mezcla en un salero. Esta preparación sirve para sazonar carnes y pescados en sustitución de la sal.

— Elaborar salsas caseras como mahonesas, vinagretas, pesto, romesco, all i oli, etc.

— Utilizar aceite con sabor, como el de oliva virgen. Puede aromatizarse con la adición de ajo, pimienta en grano, estragón, romero o tomillo.

— La piel del limón y de la naranja también pueden aromatizar algunas preparaciones.

— Cocinar los alimentos mediante las técnicas culinarias que realzan más los sabores como las cocciones al horno, al vapor y los guisos en lugar de hervidos y alimentos a la plancha.

— El vino y los licores en pequeñas cantidades pueden utilizarse para potenciar el sabor y/o aromatizar algunas preparaciones.

— Sustituir el pan normal por pan sin sal.

— Preparar pasteles y bollos en casa en lugar de adquirirlos en los comercios.

Alimentación y exceso de colesterol

Desde hace muchos años se conoce la relación que existe entre las alteraciones del metabolismo lipídico y el desarrollo de lesiones en las arterias, en el miocardio o en el corazón, de manera que las enfermedades cardiovasculares (E.C.V.) son la primera causa de muerte en el mundo occidental. Numerosos estudios evidencian una relación directa entre las

RECUERDE QUE...

• El jamón en dulce, jamón cocido o york contiene tanta sal como el resto de los embutidos, por lo que no es aconsejable.

• Son tolerables de 1 a 2 tazas de café o té al día, aunque si se supera el consumo de estas bebidas se recomienda la utilización de descafeinados.

• Las sales dietéticas de apio, sal marina, etc. presentan un contenido en sodio muy parecido a la sal común. Existen algunas sales dietéticas más bajas en sodio que la sal común, pero acostumbran a usarse en mayor cantidad, por lo que no son aconsejables. Se comercializa una sal a base de cloruro potásico, es decir, que no contiene sodio, pero no suele ser muy bien aceptada debido a su sabor (algo amargo).

• No es necesario que la comida de la persona con hipertensión arterial se prepare aparte de la del resto de la familia. Puede prepararse todo sin sal y luego añadirse en aquellos platos que lo requieran.

• Las sopas de sobre y los cubitos de caldo contienen gran cantidad de sal, por lo que no deberían utilizarse para condimentar.

enfermedades cardiovasculares (E.C.V.), los valores elevados de colesterol sanguíneo y otros factores de riesgo tales como la obesidad, la hipertensión arterial, la diabetes, el sedentarismo o el tabaquismo, todos ellos susceptibles de ser modificados. Estos mismos estudios indican que la reducción de las concentraciones de colesterol en la sangre disminuyen el riesgo de E.C.V. así como la mortalidad por esta enfermedad.

El papel de la alimentación en la modificación de las concentraciones de colesterol en la sangre es fundamental. La ingesta de ácidos grasos saturados y de colesterol son el componente dietético más directamente relacionado con el aumento de concentraciones de colesterol total a nivel plasmático. Sin embargo, el consumo frecuente de ácidos grasos monoinsaturados y poliinsaturados parece tener un efecto protector frente a los procesos de arteriosclerosis.

Los habitantes de los países de la cuenca mediterránea que ingieren alimentos ricos en ácidos grasos monoinsaturados, procedentes principalmente del aceite de oliva, han presentado habitualmente una menor incidencia de enfermedades coronarias, «beneficios de la dieta mediterránea».

¿Pánico al colesterol?

El colesterol es una grasa muy importante que cumple diversas funciones en nuestro organismo. Esta sustancia proviene en parte de los alimentos que ingerimos a través de la dieta y también de su fabricación por el hígado. Necesitamos diponer de unos valores de colesterol en sangre de alrededor de 200 mg/dl, cantidad que varía en función de las distintas edades. El colesterol tiene un papel relevante en las distintas funciones esenciales del cuerpo humano.

En primer lugar, forma parte de las membranas celulares y es vital en la formación de algunas hormonas como el cortisol, la aldosterona, los andrógenos y los estrógenos. Los niveles deseables de colesterol en la sangre dependen en parte de la edad, aunque en el adulto se recomiendan niveles inferiores a 200 mg/dl. Los valores entre 200 y 240 se encuentran en el límite alto y por encima de 240 el riesgo (a largo plazo) de padecer una enfermedad coronaria aumenta. Cuando se sobrepasan estos niveles se favorece la formación de depósitos de grasa en las paredes de las arterias propiciando trastornos en relación a la circulación, que junto con otros factores (obesidad, hipertensión, diabetes, sedentarismo, estrés, etc.) favorecen la aparición de la arteriosclerosis (las arterias se vuelven más duras, menos elásticas y disminuyen su calibre hasta impedir el paso normal de la sangre). Las posibles consecuencias de todo ello (a largo plazo) son enfermedades cardiovasculares como el infarto de miocardio, la gangrena de las extremidades inferiores o las trombosis cerebrales.

Numerosos estudios demuestran que la alimentación desempeña un papel muy importante en la preven-

El sedentarismo es uno de los factores que predispone, incluso en la población joven, a padecer unos niveles altos de colesterol.

Recuerde que:

El colesterol es, por tanto, un tipo de grasa imprescindible para el correcto funcionamiento del organismo, pero debe circular en la sangre en concentraciones adecuadas.

ción y el control del exceso de colesterol. La dieta es el primer y más importante paso en el tratamiento de las hipercolesterolemias y nunca debería iniciarse un tratamiento farmacológico sin haber realizado un tratamiento dietético no inferior a 6 meses.

¿Cuáles son las grasas menos saludables?

Sabemos que las grasas son el componente de la dieta que más influye en el perfil lipídico, siendo aún más importante el tipo de ácidos grasos consumidos que la cantidad total de ellos.

Ácidos grasos saturados (A.G.S.) Las fuentes alimentarias de este tipo de ácidos grasos son principalmente las grasas de los alimentos de origen animal, como los lácteos, las carnes y los derivados (exceptuando los pescados). Actualmente, se relaciona el consumo elevado y habitual de grasa saturada con una mayor prevalencia de enfermedad coronaria.

Ácidos grasos monoinsaturados (A.G.M.I.) El representante por excelencia de los ácidos grasos monoinsaturados (A.G.M.I.) es el ácido oleico. Se encuentra principalmente en el aceite de oliva y, en menor cantidad, en los frutos secos. Se atribuye a este tipo de grasas un cierto efecto hipocolesterolemiante (de reducción del colesterol plasmático) ligado al descenso del colesterol LDL (fracción del colesterol más perjudicial o también llamado «co-

A las grasas presentes en los pescados se les atribuye un efecto protector frente al aumento de los niveles de colesterol en sangre.

lesterol malo») y parece ser capaz de mantener o incrementar el colesterol HDL (fracción del colesterol mas positiva o también llamado «colesterol bueno»).

Los *A.G.P.I.* producen un efecto opuesto al de los A.G.S., reduciendo la concentración de colesterol plasmático y de triglicéridos. Destacan dos tipos de A.G.P.I. Los A.G.P.I. n-3, tienen como principal fuente el pescado azul y los aceites de pescado. Se les atribuye un destacado efecto en la reducción de los niveles de colesterol LDL. Los A.G.P.I. n-6 se encuentran en elevadas proporciones en los aceites de semillas (girasol, maíz, etc.) y en los frutos secos y su acción en el organismo parece actuar también en la reducción del colesterol LDL.

¿Qué son los ácidos grasos trans?

Son un tipo de grasas que se encuentra principalmente en las margarinas y en los alimentos con grasas hidrogenadas (aquellas grasas de origen vegetal, líquidas a temperatura ambiente que se solidifican mediante un tratamiento industrial de hidrogenación). Parece ser que este tipo de grasas puede provocar un efecto parecido a las grasas saturadas en el perfil lipídico, es decir, contribuir al incremento del colesterol plasmático. En este sentido, es adecuado aconsejar la reducción del consumo de este tipo de grasas, con frecuencia consumidas principalmente por la población infantil y juvenil mediante la ingesta de alimentos procesados con «grasa invisible», en su mayoría hidrogenada.

¿Cómo prevenir y tratar la hipercolesterolemia?

En primer lugar, debería reducirse el peso si éste fuera elevado (sobrepeso u obesidad), mediante la observación de una alimentación completa pero con menos energía. Tanto la prevención como el tratamiento dietético de los niveles elevados de colesterol en la sangre se basa en la reducción, más o menos estricta, de las grasas saturadas y el colesterol procedentes de los alimentos, así como en una importante ingesta de fibra alimentaria. El colesterol sólo se encuentra en alimentos de origen animal, preferentemente terrestres. Los productos vegetales no contienen colesterol y tienen muy pocas grasas saturadas, las cuales se encuentran principalmente en las grasas de origen animal. Un alimentación rica en fibra puede disminuir la absorción de algunas grasas.

¿Cómo reducir el consumo de colesterol y de grasas saturadas?

– Es conveniente disminuir el consumo de grasas animales, por lo que se propone reducir la ingesta de carnes grasas, vísceras, embutidos, lácteos enteros, mantequillas, mantecas, natas o cremas de leche, quesos y huevos (principalmente las yemas).

– No son aconsejables las comidas preparadas y los precocinados, ya que para incrementar el sabor con frecuencia se les añade grasa.

– Se debe evitar la pastelería y la bollería en general (sobre todo la envasada) así como los helados cremosos.

¿Existe el colesterol malo y el colesterol bueno?

Los alimentos ingeridos en el proceso alimentario son digeridos en la boca, el estómago y la primera parte del intestino para luego ser absorbidos y pasar al torrente circulatorio que se encarga de transportar las sustancias nutritivas a todas las células. Pero las grasas no pueden viajar como tales en el torrente sanguíneo. Para facilitar su movilización por la sangre se unen a unas proteínas formando

Hay que evitar el consumo excesivo de grasas saturadas y platos de comida rápida.

ALTERNATIVAS FRENTE A LA REDUCCIÓN DE PRODUCTOS CON GRASAS SATURADAS

• Aumentar el consumo de pescado blanco y azul, superando en frecuencia y cantidad a las carnes y los huevos.

• Seleccionar la carne más magra, es decir, con menos grasa como el conejo, el pollo (sin piel ni vísceras), el pavo, algunas partes de la ternera y el buey, el lomo, el solomillo y la pierna de cerdo, de caballo, etc. y consumirlas en cantidad inferior a lo habitual.

• Elegir el jamón (cocido o curado) y el lomo como embutidos menos grasos y dar preferencia al consumo de pescados como el atún en aceite o en escabeche, las sardinas, las anchoas, el bacalao, etc.

• Tomar leche y productos lácteos desnatados.

• Reducir el consumo de quesos, en especial los más secos, utilizando preferentemente los frescos como el queso de Burgos, Villalón, requesón, mató.

• Utilizar como grasa de adición para cocinar y para el aliño el aceite de oliva, con moderación en caso de sobrepeso. Para el aliño puede también utilizar aceites de semillas.

• Incluir en la alimentación de forma habitual los frutos secos tales como las almendras, las avellanas, las nueces, etc., con moderación en caso de sobrepeso.

• Priorizar la fruta fresca como postre habitual en las comidas. En caso de utilizar pastelería o bollería, debería prepararse en casa cuidando los ingredientes.

• Si se supera la cantidad de 2-4 huevos por semana, utilizar sólo las claras y siempre en sustitución de otro producto cárnico. Es decir, el huevo debe sustituir a la carne o al pescado y no se debe incluir en los platos como guarnición.

• Consumir con frecuencia legumbres: garbanzos, judías, lentejas, guisantes o habas.

• Dar prioridad a los primeros platos y a los platos únicos para evitar el exceso de consumo de carnes (estofados con pescado o con poca carne, paella de pescado y marisco, potajes de verduras y legumbres, macarrones con atún, etc.).

• Utilizar productos integrales (si son bien tolerados por el organismo), así como gran cantidad de verduras y hortalizas para aumentar la cantidad de fibra.

lipoproteínas, de las que existen tres tipos que se conocen con las iniciales de las siglas inglesas correspondientes:

• **VLDL** (very low density lipoprotein/ lipoproteínas de muy baja densidad)

Hay que dar prioridad a los platos únicos, evitando el consumo excesivo de carnes.

• **LDL** (low density lipoprotein / lipoproteínas de baja densidad). Éstas transportan básicamente colesterol. Cuando existe un exceso de colesterol LDL, éste tiende a depositarse en las paredes de las arterias y a estrechar su calibre. Por eso a esta fracción de colesterol LDL se le conoce con el nombre de *«colesterol malo»*.

• **HDL** (hight density lipoprotein/ lipoproteínas de alta densidad). Estas lipoproteínas se fabrican en el hígado y se encargan de transportar el colesterol desde los tejidos hasta el hígado y pueden eliminarlo en el intestino, lo cual es una manera de reducir colesterol. De ahí que el colesterol unido a las HDL lipoproteínas sea llamado *«colesterol bueno»* y sea conveniente tener valores elevados en sangre. Por ejemplo, entre dos personas de edad y características parecidas que tengan valores iguales de colesterol total en sangre, presentará menor riesgo de enfermedad cardio-vascular aquel individuo que presente niveles sanguíneos más elevados de colesterol HDL.

Antes de finalizar este capítulo, consideramos conveniente hacer una breve referencia a las alteraciones de los triglicéridos.

Actualmente se consideran valores deseables en la población adulta		
Colesterol total	CT	por debajo de 200 mg/dl.
Colesterol LDL	CLDL	por debajo de 150 mg/dl.
Colesterol HDL	CHDL	por encima de 45 mg/dl.
Colesterol VLDL	CVLDL	por debajo de 25 mg/dl.

Recomendaciones específicas para evitar y/o tratar el elevado índice de triglicéridos en la sangre

Los triglicéridos son otro tipo de grasas que circulan por el torrente sanguíneo. Su papel con respecto a las enfermedades circulatorias no se encuentra suficientemente establecido, aunque un exceso en las concentraciones de triglicéridos se reconoce también como marcador de riesgo coronario. Las recomendaciones que se han descrito hasta el momento son también válidas para el tratamiento de la hipertrigliceridemia (niveles elevados de triglicéridos en sangre), aunque deberán controlarse también otros aspectos:

– Será necesario restringir la ingesta de bebidas alcohólicas. Esta indicación es muy importante ya que el consumo de alcohol es una de las causas más reconocidas de hipertrigliceridemia secundaria.

– Controlar y reducir la ingesta de hidratos de carbono simples o azúcares, tales como el azúcar, la miel, las mermeladas, los dulces, las bebidas azucaradas y, en general, cualquier alimento que contenga azúcar.

La alimentación tradicional de los países mediterráneos se caracteriza precisamente por la utilización de grasas vegetales o aceites para las cocciones y aliños (aceite de oliva) y por un mayor consumo de verduras, hortalizas, frutas y legumbres frente al resto de los países occidentales.

Probablemente esto haya incidido decisivamente en la menor mortalidad por enfermedades cardiovasculares que se detecta en los países de la cuenca mediterránea.

Huevos y colesterol ¿amistades peligrosas?

En los últimos años ha descencido considerablemente el consumo de huevos entre la población de nuestro país, probablemente como consecuencia de la mala prensa que han recibido en relación a su contenido en colesterol. Numerosos y recientes estudios indican que los alimentos más relacionados con el aumento de colesterol en sangre son aquéllos ricos en ácidos grasos saturados (grasas lácteas, grasas de las carnes y embutidos); en cambio, a productos como los huevos y el marisco, que tienen en su composición colesterol

Es importante recordar que...

• El tratamiento dietético para reducir el exceso de colesterol en la sangre o hipercolesterolemia se basa en la reducción de grasas, principalmente de origen animal terrestre y en el aumento del consumo de fibras (legumbres, verduras y hortalizas, frutas y productos integrales).

• Es conveniente la utilización de aceite de oliva y la inclusión de frutos secos (avellanas, nueces, etc.) en la dieta habitual, en cantidades adecuadas a las características individuales. Si existe sobrepeso u obesidad deberán limitarse estos productos.

• El control del exceso de peso es muy importante para el tratamiento de la hipercolesterolemia.

El tratamiento para reducir el exceso de colesterol implica una menor ingesta de grasas de origen animal.

El consumo excesivo de grasas saturadas puede conducir al sobrepeso y a la obesidad.

su buen precio, es preciso replantear las recomendaciones en el consumo de huevos.

La mejor manera de incorporar los huevos en nuestra dieta consiste en sustituir por éstos una parte de las carnes y los pescados, y no en consumirlos además de estos alimentos. Es decir, el huevo o las preparaciones a base de huevo pueden sustituir perfectamente a carnes y pescados en los menús.

Obesidad y sobrepeso

La obesidad se define como un exceso de tejido graso en el organismo. Este exceso de grasa da lugar a un sobrepeso en relación a la altura y a la estructura ósea del individuo. La frontera entre la obesidad y el sobrepeso está poco definida. Existen muchas tablas en las que se recomienda un peso determinado, teniendo en cuenta sólo la altura del

pero apenas grasas saturadas, se les atribuye un bajo poder aterogénico.

Teniendo en cuenta la riqueza nutricional del huevo (rico en proteínas de elevada calidad, hierro y vitaminas), su versatilidad gastronómica y

CRITERIOS DE CONTROL DE FACTORES DE RIESGO CARDIOVASCULAR

	Valores adecuados	Valores aceptables	Valores deficientes
I.M.C.*			
Hombres	< 25	25 - 27	> 27
Mujeres	< 24	24 - 26	> 26
Colesterol total			
mg/dl	< 200	200 - 250	> 250
mmol/l	< 5,2	5,2 - 6,5	> 6,5
Colesterol HDL			
Mg/dl	> 40	>=35>=35	< 35
Mmol/l	> 1,1	>=0,9	< 0,9
Triglicéridos			
Mg/dl	< 150	150 - 200	> 200
Mmol/l	< 1,7	1,7- 2,2	> 2,2
Colesterol LDL			
Mg/dl	< 130	130 - 160	>160
Mmol/l	< 3,4	3,4 - 4,1	> 4,1
Tensió Arterial			
Mm/Hg	<=140/90	<=160-95	> 160/95
HbA % **	< 8,0	8,0 – 9,5	> 9,5
HbA1c %	< 6,5	6,5 – 7,5	> 7,5

* Índice de Masa Corporal
**Hemoglobina glucosilada (valores promedio de glucemia entre 6 y 8 semanas anteriores a la determinación)

individo y no su envergadura ni su edad. Dichas tablas son bastante inexactas e imprecisas.

Actualmente, la tendencia más generalizada es la de utilizar como medida de referencia la fórmula del Índice de Masa Corporal (I.M.C. o BMI –Body Mass Index–), donde una sencilla ecuación resuelve un índice que determina el grado de bajo peso, normopeso, sobrepeso u obesidad.

I.M.C. = Peso (kg) / Talla^2 (m)

Algunos ejemplos:

Individuo de 44 kg de peso y 1,61 m de talla:
I.M.C. = $44/(1,61)^2$ = 16,9 = peso insuficiente
Individuo de 85 kg de peso y 1,85 cm de talla:
I.M.C. = $85/(1,85)^2$ = 24,8 = (normopeso)
Individuo de 90 kg de peso y 1,68 cm de talla:
I.M.C. = $90/(1,68)^2$ = 31,9 = (obesidad de grado II)

Tanto la obesidad como el sobrepeso son dos trastornos que la ciencia actual no es capaz de resolver con eficacia. Las estadísticas nos muestran el alto porcentaje de fracaso en los diferentes tratamientos y estrategias terapéuticas de la obesidad.

Quizás este desengaño sea una de las razones por las que gran parte de la población con problemas de peso esté tan predispuesta a creer y seguir dietas o pautas alimentarias extravagantes, absurdas y, con frecuencia, sin respaldo científico. El mero hecho de que un individuo más o menos emblemático (deportista, actor o personaje famoso) postule o recomiende un determinado tratamiento dietético, parece ser suficiente garantía de éxito.

La barrera entre el peso saludable y el peso estético está en ocasiones distorsionada, apártandose este último del peso saludable y deseable para el óptimo funcionamiento del organismo. Al contrario de en otros tiempos

Para evitar trastornos tales como la obesidad, es importante adquirir unos hábitos alimentarios correctos desde temprana edad.

ya remotos, en los que un cuerpo orondo era signo de salud y bienestar, actualmente un aspecto delgadísimo, en el que se pueden apreciar rasgos incluso anoréxicos, es el patrón que se presenta como «ideal estético».

Para conseguir el deseado peso estético, algunas personas son capaces de someterse a los postulados más absurdos y faltos de cualquier base científica que avale su eficacia, así como su inocuidad para la salud, sobre todo cuando además de restricciones dietéticas, estos tratamientos se acompañan de fármacos sin registro sanitario.

Alimentación hipocalórica y

CLASIFICACIÓN DEL SOBREPESO Y LA OBESIDAD SEGÚN EL I.M.C. (SEEDO'2000)*

	Valores límites del I.M.C. (kg/m^2)
Peso insuficiente	< 18,5
Normopeso	18,5-24,9
Sobrepeso grado I	25-26,9
Sobrepeso grado II (preobesidad)	27-29,9
Obesidad de tipo I	30-34,9
Obesidad de tipo II	35-39,9
Obesidad de tipo III (mórbida)	40-49,9
Obesidad de tipo IV (extrema)	> 50

* Sociedad Española para el Estudio de la Obesidad. 2000

Peso máximo aceptable	
Mujer	peso máximo aceptable = 25 × (talla en metros)2
Hombre	peso máximo aceptable = 27 × (talla en metros)2

El principal objetivo de una propuesta de adelgazamiento debería ser: facilitar la modificación voluntaria, progresiva y mantenida de aquellos hábitos alimentarios que favorezcan una ingesta excesiva y desequilibrada.

Una reducción de peso modesta pero mantenida puede resultar muy útil en la prevención de riesgos cardiovasculares.

equilibrada es aquella que, a pesar de la reducción energética, mantiene un equilibrio nutricional suficiente para permitir al organismo desarrollar las funciones básicas. Se considera equilibrada si el organismo recibe todos los nutrientes que necesita para su correcto funcionamiento, a través de los propios alimentos, o bien mediante suplementos de vitaminas y minerales, cuando la restricción energética es severa. Este tipo de dieta suele estar pautada por expertos en alimentación que plantean el tratamiento de una manera individual. No se trata de las dietas y regímenes que generalmente publican las revistas de moda. No suelen ser impactantes, no exigen escoger alimentos exóticos ni complicados, ni prometen unos resultados espectaculares. Son propuestas de alimentación que pretenden reducir peso de una forma paulatina y progresiva (aproximadamente 1/2 kg por semana), sin comprometer la salud del individuo. Este tipo de tratamiento dietético se plantea siempre adaptado a las características, preferencias, hábitos y costumbres de la persona en cuestión, así como a su entorno familiar y social, pretendiendo, desde un principio, motivar pequeños cambios en los hábitos alimentarios que el individuo pueda asumir con facilidad y, sobre todo, que sea capaz de mantener a largo plazo. Se trata de las dietas de adelgazamiento que recomiendan los profesionales de la salud, dietistas y nutricionistas.

Consejos prácticos

– Siempre con la ayuda y asesoramiento de un profesional, seleccione un tipo de propuesta dietética que sea capaz de seguir. No se empeñe en hacer «la dieta del pescado» cuando a duras penas suele cumplir con la recomendación de «tomar pescado de dos a tres veces por semana». Comprender el «porqué» de ciertas restricciones propuestas en la dieta hace que ésta sea más llevadera.

–Escoja una propuesta de alimentación variada y alegre, que le permita disfrutar de la comida. Debe huir de las dietas monótonas, con poca variedad de alimentos o técnicas culinarias. Normalmente una alimentación aburrida no suele seguirse y, si se hace, posiblemente pueda conllevar alguna carencia importante en vitaminas o minerales.

¡Recuerde, la variación asegura el equilibrio!

• Una vez establecida la pauta dietética, debería realizar todas las ingestas acordadas y en la cantidad marcada. Ni más ni menos. Saltarse alguna comida suele provocar acumulaciones de hambre y ansiedad (que a posteriori suele revertir en ingestas descontroladas) y no fomenta los buenos hábitos alimentarios.

• Aunque la comida sea ligera e incluso informal, déle la importancia que tiene. Dedique a cada comida un mínimo de media hora. Siéntese a la mesa y sea consciente de que está comiendo. Evite las prisas y engullir los alimentos sin orden y de cualquier manera. Siempre que sea posible, es mejor comer en compañía. De esta manera no se centra la atención únicamente en la comida, y ésta se convierte en un acto social compartido. Deberíamos dar al acto de comer el verdadero valor social y de relación que tiene, y constatar que hacer un tipo u otro de dieta no debe ser en absoluto motivo diferencial o de aislamiento.

• Recuerde siempre el sabio refrán que dice: «Desayunar como un rey, comer como un burgués y cenar como un mendigo». El desayuno llega al organismo cuando éste, tras un largo período de reposo, necesita reponer combustible. A lo largo del día dispone de una larga jornada que le va a permitir gastar una cantidad importante de energía. A medida que pasa el día, el cuerpo va necesitando menos calorías, ya que queda menos tiempo para quemar esta energía. Cuando llega la hora de la cena, si el organismo ha recibido a lo largo de la jornada los alimentos adecuados en cantidad y calidad, será más fácil aceptar algo ligero y de fácil digestión. Este principio tan sencillo es una estrategia infalible a la hora de luchar contra unos kilos de más.

• Debería evitar «picar entre horas». Para ello, programe cada comida como una ingesta completa y con suficiente poder saciante, que le permita levantarse de la mesa sin hambre y con la conciencia de que le ha proporcionado al organismo lo que realmente necesita. Ni más ni menos. Picar de una manera compulsiva es, muchas veces, una manera de satisfacer al organismo y compensarle de aquello que a lo largo del dia se le está «robando». Si se tiene conciencia de que la alimentación pautada es suficiente, completa y equilibrada, se entenderá la alimentación como algo racional que no necesita complementos. Con frecuencia, «picar» se relaciona con estados de ansiedad que revierten en la ingesta descontrolada de alimentos.

• En este sentido es adecuado tener una lista de alimentos o pequeños «snacks» para que cuando la fuerza de voluntad flaquee puedan tomarse sin echar a perder el esfuer-

zo realizado. De esta manera, se evitarán remordimientos de conciencia que lo único que van a conseguir es hacer de la alimentación un enemigo con el que hay que convivir en una constante relación de «amor-odio». Es importante que cada persona, con ayuda del especialista y según sus gustos y preferencias, disponga de una lista de alimentos de «picoteo-

Quienes sigan una dieta para adelgazar deben evitar picar entre horas.

Tabla de snacks	
(0 Kcal)	• Una tapa de berberechos o
• Una infusión sin azúcar	almejas al natural
• Una taza de caldo de verduras	• Un vasito de cerveza light
• Una rodaja de sandía	• Requesón (30 g)
• Una rodaja de melón	• Un kiwi mediano
• Una ramita de apio	• Un biscote integral con mermelada
• Una zanahoria mediana	sin azúcar
• Un vasito de zumo de tomate	• Un café o té con leche desnatada
• Fresas (50 g)	sin azúcar
• Cerezas (40 g)	• Una naranja mediana
• Una mandarina	• Una nectarina mediana
• Un biscote integral	• Un melocotón mediano
• Una galleta integral o María	• Una manzana pequeña
• Albaricoques (50 g)	(50 Kcal)

Para evitar la monotonía en la dieta, es aconsejable elegir alimentos variados que permitan disfrutar de la comida.

día, fácilmente distribuibles a lo largo de la jornada.

Los caldos e infusiones se contarán como tomas de agua, lo que ayudará a completar la ingesta hídrica.

• Como ya se ha dicho anteriormente, no existen «alimentos que adelgazan», sino alimentos con mayor o menor aporte de energía. Al no tener el agua ningún valor calórico, los alimentos ricos en este elemento serán los que tendrán menor valor energético. Por otra parte, no existe un alimento con un potencial calórico mayor que el aceite, da igual que sea de oliva de la mejor calidad, de semillas, tomado en crudo o en cocido. De esta sencilla afirmación se deduce que los alimentos y preparaciones que contengan una cantidad de aceite serán mucho más energéticos (tendrán más calorías) que las preparaciones ricas en agua. Una ligera ensalada perderá parte de su poder «ligero» si está aliñada con una gran cantidad de aceite. Asimismo, el valor calórico de un pan con tomate aliñado con poco aceite poco tiene que ver con un bocadillo que gotea aceite por todas partes. Éste es un punto importante en el momento de programar una

permitido», que le ayude a superar situaciones de peligro.

• Es importante beber, aproximadamente, 1,5 litros de agua al día. Para las personas que no están acostumbradas, debería diseñarse una estrategia a la hora de beber y fijar las horas en las que se tomará un vaso de agua. Al fin y al cabo, un litro y medio de agua son sólo seis vasos al

Las infusiones ayudan a completar la ingesta hídrica, imprescindible en cualquier dieta de adelgazamiento.

dieta de adelgazamiento. Un buen consejo: utilice su propia aceitera, de modo que pueda controlar con exactitud la cantidad recomendada y el gasto real utilizado en el aliño y aderezo de las preparaciones.

• La fibra alimentaria debería estar presente en toda alimentación equilibrada. Por su gran poder saciante, es muy recomendable programar una alimentación baja en calorías con una cantidad importante de fibra. El mencionado poder saciante aplacará de una manera efectiva la sensación de hambre. Asimismo, ayudará a combatir los posibles problemas de estreñimiento que muchas veces acompañan a las dietas bajas en calorías. Recuerde, sin embargo, que esta fibra sólo será efectiva si se ingiere con una abundante cantidad de agua.

• Igual que se recomienda programar la cantidad, calidad y horarios de las comidas, también debería programarse el ejercicio físico, sistemático y diario que acompañe a la nueva forma de alimentarse. Dicho ejercicio actuará de varias maneras, todas ellas efectivas, potenciando el éxito de la dieta. Puede ayudar a quemar energía, haciendo más efectivo el metabolismo basal. Ayudará también a mejorar, poco a poco, la elasticidad, la flexibilidad y el tono muscular.

Sea cual sea la estrategia para perder peso, deberían evitarse las prisas. ¿De qué sirve perder unos kilos con dietas relámpago si luego se recuperan, incluso con propina? No se pueden modificar de un día para otro los hábitos alimentarios arraigados. La prisa y la impaciencia van a desencadenar una serie de problemas psicológicos que pueden conducir a la ansiedad e incluso a la depresión. La estrategia adecuada es aquella que permite, a la vez, ir bajando de peso y modificando hábitos alimen-

Una dieta hipocalórica exige beber 1,5 litros de agua al día.

tarios que aseguren que los kilos perdidos no vuelvan a instalarse en el organismo. Es importante evitar las obsesiones. Visitar la báscula de una manera irracional y compulsiva sólo puede contribuir a experimentar sobresaltos y emociones inútiles.

En el recetario del libro se proponen una serie de recetarios y menús equilibrados y adecuados para el control de peso.

El ejercicio físico sistemático ayuda a mejorar la flexibilidad y el tono muscular.

UNA PROPUESTA DIETÉTICA PARA REDUCIR PESO DEBERÍA:

1) Potenciar verduras y hortalizas, crudas/cocidas ¡vigilando los aliños!
2) Incluir pastas, arroz, patatas, legumbres (en cantidad adecuada al tipo de dieta).
3) Consumir carnes, seleccionando las piezas más magras, y potenciar el consumo de pescado blanco y azul.
4) Incluir fruta (controlando las cantidades) como postre de las comidas principales.
5) Modificar los hábitos alimentarios negativos y potenciar los positivos.
6) Ofrecer alternativas a las restricciones (aperitivos, celebraciones, bebidas refrescantes o alcohólicas...).
7) Reducir el consumo de azúcares y grasas adicionales.
8) Potenciar la ingesta de agua.
9) Facilitar estrategias culinarias adecuadas, preferentemente que requieran poca adición de grasa en la cocción (papillote, al vapor...).
10) Sugerir un aumento de volumen en los platos: verdura de hoja, carne con hueso, marisco...
11) Evitar al máximo la prohibición de alimentos.

10 preguntas sobre la obesidad y el sobrepeso

¿Por qué durante las primeras semanas, al comenzar una dieta de adelgazamiento, se pierde más peso que en las posteriores?

Al principio del tratamiento se empieza perdiendo principalmente agua y glucógeno; más tarde se empieza a quemar grasa. Los primeros días, la motivación y la relativa facilidad en perder peso ayudan a afrontar el tratamiento con ganas. Luego, la movilización y el gasto de grasas es más difícil y la pérdida de peso es menor, pero en realidad los primeros kilos también son los más fáciles de recuperar.

¿Por qué no adelgazo e incluso engordo si «prácticamente» no como nada?

Muchas personas infravaloran lo que realmente ingieren a lo largo del día. Sólo por el hecho de saltarse una comida o de controlar las cantidades creen que reducen drásticamente su aporte calórico. La sensación de apetito y una cierta desorganización les lleva a comer sin tener conciencia de ello. Un recordatorio escrito de los alimentos ingeridos a lo largo de tres días es, muchas veces, suficiente para constatar la diferencia de lo que «se cree que se come» y la ingesta real.

¿Comer la fruta antes que el primer plato adelgaza?

Si se cambia el orden de los platos pero las cantidades son iguales, el menú aportará, naturalmente, las mismas calorías y engordará igual. Si tomar la fruta primero hace que se aplaque el apetito y se reduzcan las cantidades del menú, las calorías ingeridas, así como el valor energético serán menores.

¿Cuáles son los alimentos que adelgazan?

Ésta es una pregunta que muchas veces se le hace al profesional. La respuesta es que no hay alimentos que adelgacen, sino alimentos que aportan más o menos calorías que otros. La pauta a seguir es: cuanta más agua y menos grasa contenga un alimento menos energía aporta al organismo, y viceversa. El aceite, por ejemplo, es un alimento que no contiene agua y, en cambio, es muy rico en grasa, por ello es el alimento que más calorías genera. En cambio, la lechuga, por ejemplo, es muy rica en agua y pobre en grasas, por lo que su valor calórico es muy bajo.

¿Cuáles son los alimentos más sanos?

Ésta es otra pregunta de difícil respuesta dada la sencillez de la misma. Todos los alimentos son sanos si se ingieren en su justa medida.

¿Beber mucha agua adelgaza?

No, el agua no adelgaza, tampoco engorda, ni hace que los alimentos engorden menos. Lo que ocurre es que el agua, que no aporta calorías, ocupa un espacio en el estómago que, de sustituirse por otro alimento, éste sí aportaría energía.

¿Adelgazan los alimentos light?

No, los alimentos light no adelgazan sino que tienen menos calorías que sus homónimos en versión normal. Alguna bebida light o los edulcorantes artificiales no adelgazan pero tampoco engordan porque su aporte calórico es nulo.

¿Las vitaminas y los minerales engordan y dan más sensación de apetito?

Ni las vitaminas ni los minerales aportan energía, por lo que no engordan. Su función en el organismo es principalmente reguladora y no tienen por qué aumentar el apetito. En dietas de muy bajo aporte calórico pueden estar recomendados, como suplementos, para asegurar un aporte correcto de micronutrientes.

¿Por qué, en muchos casos, se engorda al dejar de fumar?

Engordar al dejar de fumar es un hecho bastante frecuente. El tabaco aplaca el hambre. Mientras se fuma no se come. La ansiedad y la renuncia que implica dejar de fumar conduce, con frecuencia, a comer y a picar alimentos de gran poder energético como los dulces, aperitivos, bebidas alcohólicas o refrescos, que conducen a un aumento rápido de peso. Cuando alguien desea «dejar

Todos los alimentos pueden considerarse sanos si se ingieren en su justa medida.

de fumar» debería plantearse, paralelamente, una estrategia para no engordar.

¿Se puede cambiar el metabolismo?

El metabolismo se va adaptando paulatinamente con la edad. No cambia de golpe, como mucha gente cree, por causas tan diversas como un embarazo, un cambio de trabajo, casarse o divorciarse, etc... Todos estos cambios pueden, en ocasiones, cambiar las costumbres alimentarias así como la cantidad y el tipo de actividad física y, con ellos, el peso.

Ciertos cambios en la vida de las personas pueden provocar modificaciones en las costumbres alimentarias.

¿El estrés engorda?

El estrés provoca ansiedad. Algunas personas calman esta ansiedad desahogándose en un gimnasio o corriendo, otras fumando, otras bebiendo y otras… comiendo. Por lo tanto, el estrés no engorda pero provoca un estado emocional que requiere recompensas de distintos tipos, en algunos casos proporcionadas por los alimentos.

Propuesta de dieta patrón:

La siguiente propuesta de dieta tiene un aporte aproximado de energía de 1.500 calorías. Dado los alimentos que contiene, se puede considerar equilibrada, con un correcto aporte de macronutrientes, hidratos de carbono, proteínas y grasas, así como de vitaminas, minerales y fibra.

Desayuno:
- **200 cc de leche descremada c/ café**
- **40 g de pan o 3 biscotes**
- **1 loncha finita de jamón**

Comida:
- **Alcachofas con judías blancas y mejillones**

Ingredientes por persona:
200 g de alcachofas (peso neto), 80 g de judías blancas (peso crudo), 6 mejillones, 1/2 cebolla pequeña, 1 cucharada de aceite de oliva.
- **Pollo al horno con lechuga**

Ingredientes por persona:
1/4 de pollo, un limón, 50 g de lechuga, 1/2 cucharada de aceite de oliva.
- **Una naranja mediana**
- Si se desea tomar pan (1 rebanada), se reducirá a 60 g la cantidad de judías.

Cena:
- **Ensalada de patatas**

Ingredientes por persona:
150 g de patatas, 150 g de ensalada variada, 1 cucharada de aceite de oliva.
- **Pescado en papillote**

Ingredientes por persona:
70 g de salmón fresco
80 g de merluza fresca
100 g de verduras variadas cortadas en juliana.

- **Postre:**
Dos tajadas de melón
- Si se desea tomar pan (1 rebanada), se reducirá a 100 g la cantidad de patatas.

PLATOS BAJOS EN CALORÍAS Y NUTRICIONALMENTE COMPLETOS

Ensalada de tomate y pepino	Gazpacho ligero	Zumo de tomate
Tortilla de gambas	Pincho de ternera, pollo y verdura	Pollo a l'ast sin piel
Kiwi	Molde de arroz blanco	Ensalada verde con salsa de yogur
	Melón	Una pera
Crema de patata		
Tomate relleno de carne	Verdura al horno	Judías tiernas con jamón
Cerezas	Filete de merluza a la plancha con patata al vapor	Tortilla de atún (natural)
		Requesón con mermelada light
Ensalada de tomate, queso fresco y orégano	Melocotón	
Lenguado en papillote		Revuelto de espárragos
Tres albaricoques		Hamburguesa de ternera y molde de arroz blanco
		Tres ciruelas

El consumo abusivo de bebidas refrescantes azucaradas puede incidir de forma importante en el incremento de la obesidad infantil

Cuantas más bebidas azucaradas se consuman, mayores serán el I.M.C. y el riesgo de obesidad infantil. Ésta es la conclusión de un trabajo publicado en la revista *The Lancet* realizado en E.U.A., país donde los casos de obesidad infantil se han duplicado entre 1980 y 1994. En España la obesidad infantil también empieza a ser un importante problema de salud pública. Se calcula que entre el 3 y el 9 % de los menores de 14 años presenta sobrepeso, aunque este porcentaje aún dista mucho del de E.U.A., donde entre el 15 y el 25 % de los niños presenta un I.M.C. inadecuado. Los expertos advierten que un niño obeso tiene un 40 % de posibilidades de convertirse en un adulto obeso.

De acuerdo con los datos presentados en *The Lancet*, entre los años 1989 y 1995 el consumo de bebidas sin alcohol ascendió de 195 a 275 ml en la población general, y de 345 a 570 ml. entre los adolescentes. La mitad de los estadounidenses y la mayoría de los adolescentes consumen refrescos a diario, la mayoría de ellos con azúcar (entre un 10 y un 12 %, aproximadamente). Una lata de refresco de cola, naranjada o limonada, aporta aproximadamente unos 33 g de azúcar = 132 Kcal).

Alimentación para personas con diabetes

La diabetes es una enfermedad crónica que se manifiesta por un aumento de los niveles de azúcar (glucosa) en sangre (hiperglucemia) por encima de los considerados normales. De esta descompensación pueden derivarse complicaciones tanto agudas como crónicas, si no se compensa adecuadamente. Es una enfermedad frecuente en todo el mundo, pero sobre todo en los países industrializados. Su nombre científico es *Diabetes mellitus*.

El causante de este transtorno es el páncreas, órgano que se encuentra situado en la parte izquierda del abdomen y cuya principal función es la producción de una hormona llamada insulina. Esta sustancia, la insulina, es la encargada de hacer llegar a las células la glucosa que circula en la sangre y que, a su vez, es la base energética necesaria para llevar a cabo los procesos vitales de nuestro organismo. Si el páncreas no produce insulina o produce menos cantidad de la necesaria, la glucosa, en lugar de penetrar en las células se queda circulando en la sangre, aumentando así los niveles o produciendo una hiperglucemia. Como la glucosa es un azúcar, popularmente se suele decir que una persona con diabetes es aquella que tiene demasiado azúcar en la sangre.

Se considera diagnóstico un nivel de glucemia basal (a primera hora de la mañana) >= 126 mg/dl (>=7 mmol/l). Un valor alterado debe confirmarse en dos días distintos. La determinación debe hacerse en plasma venoso (extracción de sangre venosa, no capilar), tras 8 horas de ayuno y reposo nocturno.

Si existen síntomas clínicos y un nivel de glucemia >= 200 mg/dl no es necesaria una segunda determinación.

Tipos de diabetes:

–*Diabetes tipo I o juvenil*, que suele aparecer de una forma brusca durante la infancia, la adolescencia o la juventud. Presenta una rápida y pro-

El paciente diabético debe evitar el consumo de dulces.

Durante el embarazo puede manifestarse una elevación de los niveles de glucosa en sangre, conocida como diabetes gestacional

En cualquiera de los casos mencionados anteriormente, se indique o no medicación, la dieta será parte fundamental del tratamiento.

El tratamiento de la diabetes se centra en la coordinación entre la ingesta de alimentos (propuesta de forma adecuada a las necesidades individuales), la medicación y la actividad física realizada. Una alimentación correcta y bien programada es imprescindible para controlar esta enfermedad.

gresiva pérdida de la capacidad del páncreas para segregar insulina, por lo que desde su diagnóstico empieza a tratarse con la administración externa de insulina.

–Diabetes tipo II o del adulto, que acostumbra a manifestarse pasados los 40 años. Puede pasar desapercibida durante algún tiempo, ya que no presenta unas manifestaciones tan bruscas. Va asociada con mucha frecuencia a la obesidad, el sedentarismo, la hipertensión, etc. El tratamien-

to no acostumbra a requerir, en un principio, insulina. Suele tratarse inicialmente sólo con la modificación de algunos hábitos dietéticos relacionados con la ingesta de azúcares y el reparto de las comidas, y en ocasiones también con unos fármacos llamados hipoglucemiantes orales.

Existen otros tipos de diabetes que se manifiestan por una elevación temporal de los niveles de glucosa en sangre, como son la diabetes gestacional (de la embarazada) y la diabetes secundaria, asociada a alguna enfermedad, intervención quirúrgica o tratamiento farmacológico. En estas situaciones, una vez desaparecida la causa, se suele recuperar la normalidad glucémica.

Actualmente las personas con diabetes disponen de unos pequeños instrumentos o medidores del nivel de azúcar en sangre (del tamaño de una pequeña calculadora) que les permiten, en cualquier momento, conocer cuál es la glucemia (nivel de azúcar en sangre), mediante una gota de sangre capilar, una tira reactiva y el medidor.

La alimentación recomendada a la persona con diabetes ha sido, tradicionalmente, un prototipo de «régimen» muy restrictivo, generalmente a base de un primer plato de verdura cocida, un segundo de carne o pescado a la plancha y una manzana de postre. Es evidente que éste era un planteamiento monótono, con pocas opciones de variación y con una gran cantidad de alimentos y técnicas culinarias prohibidas, que no ha facilitado en absoluto el seguimiento de las propuestas dietéticas y que incluso ha podido, en ocasiones, desencadenar ciertos procesos de malnutrición.

La alimentación es uno de los aspectos más importantes en la terapéutica de la diabetes, incluso en algunos casos es la única intervención

CRITERIOS PARA VALORAR LA GLUCEMIA CAPILAR (gota de sangre obtenida generalmente con una punición en la yema de un dedo)		
	Valores adecuados	Valores inadecuados (precisa intervención)
Glucemia basal y preprandial*	80 – 110 mg/dl	> 140 mg/dl
Glucemia postprandial**	100 – 180 mg/dl	> 200 mg/dl
Glucemia al acostarse	100 – 120 mg/dl	> 160 mg/dl

* en ayunas y antes de las comidas
** después de las comidas

necesaria. Por otro lado, hay que recordar que «comer», para el ser humano, es algo más que nutrirse. No comemos sólo para aumentar nuestra reserva energética, proteica, lipídica..., sino también para proporcionarnos placer, luchar contra determinadas ansiedades, facilitar la convivencia, etc.

La propuesta dietética, así como el proceso de aprendizaje y de adaptación, debe plantearse «sin prisa pero sin pausa». Hay que dar tiempo al paciente y motivarlo para que, poco a poco, vaya introduciendo y asimilando las nuevas propuestas, teniendo en cuenta que, probablemente, estamos interfiriendo unos hábitos iniciados ya desde la infancia y heredados de la familia y del entorno.

Objetivos de la propuesta alimentaria en el tratamiento de la diabetes

El objetivo principal de la propuesta dietética para las personas con *Diabetes mellitus* es, al igual que para el resto de la población, conseguir un estado nutricional óptimo, evitando tanto excesos como situaciones carenciales en cualquiera de las situaciones que se producen a lo largo de la vida (infancia, adolescencia, embarazo, lactancia, edad avanzada...).

Además, el tratamiento dietético se plantea también:

–Controlar los niveles de azúcar en sangre, evitando en lo posible las amplias oscilaciones glucémicas.

–Prevenir y tratar los problemas agudos así como las complicaciones tardías motivadas por la enfermedad.

–Reducir el consumo de grasas de origen animal, asociadas a complicaciones vasculares.

–Facilitar la modificación de determinados hábitos alimentarios.

Características de la alimentación recomendada a personas con diabetes.

–La alimentación debe ser equilibrada y variada, siguiendo el mismo patrón que la recomendada al resto de la población (capítulo 2).

–Debe evitarse el consumo habitual de azúcares y de alimentos muy ricos en esta sustancia: azúcar, miel, mermeladas, fruta en almíbar, zumos de fruta, leche condensada, helados, postres azucarados, bebidas refrescantes azucaradas, dulces y golosinas, chocolates, turrones, pastelería y bollería...

–Respetar el número de comidas y el horario indicado por el médico o dietista. Éste es un aspecto de máximo interés, sobre todo para aquellas personas que toman hipoglucemiantes o insulina, ya que pueden producirse con facilidad hipoglucemias debidas al retraso o supresión de una ingesta de alimentos prevista.

–Hay que respetar las cantidades recomendadas de alimentos ricos en

Las personas con diabetes deben respetar las cantidades recomendadas de alimentos ricos en hidratos de carbono

Se recomienda no sobrepasar el consumo de 2 o 3 piezas de fruta diarias.

Es importante ingerir suficiente cantidad de agua y alimentos líquidos.

hidratos de carbono, como patatas, pan, pasta, arroz, legumbres, galletas, sémolas.... Cada persona dispondrá de distintas cantidades en función de sus características y del tipo de medicación. Al principio, es conveniente pesar estos alimentos y utilizar medidas caseras de referencia para su consumo habitual.

La fruta es muy rica en azúcares. No se recomiendan más de 2 o 3 piezas al día, tomadas normalmente como postre de las comidas principales.

Las verduras y hortalizas contienen poca cantidad de azúcares y una proporción importante de fibra, por lo que se recomiendan al menos un par de raciones, acompañando las comidas principales. Una alimentación rica en fibra dificulta y retrasa la absorción de los carbohidratos mejorando los controles glucémicos.

–Las bebidas más recomendables son el agua y las infusiones sin azúcar.

La persona con diabetes debe controlar, también, el consumo de grasas de origen animal para evitar complicaciones vasculares.

TABLA I

Características de la alimentación equilibrada	Características de la alimentación de la persona con diabetes
Deducción del requerimiento energético en función de: edad, sexo, altura, corpulencia, actividad física..., para mantener un peso adecuado.	IGUAL
Distribución del aporte energético: 50-60 % de hidratos de carbono, 12-15 % de proteínas, 25-35 % de lípidos.	IGUAL
Azúcares sencillos y de adición < 10 %	Restricción habitual de los azúcares sencillos y de adición
Ácidos grasos saturados <10 %	IGUAL
Proteínas de origen vegetal	IGUAL
Se recomienda un consumo aproximado de agua de 1,5 a 2 l.	IGUAL
Si la alimentación respeta los parámetros anteriores, el aporte de vitaminas y minerales es suficiente.	IGUAL
Se recomienda elevar la ingesta de fibra a unos 25 g/día.	IGUAL
Es aconsejable un buen reparto de los alimentos a lo largo del día, evitando ingestas muy copiosas.	MUY IMPORTANTE En coordinación con la medicación
Palabras clave: suficiente, equilibrada, variada y agradable.	Palabras clave: suficiente, equilibrada adaptada al tratamiento farmacológico, agradable.

Para resumir, la alimentación que se propone en el tratamiento de la diabetes es básicamente una propuesta equilibrada y mediterránea. Estas recomendaciones generales deben adaptarse a las características de cada persona, así como también al conocimiento de la enfermedad (tipo de diabetes, edad del paciente, actividad, nivel de formación, situación socioeconómica, hábitos, preferencias y aversiones, posibles factores de riesgo o enfermedades asociadas...). Según estos parámetros se estructurarán los objetivos del tratamiento y del proceso educativo. Por lo tanto, las propuestas deberán ser siempre individualizadas, aunque tengan unas características comunes.

La propuesta dietética será siempre más estricta en cuanto a utilización de azúcares simples y a cantidades de alimentos glucídicos en la diabetes tipo 2 no insulinotratada, sobre todo si, además, existe sobrepeso u obesidad.

La alimentación de la persona con diabetes debería ser:

Suficiente, aportando la cantidad de energía necesaria para cubrir de forma adecuada las necesidades individuales (no es conveniente utilizar dietas bajas en energía sólo por el hecho de padecer esta enfermedad).

Equilibrada, manteniendo la proporción de las distintas sustancias nutritivas (50 % de hidratos de carbono, 15 % de proteínas y 30 % de grasas).

Variada, utilizando una gran diversidad de alimentos básicos (lácteos, farináceos, verduras y hortalizas, frutas y alimentos cárnicos).

Y, sobre todo, *agradable y adaptada al estilo de vida y a las necesidades de cada persona,* ya que al tratarse de una enfermedad crónica, la propuesta dietética se plantea de por vida.

En el capítulo dedicado a la composición de los alimentos se facilita el

La alimentación ideal para el tratamiento de la diabetes debe ser equilibrada y basada en el patrón mediterráneo.

contenido en azúcar de distintos alimentos básicos, recordando que no son valorables el contenido en hidratos de carbono de carnes, pescados, huevos, aves, quesos, aceites y grasas. Esta información es esencial para que la persona con diabetes y sus familiares puedan realizar una alimentación muy variada, manteniendo una misma proporción de hidratos de carbono en las diferentes propuestas de menú.

Recuerde que...

Las distintas palabras que se detallan a continuación hacen siempre referencia a la misma sustancia:
AZÚCARES
GLÚCIDOS
HIDRATOS DE CARBONO
CARBOHIDRATOS
SACÁRIDOS

TABLAS DE EQUIVALENCIA DE ALIMENTOS GLUCÍDICOS

(Estas equivalencias fueron consensuadas por un grupo de expertos en nutrición, dietética y educación diabetológica en el año 1991, en el seno de la Asociación Catalana de Educadores en Diabetes)

En estas tablas se agrupan diferentes alimentos con la característica común de que todos contienen 10 g de hidratos de carbono.

Se considera 1 ración de alimento glucídico aquella cantidad que contiene 10 g de hidratos de carbono.

TABLA I

1 ración de farináceos (*)

80 g	Guisantes congelados o en lata
60 g	Habas y guisantes frescos
50 g	Patatas o boniatos
20 g	Pan blanco o integral, legumbres (garbanzos, alubias, lentejas), guisantes o habas secas, castañas.
15 g	Arroz o pasta alimenticia, pan tostado o biscotes, harinas y sémolas (maíz, trigo...), puré de patatas en copos, galletas tipo María (2 unidades), cereales de desayuno, obleas de canelón (3 unidades).

1 ración de lácteos (**)

200 g	Leche entera o descremada, queso fresco (Burgos, Villalón, mató), kéfir, yogur natural o descremado.
20-25 g	Leche en polvo o descremada

1 ración de verduras (***)

300 g	Acelgas, apio, berenjenas, brécol, calabaza, calabacín, cardo, col, champiñones, endivias, escarola, espárragos, espinacas, grelos, lechuga, pepino, pimiento rojo y verde, rábanos, setas, tomate...
200 g	Berros, cebolletas, judías verdes, nabos, puerros.
100-150 g	Alcachofas, cebolla, coles de Bruselas, remolacha y zanahoria.

1 ración de frutos oleaginosos

250 g	Aceitunas
50 g	Almendras, avellanas, cacahuetes, nueces, pipas, piñones, pistachos.

1 ración de fruta (****)

200 g	Aguacate, melón, pomelo, sandía.
80-100 g	Albaricoques, ciruelas, frambuesas, fresas, kiwi, limón, mandarina, manzana, melocotón, moras, naranja, pera, piña natural.
50 g	Caqui, cerezas, chirimoya, higos, nísperos, plátano, uva.

Aunque el grupo de alimentos formado por carnes, pescados, huevos..., no contiene hidratos de carbono, a continuación se ofrece una relación de distintos alimentos proteicos que pueden intercambiarse sin alterar demasiado el aporte en proteínas, grasas y calorías.

Todas las cantidades de alimentos expresadas en estas tablas se refieren a pesos netos y en crudo.

Las pastas alimenticias y los arroces, cuando se cuecen, triplican aproximadamente su peso inicial en crudo.

Ejemplo: 30 g de macarrones crudos = 90-100 g de macarrones cocidos.

TABLA 2

100-125 g de carne de ternera o buey (magro) pueden sustituirse por:

- 1/4 de pollo (sin piel) o de conejo.
- 150 g de cualquier pescado (tanto blanco como azul), calamares, gambas, langosta, mejillones...
- 100-125 g de carne de caballo.
- 80-100 g de jamón curado o cocido (magro).
- 1 huevo (para hacer tortillas más grandes puede añadirse otra clara de huevo).
- 40-60 g de queso curado semi (de bola, manchego, gruyère...). Es importante recordar que los quesos curados no contienen hidratos de carbono, pero sí una proporción importante de grasas.

TABLA 3

Medidas caseras de uso habitual	Raciones	Peso/Volumen
I rebanada de pan de barra de 1/2 kg (2 cm de ancho)	1,5-2 r	30-40 g
I rebanada de pan de barra de 1/4 kg (2 cm de ancho)	I r	20-25 g
I vaso de leche (entera o descremada)	I r	200-250 cc
I yogur (comercial)	0,5 r	125 g
I cucharada sopera de aceite	–	10 cc
I cucharada de postre de aceite	–	5 cc
I cucharada de café de aceite	–	3-4 cc
I cucharada sopera de arroz, harina o pasta pequeña	2 r	20-30 g
I puñado (mano cerrada) de arroz o pasta pequeña	2 r	20-30 g
I taza de café de arroz o pasta pequeña	5,5-6,5 r	80-100 g
I porción individual de mantequilla (2 o 3 rebanadas)	–	10-15 g
I ración normal de verdura	I r	200-300 g
I patata pequeña (algo más grande que un huevo)	2 r	100 g
I pieza de fruta mediana	1,5-2 r	150-200 g
I vaso de vino	–	100-125 cc

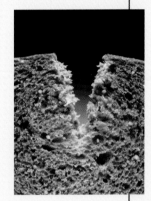

PROPUESTA DE DIETA

Kilocalorías:	1.800
Hidratos de carbono:	50 % (22,5 r)
Proteínas:	19 %
Lípidos:	31 %

Desayuno
** 200 cc de leche (semi o
    descremada)   I r
* 40 g de pan   2 r

Media mañana
* 60 g de pan   3 r
** 50 g de queso fresco   0,25 r
**** 150 g de manzana   1,5 r

Comida
*** 200-300 g de verdura   I r
* 100 g de patatas   2 r
– 100 g de carne   –
* 30 g de pan   1,5 r
**** 150 g de manzana   1,5 r

Merienda
** 100 cc de leche (semi o
    descremada)   0,5 r
* 30 g de pan   1,5 r
– 20 g de queso curado
    o jamón magro   –

Cena
*** 200-300 g de verdura   I r
* 100 g de patatas   2 r
– 150 g de cualquier pescado   –
* 20 g de pan   I r
**** 150 g de manzana   1,5 r

Antes de acostarse
** 100 cc de leche (semi o
    descremada)   0,5 r
* 20 g de pan   I r

TOTAL   **22,5 r**

Cantidad aproximada de aceite a lo largo del día: 30-40 cc (3-3,5 cucharadas soperas)

EJEMPLOS DE UTILIZACIÓN DE LAS EQUIVALENCIAS SEGÚN LA COMIDA DEL MEDIODÍA DE LA DIETA PATRÓN

Comida

***	200-300 g de verdura	1 r
*	100 g de patatas	2 r
–	100 g de carne	–
*	30 g de pan	1,5 r
****	150 g de manzana	1,5 r
		6 r

1)
	250 g de coliflor hervida	1 r
	100 g de judías blancas cocidas aliñadas con aceite, sal y pimienta	2 r
	1/4 de pollo al horno c/ lechuga (no valorable)	
	1 rebanada de 30 g de pan	1,5 r
	150 g de kiwi (2 unidades pequeñas)	1,5 r
		6 r

2)
	3 obleas de canelón (15 g en crudo / 50 g en cocido)	1 r
	100 g de carne de pollo, ternera y cerdo para el relleno	–
	2-3 cucharadas soperas de bechamel	1 r
	100 g de espárragos con 150 g de tomate en rodajas aliñado con salsa vinagreta	
	1 rebanada de 30 g de pan	1,5 r
	150 g de macedonia de frutas naturales regada con cava brut	**6 r**

3)
	Crema de calabacín y puerros:	
	100 g de puerros y 200 g de calabacines con un poco de aceite, sal, pimienta y un quesito en porciones	1 r
	150 g de rape a la plancha aliñado con ajo, perejil y aceite	–
	100 g de patatas enteras al horno	2 r
	30 g de pan	1,5 r
	150 g de mandarinas (2 unidades medianas, peso neto)	1,5 r
		6 r

Las legumbres secas, cuando se cuecen, aumentan entre dos y tres veces su peso inicial.

Ejemplo: 40 g de garbanzos crudos = 80-100 g de garbanzos cocidos.

¿Cómo se debe prevenir y tratar un descenso excesivo del nivel de azúcar en sangre o hipoglucemia?

Esta situación suele producirse solamente en las personas con diabetes que toman medicación, principalmente en los insulinotratados, debido a una descoordinación entre la medicación, la ingesta de alimentos y la actividad física realizada.

Se manifiesta con mayor o menor intensidad a través de mareos, desorientación, sudor frío, temblor y sensación intensa de hambre y, si no se soluciona con rapidez, puede llevar a la pérdida de conciencia e incluso a convulsiones.

La forma de tratar esta situación es administrando rápidamente algún tipo de azúcar que pueda absorberse con facilidad. Por ejemplo:

– un sobre de azúcar disuelto en agua (aproximadamente unos 10 g de azúcar).

• 150 cc de zumo de fruta natural o 100 cc de zumo comercial (aprox. unos 10 g de azúcar).

– una pieza de fruta pelada (unos 10-15 g de azúcar).

– 100 cc de alguna bebida refrescante azúcarada (colas, naranjadas o limonadas); (aprox. 10 g de azúcar.

A continuación, una vez superados los síntomas, debería tomarse algún alimento rico en hidratos de carbono pero de absorción más lenta, como por ejemplo unos 30 g de pan, o un par de tostadas o galletas.

Cuando los primeros indicios de una hipoglucemia se presentan poco antes de una comida principal, ésta puede resolverse comiendo en primer lugar la fruta del postre (pelada) y, al cabo de unos minutos, el resto de alimentos.

En caso de pérdida de conocimiento debe inyectarse al paciente un vial de glucagón y, una vez recobrado el conocimiento, darle alguno de los alimentos mencionados anteriormente.

En caso de no responder a estos tratamientos, debe acompañarse al diabético al centro médico de urgencias más cercano.

¿Son recomendables los productos dietéticos para diabéticos ?

En la actualidad, existen infinidad de productos «especiales» para diabéticos, obesos, hipertensos, etc. Estos productos ofrecen una alternativa en principio más reducida en alguno de los ingredientes o nutrientes que componen el alimento. En el caso de la persona con diabetes, que debe controlar, sobre todo, la cantidad de hidratos de carbono que ingiere, el enunciado «especial para diabéticos», «tolerado por diabéticos» o «sin azúcar añadido» no es garantía de que el producto pueda tomarse libremente, en cantidad no controlada. Muchos de los productos dietéticos para diabéticos utilizan fructosa para endulzar, en lugar de

azúcar o sacarosa. La fructosa es también un azúcar, procedente de las frutas, aunque con un sabor más dulce que el de la sacarosa, por lo que suele utilizarse en menor cantidad. Otros productos, como por ejemplo, las galletas para diabéticos, están elaborados, al igual que las galletas normales, principalmente con harina de trigo. La mayor parte de los carbohidratos de las galletas proceden de la harina, no del azúcar añadido. Por lo tanto, el diabético deberá también controlar la cantidad de galletas especiales. En general existen sólo unos cuantos productos que realmente contengan una cantidad mucho más baja en azúcares que sus homólogos tradicionales.

No todas las mermeladas para diabéticos tienen un contenido del 6 % en azúcares, éstas son realmente las de menor porcentaje y, por lo tanto, las más recomendables. Es imprescindible leer la información nutricional del producto.

En caso de producirse un descenso en el nivel de azúcar, deben tomarse alimentos ricos en hidratos de carbono.

Para una adecuada utilización de los productos dietéticos, es imprescindible leer el apartado de información nutricional que debe aparecer en todo envoltorio de este tipo de productos, e identificar la cantidad de hidratos de carbono por 100 g de producto para poder averiguar la cantidad de hidratos que contendrá la porción del mismo que se vaya a consumir.
Sólo en caso de que el porcentaje de azúcares sea realmente muy bajo en relación al producto habitual podrá utilizarse sin necesidad de sutituir o intercambiar.

Tomar una bebida refrescante ayuda a combatir la hipoglucemia.

Ejemplos:

* Galletas María tradicionales	contenido en hidratos de carbono: 75 %
4 galletas (25 g)	20 g de hidratos de carbono = 2 raciones
* Galletas María especiales	contenido en hidratos de carbono 65 %
5 galletas (30 g)	20 g de hidratos de carbono = 2 r
* Mermelada tradicional	contenido en carbohidratos: 60 %
1 cucharada sopera (25 g)	15 g de hidratos de carbono = 1,5 r
* Mermelada para diabéticos	contenido en carbohidratos: 6 %
1 cucharada sopera (25 g)	0,06 g de hidratos de carbono = no valorable

Las bebidas *light* son una buena alternativa a las bebidas refrescantes azucaradas, ya que están endulzadas con edulcorantes artificiales, por lo que no aportan azúcares ni energía. Deben ser bebidas reservadas para determinadas ocasiones y nunca deberían sustituir el consumo habitual de agua en las comidas.

¿Se pueden utilizar edulcorantes artificiales?

Son sustancias especialmente elaboradas para proporcionar sabor dulce, sin aportar energía ni alterar los niveles de azúcar en sangre. Representan una buena alternativa a la utilización del azúcar, aunque su consumo debe ser moderado. Son también una adecuada alternativa a la adición de azúcar en las dietas controladas en energía,

Es un error considerar contraindicadas frutas como el plátano o la uva en la dieta de los diabéticos.

ya que los edulcorantes artificiales no aportan calorías.

En la oferta del mercado, pueden encontrarse edulcorantes a base de sacarina, ciclamato, aspartame y acesulfame K. También se utilizan como edulcorantes los polialcoholes (sorbitol, manitol, lactitol, etc.), que pueden ser inocuos en pequeñas cantidades, pero un consumo elevado además de alterar las glucemias puede producir trastornos intestinales.

¿Cuáles son los errores más frecuentes en la alimentación de la persona con diabetes?

– Dar por hecho que la alimentación de la persona con diabetes es monótona y aburrida y que su dieta se basa en «acelgas hervidas, bistec de ternera a la plancha y manzana».

– Considerar contraindicadas algunas frutas y hortalizas como, por ejemplo, el plátano o la uva (frutas más ricas en azúcares pero no contraindicadas), el melón (es una de las frutas con menor contenido en azúcares), los tomates, las berenjenas o las zanahorias (en realidad, prácticamente todas las verduras y hortalizas aportan una pequeña cantidad de hidratos de carbono, por lo que acostumbra a recomendarse una casi total libertad en su consumo).

– Creer que la miel y la fructosa (azúcar de la fruta), no son azúcares y utilizarlos como si fueran edulcorantes. La miel y la fructosa son azúcares que alteran las glucemias y aportan la misma cantidad de energía que el azúcar tradicional.

– Considerar que la leche, por el hecho de ser descremada, no contiene azúcares (10 g de azúcar en 200 cc de leche). La leche descremada pierde su contenido en grasas y en las vitaminas que se asocian a estas grasas, pero conseva la proporción de azúcares (lactosa) así como de proteínas y calcio.

– Considerar que los zumos naturales no contienen azúcares (20 g de azúcar en 200 cc de zumo natural).

– No calcular la posible cantidad de azúcares contenidos en los productos dietéticos especiales para diabéticos. Como se ha indicado anteriormente, el hecho de ser un producto especial para diabéticos no significa que no contenga azúcares. Debe leerse en el etiquetado la información nutricional.

– Preparar la comida de la persona con diabetes aparte de la del resto de la familia. Es importante que toda la familia siga la misma propuesta alimentaria, siendo conveniente medir (mediante la balanza o alguna medida casera de referencia) la cantidad de alimento glucídico que se sirva en el plato de la persona con diabetes, siempre en relación a su dieta patrón u orientativa.

En los países industrializados, la *Diabetes mellitus* tipo 2 (DM2) constituye uno de los cuatro problemas de salud principales, debido a los cuantiosos gastos que genera y a su tendencia a ir en aumento. Esta tendencia puede deberse a distintos factores: progresivo envejecimiento de la población e incrememto de otros factores de riesgo como la obesidad, el sedentarismo y las dietas inapropiadas ricas en azúcares y grasas. En España, según los datos que se conocen, padece esta enfermedad alrededor de un 3-4 % de la población adulta.

La importancia de la DM2 como problema de salud viene determina-

RECUERDE QUE...

- La alimentación recomendada a la persona con diabetes no debe ser monótona ni aburrida, sino muy variada, controlada, atractiva y placentera.

- Es imprescindible seguir un adecuado proceso de aprendizaje para alcanzar una mayor autonomía, tanto en la administración de la medicación como en la preparación de las comidas para una adecuada prevención y/o tratamiento de complicaciones.

- El diabético y sus familiares pueden recibir información en su hospital, en el centro de salud al que pertenecen o en las asociaciones de diabéticos.

- Desconfíe de las recomendaciones de vecinos, familiares o personas que no estén especialmente formadas en el tratamiento de la diabetes. El tratamiento de esta enfermedad debe ser individualizado.

- Con frecuencia, encontrarse con otras personas con diabetes puede ser conveniente para compartir información y exponer dudas. Es importante estar en contacto con la asociación de diabéticos de la zona para recibir información y asesoramiento así como apoyo social, laboral y psicológico.

- La persona con diabetes no debe preparar su comida aparte de la del resto de la familia, sino que tiene que aprender a medir las proporciones recomendadas en su dieta.

- El sobrepeso y la obesidad dificultan el tratamiento de la diabetes.

- El ejercicio físico moderado y habitual mejora el control de los niveles de azúcar.

El metabolismo normal de los hidratos de carbono se ve alterado en las personas que padecen insuficiencia renal..

da por el desarrollo y progresión de sus complicaciones crónicas microvasculares y macrovasculares, que pueden afectar a la calidad de vida de la persona con diabetes. La relación entre aparición y severidad de las complicaciones y el control glucémico queda evidenciada en numerosos estudios. Tanto la aparición de las complicaciones como su progresión pueden reducirse considerablemente mediante un adecuado control glucémico (coordinación entre alimentación, medicación y ejercicio físico).

Características generales de la alimentacion en la insuficiencia renal

La insuficiencia renal da lugar a fallos multiorgánicos de distinta gravedad, dependiendo del grado de afectación. En su fase más avanzada puede ser necesario un tratamiento sustitutivo (hemodiálisis, diálisis peritoneal, trasplante renal) que realiza, de manera parcial, las funciones de los riñones afectados. Junto con una serie de tratamientos complementarios (farmacológicos y no farmacológicos) se favorece una mejor tolerancia y efectividad de las técnicas sustitutivas, y se previene y/o se mejora la intensidad de la frecuente sintomatología de algunos trastornos orgánicos que no consiguen ser totalmente corregidos con las técnicas farmacológicas.

Entre las terapias complementarias no farmacológicas, la alimentación juega un papel fundamental y se orienta principalmente a evitar la malnutrición calórico-proteica y a controlar la ingesta de algunos nutrientes (ej: agua, sodio, potasio, fósforo, etc...), que incluidos arbitrariamente en la dieta pueden agravar algunos problemas ya existentes en la insuficiencia renal .

Alteraciones metabólicas en la insuficiencia renal

El ser humano necesita un combustible (la alimentación) para funcionar de forma adecuada; este combustible sufre en el interior del organismo una serie de transformaciones o procesos metabólicos para conseguir un correcto aprovechamiento de los alimentos ingeridos.

En la insuficiencia renal aparecen diversos cambios en los procesos metabólicos habituales del organismo que favorecen las alteraciones nutricionales de los pacientes.

El principal componente de la dieta son los *hidratos de carbono* o glúcidos (arroz, pasta, patatas, pan, azúcar, etc...). El metabolismo normal de los hidratos de carbono puede verse afectado en la insuficiencia renal (ej: escasa respuesta de la insulina), aunque, habitualmente, desde el punto de vista clínico, no se aprecia de forma evidente excepto en aquellas personas afectadas de diabetes.

Los *lípidos o grasas* son también imprescindibles para el organismo. En el caso de los pacientes que padecen insuficiencia renal se debe controlar la cantidad y la calidad de la grasa en la alimentación, ya que es frecuente la hiperlipemia (exceso de grasa en sangre).

El tercer componente habitual de la dieta son *las proteínas*, esenciales para mantener la estructura del organismo. En el paciente con insuficiencia renal puede haber tanto un déficit como un exceso de proteínas, según el estadio en que se encuentra la enfermedad. Será el especialista el que paute las cantidades adecuadas para cada individuo.

Los Minerales: Además de los hidratos de carbono, las grasas y las proteínas, en la dieta habitual encontramos otros componentes, imprescindibles para nuestro organismo y que también pueden presentar alteraciones en el curso de la insuficiencia renal.

SODIO (Na)

Posiblemente, el sodio (sal común, alimentos salados, etc.) es el mineral que se toma diariamente en mayor cantidad, variando de una persona a otra, e incluso en una misma persona, dependiendo de las circunstancias ambientales. Normalmente, la ingestión de sodio sobrepasa, en mucho, las necesidades mínimas.

El paciente con insuficiencia renal puede tener dificultad en la eliminación del exceso de sodio, lo que potencia la retención de líquidos y la aparición de edemas, la hipertensión arterial y la insuficiencia cardíaca. Por esta razón es aconsejable limitar la ingesta de sodio, incluso de manera más estricta si existe hipertensión arterial.

POTASIO (K)

Para mantener unos niveles constantes de potasio en el organismo, ha de existir un equilibrio entre la cantidad ingerida (frutas frescas y secas, hortalizas, legumbres, etc.) y la cantidad eliminada (más del 90 %) por el riñón. Los individuos que padecen insuficiencia renal, debido a la alteración de la capacidad de eliminación, suelen tener unos niveles de potasio elevados que pueden llegar a provocar alteraciones en los músculos y en el corazón. Esto obliga muchas veces a limitar su ingesta, al igual que pasa con el sodio.

FÓSFORO (P)

El fósforo es un elemento, que entre otras cosas, interviene en la síntesis ósea. Del fósforo que contienen los alimentos (productos lácteos, carnes, legumbres, etc.) se absorbe alrededor de un 70 % a través del intestino, eliminándose el 30 % restante en los ex-

crementos. Una vez en el organismo, su regulación es principalmente renal. Por tanto, a medida que avanza la insuficiencia renal, se aprecia un incremento progresivo de las cifras de fósforo circulante, por lo que suele ser aconsejable limitar su ingestión. Es difícil establecer una dieta pobre en fósforo sin padecer carencias de otras sustancias. Frecuentemente hay que recurrir a fármacos para mantener los valores adecuados de fósforo.

CALCIO (Ca)

Existe una estrecha relación entre el calcio y el fósforo. El calcio es un elemento que interviene en la constitución y en el desarrollo normal del esqueleto, así como en otros procesos del organismo. Una parte esencial del control del calcio se produce a nivel renal. Este control se puede ver alterado a medida que avanza la insuficiencia renal. Se aconseja que la ingesta de calcio sea aproximadamente de 1.400-1.600 mg/día.

AGUA

Además de los líquidos que bebemos, hay que tener en cuenta el agua que contienen los alimentos. Este contenido es variable; por ejemplo, es muy elevado en las frutas y verdu-

Las frutas, en general, presentan un elevado contenido en agua.

ras y es menor en la carne. Es importante recordar que algunas cantidades que pueden parecer pequeñas para individuos sanos, son importantes cuando el riñón no funciona adecuadamente.

En las fases avanzadas de la insuficiencia renal no es posible la perfecta regulación hídrica a través del riñón y es necesario un control estricto del líquido que se ingiere. Generalmente, se considera aceptable una ingesta de agua, o de cualquier otro líquido, de 500 ml (que aproximadamente supone las pérdidas extrarrenales en condiciones normales) más la diuresis habitual en 24 horas. Por ejemplo, si la cantidad de orina en 24 horas es de 500 ml, la cantidad de agua que se recomienda ingerir será igual a:

500 ml de la diuresis + 500 ml de las pérdidas = 1.000 ml de líquido a ingerir.

Recuerde que hay alimentos muy ricos en agua

Tratamiento dietético-nutricional

Existen muchos estudios que demuestran un claro incremento de la morbi-mortalidad en el paciente malnutrido. Por ello es muy importante el consejo dietético en los enfermos renales. Este consejo ha de ser individualizado pero con unas líneas comunes que pueden ser válidas para todos ellos como, por ejemplo:

a) La cantidad de proteínas y energía ha de ser suficiente para cubrir los requerimientos del organismo. Varios equipos de investigación sugieren que es correcta una ingesta de proteínas alrededor de 1,2 g/Kg/día, preferentemente de alto valor biológico, dependiendo del estado de la enfermedad.

b) En cuanto a los minerales, como se ha comentado anteriormente, al estar alteradas las vías de absorción habituales, pueden aparecer déficits o excesos de los mismos. Por tanto, es necesario adaptar su ingesta a los requisitos que se mencionan en este capítulo.

c) Se debe tener en cuenta el posible déficit de algunas vitaminas, principalmente hidrosolubles, que hay que complementar muchas veces mediante tratamiento farmacológico.

d) En pacientes con malnutrición severa hay que valorar la utilización de suplementos orales o endovenosos con aminoácidos y nutrientes energéticos.

Consejos para la preparación de alimentos

¿Cómo reducir el potasio de los alimentos y por qué?

Ya se apuntaba anteriormente que un exceso en la cantidad de potasio puede producir importantes trastornos. El potasio es un mineral que se encuentra en todos los alimentos en cantidades variables. Si tratamos los alimentos y los cocinamos de forma adecuada, podremos disfrutar de una alimentación correcta y variada.

El potasio se diluye en contacto con los líquidos, principalmente con el agua. Por tanto, el remojo y la ebullición permiten reducir la cantidad de este mineral. Si se corta el alimento en pequeños trozos, habrá una mayor superficie en contacto con el agua y la pérdida de potasio será superior. La doble ebullición elimina una mayor cantidad de potasio del alimento.

Remojo + doble ebullición = Reducción del potasio en el alimento, ligeramente superior al 50 % de su contenido inicial.

Recuerde que:

Una dieta adecuada es el complemento para tener un buen estado general y evitar un aumento peligroso de toxinas.

Las legumbres se desaconsejan en caso de no estar correctamente manipuladas, debido a su alto contenido en potasio. Después de ponerlas en remojo y someterlas a una doble ebullición, su porcentaje de potasio permite incluirlas en la dieta, combinando adecuadamente los alimentos a consumir durante el resto del día.

Ejemplo: 100 g de alubias en crudo contienen 1.300 mg de potasio. Con el remojo más la doble ebullición se consigue aproximadamente una reducción del 50 % del potasio. 1.300 mg de potasio - 50 % = 650 mg de potasio aproximadamente.

Siempre que sea posible se recomienda realizar la cocción en casa para controlar mejor el potasio. Ahora bien, si las legumbres se compran ya cocidas, se deben poner a hervir en agua entre 5 y 10 minutos. Si las legumbres se compran en conserva, se lavarán con abundante agua para eliminar el jugo que contienen, y a continuación se hervirán entre 5 y 10 minutos. En ambos casos hay que escurrirlas muy bien una vez finalizada la cocción y, si se desea, pueden saltearse con un poco de aceite.

En el caso de las frutas, se tendrá en cuenta que la mayoría de ellas suelen tener un alto contenido de potasio. Suelen ser un alimento atractivo y apetitoso, lo que puede dificultar su correcta elección. Al seleccionar las frutas se deberían valorar los miligramos de potasio que contienen. Asimismo, es importante recordar que la fruta es uno de los alimentos que contiene más agua. La fruta en compota, manipulada adecuadamente, tiene una menor cantidad de potasio.

Las frutas en almíbar se deben consumir sin jugo, ya que en él se concentra el potasio. Si se cocinan las frutas en el horno o en el microondas, como puede suceder con la manzana, la pérdida de potasio es prácticamente nula.

La mayoría de frutas son ricas en potasio.

Otras consideraciones referentes al potasio

Siempre que el alimento lo permita, es aconsejable remojarlo y someterlo a doble ebullición. Para conseguir una dieta variada es imprescindible reducir al máximo el potasio.

En caso de consumir conservas, se deben lavar y escurrir bien si el alimento lo permite, ya que el jugo de las conservas es rico en potasio.

Para conseguir que un rebozado o un pastel sea esponjoso se puede sustituir la levadura, muy rica en potasio, por claras de huevo a punto de nieve.

Utilice con moderación los ajos, el perejil y los condimentos, ya que su contenido en potasio es considerable.

La sal común no se puede sustituir por las llamadas sales de régimen, ya que éstas suelen ser sales potásicas. Asimismo, las pastillas de caldo y las sopas comerciales tienen un alto contenido en potasio y en sodio.

Los alimentos integrales (cereales, pan y harinas) tienen un contenido en potasio superior al de los productos refinados.

El paciente afectado de insuficiencia renal debe moderar el consumo de sal.

Cualquier producto deshidratado concentra el potasio y no permite ninguna técnica de cocción que favorezca la disminución de éste.

Si cocinamos al vapor, microondas u olla exprés, la pérdida es menor, ya que el contenido en líquido es menor en este tipo de cocciones. Si cocinamos al horno los alimentos pierden poco potasio, pero éste queda en el jugo de la cocción, por lo que nunca deberá reutilizarse. Siempre que sea posible se quitará la piel del alimento antes de cocinarlo para favorecer la pérdida de potasio.

Cómo controlar el sodio (sal)

El aumento de sal puede producir desde sed, más o menos intensa, hasta una importante retención de líquidos e incluso hipertensión. Por tanto, el consumo de sal variará de un paciente a otro.

Todos los alimentos contienen sodio en cantidades variables. Para un control adecuado se recomienda:

– No añadir sal común en el mo-mento de la cocción ni poner el salero encima de la mesa.

– Si se prescribe una dieta estricta se deberán evitar los siguientes alimentos: ahumados, jamón serrano, jamón cocido, patatas chips y otros aperitivos salados, extractos de carne, conservas, embutidos, carnes y pescados en salazón, aceitunas, margarinas, mantequillas con sal, pan (con sal), sopas comerciales, platos precocinados, aguas minerales bicarbonatadas, etc.

– Al igual que el potasio, el sodio también se diluye en el agua. Por tanto, si se remojan y hierven los alimentos también se reduce el sodio en la misma proporción, aproximadamente un 50 %.

– Para conseguir mayor sabor en los alimentos se puede sustituir la sal por hierbas aromáticas, gotas de limón y especias, con moderación, ya que pequeñas cantidades son suficientes.

– No se deberían usar sales de régimen para hipertensos ya que suelen ser sales potásicas. Existe una gran gama de productos especiales para pacientes hipertensos que no son válidos para personas afectadas de insuficiencia renal por ser ricos en sales potásicas.

Cómo controlar los líquidos

El control en la ingesta de líquidos depende de la diuresis residual conservada (cantidad diaria de orina), así como de la retención de líquidos o edemas.

Para una pauta adecuada en el consumo de líquidos puede ser útil medir la cantidad de orina eliminada en 24 horas. Se pueden consumir 500 cc de líquido, más la cantidad medida al verificar la orina eliminada. Ejemplo: orina diaria = 1 litro. Cantidad adecuada de líquidos = 1,5 litros.

No olvide que al hablar de líquidos no sólo se hace referencia al agua, también se incluyen el caldo, las sopas, la leche, el café, las infusiones, los jugos, etc. Resulta importante efectuar frecuentemente la medición de líquidos para no incurrir en un consumo excesivo.

Cómo reducir el agua de los alimentos

Se debe escurrir muy bien todo alimento que haya estado en contacto con líquidos, como las verduras, arroces y pastas. Si el alimento lo permite, como es el caso de la verdura, es muy útil saltearlo después de hervirlo y/o escurrirlo. Si la restricción es severa se controlarán los alimentos muy líquidos, como por ejemplo, sopas, jugos, helados, café con leche, caldos, yogures, cremas, etc. o se moderará su ingesta. Además, puede resultar útil sustituir el pan blanco por el pan tostado.

Para mitigar la sensación de sed es útil aumentar la salivación; para ello, se pueden utilizar rodajas finas de limón manteniéndolas en la boca. También se puede mascar chicle.

Los refrescos comerciales son ricos en azúcar y no quitan la sed. En caso de tomar refrescos es aconsejable que sean caseros, como por ejemplo, la limonada, el té frío, etc.

Cómo controlar el fósforo

El fósforo es un mineral que está presente en todos los alimentos, por lo que es muy difícil, a diferencia del sodio y del potasio, controlarlo exclusivamente a través de la dieta.

Se debe evitar consumir alimentos ricos en este mineral y, en caso de ingerirlos, hay que recordar que es muy importante tomar correctamente la medicación indicada por su nefrólogo.

Consejos de compra y consumo

En principio, la cesta de la compra de un paciente con insuficiencia renal no tiene por qué ser diferente de la del resto de la familia, pero deben hacerse pequeñas modificaciones que facilitarán la pauta alimentaria establecida.

No hay duda que un mínimo conocimiento de la composición de los alimentos, como su contenido en sodio, potasio, proteínas, etc., facilita al paciente con insuficiencia renal y a la persona que compra y cocina la planificación y elaboración de menús variados y apetitosos, que le ayuden a seguir una alimentación adecuada.

Otros alimentos

Exiten algunos alimentos que vale la pena conocer debido a su frecuente consumo en la alimentación cotidiana:

Las personas que padecen insuficiencia renal deben evitar el consumo de cerveza.

Recuerde que:

• Las bebidas refrescantes con gas son ricas en fósforo y, en muchas ocasiones, también en sodio.
• Los zumos de frutas son ricos en azúcar y potasio.
• Las cervezas, aunque sean sin alcohol, son ricas en potasio.
• Las tónicas y las bebidas de cola son ricas en azúcar, fósforo y potasio.

El consumo de embutidos debe ser moderado por su elevado contenido en sodio, potasio y fósforo.

EMBUTIDOS

Se debe tener presente que todos los embutidos tienen un alto contenido en sodio y otros minerales como el potasio y el fosforo. Se recomienda escoger productos de calidad ya que son, generalmente, los que contienen menos grasa y aditivos, a pesar de que su aporte en sodio, potasio y fósforo sigue siendo muy elevado. Son alimentos que deben consumirse con gran moderación y de forma compensada con el resto de la alimentación.

ACEITUNAS

Las aceitunas tienen un alto contenido en sodio. En caso de consumirlas, se recomienda lavarlas y/o remojarlas previamente para eliminar parte de este mineral.

FRUTOS SECOS

Las avellanas, las almendras, las nueces, los cacahuetes... son alimentos con un alto contenido en potasio, por lo que no se recomienda su consumo.

Recuerde que:

La alimentación del paciente con insuficiencia renal debe ser individualizada y adaptada a cada caso particular

En caso de consumirlos, hay que tener presente la necesidad de hacerlo con mucha moderación. Además, los frutos secos que se toman como aperitivo, como los cacahuetes salados, las almendras saladas, etc., tienen un alto contenido en sodio.

Los frutos secos dulces como las pasas, los dátiles, etc. tienen también un alto contenido en potasio y fósforo.

En la configuración de los siguientes menús se ha tenido en cuenta la variedad, ya que es interesante que toda la familia siga la misma alimentación que el paciente con insuficiencia renal a fin de que ésta no sea discriminatoria.

Se recomienda seguir las técnicas de remojo y cocción ya indicadas para reducir las cantidades de sodio, potasio y fósforo.

La cantidad de pan que puede consumirse al día se calcula aproximadamente en unos 40 g en cada comida principal (almuerzo y cena).

Las cantidades de alimentos ricos en potasio (verduras, legumbres, frutas) siempre serán moderadas. El total de alimentos dependerá de las características personales de cada individuo.

La cantidad de carne y pescado no debería sobrepasar los 100 g en cada una de las comidas; de todas maneras, éste es uno de los principales parámetros que el médico debería indicar, dependiendo de cada paciente.

Se aconseja consumir fruta fresca, siempre en pequeñas cantidades (aproximadamente 100 g de peso neto o 125 g de peso bruto) y con un bajo contenido en potasio. En caso de consumir fruta en almíbar o en compota la cantidad aconsejada es de 150 g peso neto en cada ración.

Ejemplos de desayunos y meriendas

Desayunos

Ejemplo 1
125 cc de leche
(1/2 vaso)
50 g de pan
15 g de mantequilla
30 g de mermelada

Ejemplo 2

1 yogur natural (125 cc)
4 tostadas (tipo biscote)
15 g de mantequilla
30 g de miel

Meriendas

Ejemplo 1
50 g de bizcocho casero
30 g de mermelada

Ejemplo 2
4 galletas tipo María
30 g de mermelada

Menú I

Comida Ensalada de zanahoria
Espalda de cordero al horno
con molde de arroz
Melocotón en almíbar

Cena Espirales de pasta con puntas
de espárrago al gratén
Pollo rebozado
Pera

Menú II

Comida Espaguetis con tomate natural
Lomo rebozado con judías verdes
Manzana

Cena Croquetas de pollo caseras con ensalada
Compota de pera

Menú III

Comida Arroz gratinado con salsa de tomate casera
y queso rallado (1 cucharadita)
Hígado encebollado
Melocotón

Cena Trigueros a la brasa
Tortilla francesa
c/ pan y tomate
Manzana al horno

Menú IV

Comida Cebollas tiernas con bechamel
Merluza a la vasca
Melocotón en almíbar (sin jugo)

Cena Ensalada verde
Hamburguesa con queso y flan de arroz
Compota de pera

Menú V

Comida Pasta gratinada
Ternera al horno con jardinera de verduras
Mandarina

Cena Espárragos con mayonesa casera
Merluza en salsa verde con arroz
Pera en compota

Alimentación y enfermedad celíaca

La enfermedad celíaca es un trastorno intestinal cuyo tratamiento se basa en un dieta exenta de gluten. Esta sustancia es una proteína que se encuentra en los siguientes cereales: trigo, cebada, avena y centeno y que les confiere propiedad panificable. Los celíacos presentan una intolerancia al gluten contenido en estos cereales, que les produce lesiones en las vellosidades del intestino delgado, afectando su capacidad para absorber los nutrientes de la alimentación.

La enfermedad celíaca puede manifestarse en cualquier edad, aunque acostumbra a detectarse durante la infancia. Una vez diagnosticada, el único tratamiento consiste en mantener una estricta dieta que excluya el gluten durante toda la vida, ya que la ingestión de pequeñas cantidades de este elemento provoca la una recaída. Se deben eliminar de la alimentación no sólo los alimentos a base de cereales que contienen gluten, sino también los productos procesados y las preparaciones precocinadas o cocinadas que lo contienen. Este hecho hace que se tengan que descartar ciertos productos de charcutería, condimentos, platos preparados, conservas e incluso algunos medicamentos.

Prevenir y tratar el estreñimiento

El estreñimiento es un trastorno muy frecuente en los países industrializados debido en parte al tipo de alimentación seguida (muy refinada,

CONTENIDO EN FIBRA DE ALGUNOS ALIMENTOS

ALIMENTO	RACIÓN (g)	FIBRA (g)	ALIMENTO	RACIÓN (g)	FIBRA (g)
Cereales, panes y pastas			Puerros	300	9,20
Cereales de salvado	40	12	Zanahoria	200	6
Muesli	50	4,40			
Arroz blanco	40	0,72	**Verduras crudas**		
Arroz integral	40	1,29	Berros	80	2,60
Maíz en grano	150	8,55	Endivias	80	1,76
Pan blanco	50	1,36	Escarola	100	1,60
Pan integral	50	4,25	Lechuga	80	1,22
			Tomate	1 mediano	1,5
Legumbres cocidas			Zanahoria	100	3
Alubias	30	7			
Garbanzos	30	6,84	**Frutas**		
Guisantes	30	4,9	Ciruelas	150	3
Judías	30	7,25	Fresas	100	3,10
Lentejas	30	3,54	Zumo de naranja	1 vaso	1
			Manzana con piel	125	3,02
Verduras cocidas			Manzana sin piel	125	2,7
Coliflor	200	8,30	Melocotón	125	2,85
Espinacas	300	18,54	Pera con piel	125	3,05
Granos de judías	150	12	Plátano	120	2,85
Guisantes finos	200	12	Uvas	20 unidades	0,6
Judías verdes	225	7,20	Uvas pasas	1/2 taza	3,1
Patatas sin piel	200	7			

Fuente: Asociación Americana de Dietética. 1986.

con poca fibra) y también como consecuencia del sedentarismo o de la progresiva reducción de la actividad física. El estreñimiento presenta mayor incidencia entre la población femenina adulta. En el estreñimiento, la carencia de residuos y la falta de hidratación hace que no exista el estímulo suficiente para activar el peristaltismo del intestino grueso, por lo que algunos desechos pueden permanecer durante varios días en una misma zona hasta que su volumen aumenta y fuerza el avance hacia la excreción aunque, en estos casos, el bolo fecal ya se encuentra seco y endurecido dificultando, en ocasiones, su expulsión. Una de las complicaciones más frecuentes del estreñimiento crónico es la formación de hemorroides debido a los esfuerzos musculares para evacuar los residuos intestinales. Para conseguir una excreción frecuente y sin dificultades es necesario que las heces (material de desecho) tengan cierto volumen y grado de humedad. No beber suficiente agua y tomar preparaciones líquidas favorecen los procesos de estreñimiento.

¿Qué es la fibra?

A lo largo de estos capítulos y en distintos apartados se ha ido definiendo el concepto de fibra como la porción no digerible ni absorbible que ingerimos con los alimentos, básicamente con los vegetales. El término fibra alude precisamente al carácter fibroso de esta sustancia, formada por largas y resistentes cadenas de carbohidratos.

Funciones de la fibra:

– Dar volumen y sensación de saciedad en la digestión.
– Incrementar el volumen del bolo fecal y activar el movimiento intestinal
– Prolongar el tiempo de digestión y modificar el grado de absorción de algunas sustancias nutritivas (grasas, azúcares, minerales y vitaminas).
– Una alimentación rica en fibra se relaciona también con una menor incidencia de enfermedades del colon.

Algunos consejos prácticos:

– Aumentar el consumo de fibra alimentaria mediante una mayor ingestión de cereales integrales, hortalizas, verduras, frutas y legumbres.
– Aumentar considerablemente la ingesta de agua.
– Consumir, incluso en casos de sobrepeso y obesidad, unas cantidades mínimas de aceite, sobre todo para el aliño. El aceite tiene, entre otras cosas, una función lubricante.
– El ejercicio físico habitual, en especial el que trabaja la zona abdominal, dinamiza y favorece los movimientos intestinales.
– Las bebidas frías o calientes tomadas en ayunas favorecen también el peristaltismo.
– No se debe reprimir el reflejo intestinal. Es importante conceder el tiempo necesario a esta última parte del proceso nutritivo, la evacuación.

EJEMPLO DE MENÚ RICO EN FIBRA Y LÍQUIDOS PARA COMBATIR EL ESTREÑIMIENTO

Desayuno: Leche con café. Kiwi, pan integral, mantequilla, mermelada de ciruela
Media mañana: Mandarinas o zumo de frutas
Comida: Garbanzos con espinacas, tortilla de espárragos, ensalada de tomate, pan integral, ciruelas
Merienda: cereales con fibra. Yogur
Cena: Sopa de verduras, pescado rebozado con guisantes salteados, cerezas

pale shrimp Zinged with limes + peppers

Olives in herbs and Olive oil

Vivid Summer Veg

La dieta mediterránea recupera recetas y alimentos tradicionales que durante mucho tiempo se han considerado demasiado humildes.

EL MODELO **ALIMENTARIO MEDITERRÁNEO**

El mar Mediterráneo, cuyo nombre procede del latín *medius* (en medio) y *terra* (tierra), se encuentra situado y encerrado entre tres continentes: Europa, Asia y África. Este mar, muy bien delimitado (actualmente por España, Francia, Italia, Eslovenia, Croacia, Yugoslavia, Albania, Turquía, Grecia, Malta, Israel, Siria, Líbano, Egipto, Túnez, Argelia y Marruecos), ha sido considerado históricamente la cuna de las grandes civilizaciones.

Durante los últimos años, se ha hablado y escrito mucho sobre la «dieta mediterránea» o alimentación de los mediterráneos, atribuyéndole un cierto poder protector frente a la aparición de algunas enfermedades, principalmente las enfermedades cardiovasculares o de la circulación de la sangre.

¡La dieta mediterránea está de moda! Pero, ¿se trata sólo de una moda, promovida por determinados intereses y campañas publicitarias, o podemos considerarla realmente un prototipo de alimentación saludable?

En primer lugar, es importante destacar que aunque se utiliza esta denominación genérica para hacer referencia a la alimentación tradicional de los países de la cuenca mediterránea, existen diferencias importantes en el perfil alimentario de las distintas zonas, justificadas por la situación geográfica, el clima, la producción, las tradiciones, el nivel de industrialización, la religión (polarizada básicamente en cristiana, al norte del mediterráneo y musulmana, al sur del mismo) y la mayor o menor influencia de otras tendencias alimentarias que no son propias de la cuenca mediterránea.

De todas formas, los aspectos comunes que caracterizan la alimentación de los distintos países son la producción y el consumo de unos determinados alimentos.

Los historiadores indican que el trípode en el que se sustenta la alimentación mediterránea está formado por el *aceite de oliva, el trigo y el vino*, aunque veremos que, a nivel nutricional, destacan más alimentos.

Para evaluar el contenido nutricional de la alimentación mediterránea consideraremos que está compuesta fundamentalmente por: fruta fresca, verduras y hortlizas, frutos secos, bastante pescado frente a un consumo no muy elevado de carnes, cereales, pan, pastas y arroz, legumbres secas, aceitunas y pequeñas can-

El aceite de oliva constituye uno de los pilares de la dieta mediterránea.

115

tidades de productos lácteos. Estos alimentos suelen estar preparados o aliñados con aceite de oliva y, según los casos, acompañados con aromatizantes y especias como el ajo, la pimienta, la canela, el comino, el romero, el tomillo, el laurel, el orégano..., que forman parte de platos y salsas. Con frecuencia, estas comidas se acompañan de cantidades moderadas de vino.

La cultura del aceite de oliva

Parece ser que el cultivo del olivo se remonta a unos 6.000 años y que se inició en la parte más oriental del Mediterráneo. Los griegos y los romanos difundieron su cultivo durante sus colonizaciones por toda la cuenca mediterránea.

De los 800 millones de olivos que se calculan aproximadamente en el mundo, más de 200 se encuentran en España y, de ellos, unos 130 millones se localizan en Andalucía. Esto supone que España aporta, aproximadamente, casi el 30 % de la producción mundial. El cultivo del olivo tiene también una gran importancia en Cataluña, sobre todo en las comarcas de Lleida y Tarragona. El aceite de oliva ha sido tradicionalmente la grasa utilizada en la elaboración y el aliño de las comidas mediterráneas así como uno de los alimentos clave y más emblemáticos de este tipo de alimentación, aunque no se puede decir que se trate de ninguna medicina natural, como alguno sectores han intentado hacernos creer.

Actualmente sabemos que la composición química del aceite de oliva le otorga un carácter y unas propiedades muy particulares. Es un aceite rico en ácidos grasos monoinsaturados, a los cuales se adjudica cierto papel protector frente a la prevención de trastornos relacionados con la circulación de la sangre. Otra de las ventajas del aceite de oliva frente a grasas vegetales y/o animales es su mayor resistencia a las temperaturas elevadas, hecho que lo convierte en el aceite más recomendable para las cocciones. Estas propiedades, así como también su riqueza en vitamina E (vitamina antioxidante), han conducido a las autoridades sanitarias a nivel mundial a recomendar la utilización de este aceite como grasa de adición, tanto para el aliño como para las cocciones.

Pero, ¿engorda más el aceite de oliva que los aceites de semillas? Todas las grasas, sean de origen animal o vegetal, proporcionan la misma cantidad de energía. Aproximadamente, 1 g de cualquier aceite o grasa proporciona 9 Kcal de energía. Por esta razón la cantidad a utilizar debe adecuarse siempre a las características individuales, debiendo reducirse su consumo en situación de sobrepeso u obesidad.

A diferencia de las restricciones que sobre este aceite se habían sugerido años atrás, actualmente la utilización de aceite de oliva no se desaconseja en el tratamiento de la diabetes, los niveles elevados de grasas en sangre (hipercolesterolemia), la hipertensión arterial, etc. Se recomienda moderación y/o reducción, como ya se ha mencionado anteriormente, en situación de sobrepeso.

De las olivas, característico fruto mediterráneo se extrae el aceite de oliva. Este producto en las últimas décadas ha sido recuperado por los principales dietistas y nutricionistas de todas las latitudes.

Los cereales, la base de la alimentación

El cultivo de trigo es común en toda la cuenca mediterránea. La elaboración de pan, tal y como se conoce hoy en día, se debe a los antiguos egipcios. Posteriormente se convirtió en un alimento habitual en el mundo griego y su consumo fue extendiéndose con el paso de los siglos. Si repasamos rápidamente la gastronomía más reciente de los países mediterráneos, encontraremos como característica común, entre otras, que el trigo o, mejor dicho, los productos elaborados con sus harinas, son la base de muchos de los platos tradicionales: pan (en sus distintas variedades), cuscús, pizzas, pastas alimenticias, tortas, migas, polenta...

En el siglo XV, el descubrimiento del Nuevo Mundo introdujo en la cocina mediterránea algunos de los que más tarde se convertirían en alimentos indispensables: la patata, el tomate, el maíz, los pimientos, las judías...

El arroz, así como muchas hortalizas y frutas, fueron traídas por los árabes de Indochina y se extendieron hacia el oeste a causa de las conquistas islámicas.

Las legumbres: judías, garbanzos, lentejas, habas y guisantes, probablemente la fuente más rica de proteínas de origen vegetal con un alto contenido en fibra, eran puestas a secar al sol y luego almacenadas para su consumo durante el invierno. Múltiples guisos a base de legumbres, patatas, arroz y sémolas, preparados con verduras y hortalizas, en los que la carne o el pescado representaban, más que un ingrediente, un condimento, se han convertido en preparaciones básicas de la gastronomía mediterránea.

La carne ha representado durante muchos siglos un lujo reservado para

las celebraciones religiosas. Ovejas y cabras, reinas del territorio mediterráneo, estaban consideradas como el más preciado tesoro por las comunidades rurales, ya que de ellas se obtenía leche para la elaboración de quesos, productos que en pequeñas cantidades complementaban la alimentación a lo largo del año.

El consumo de pan es muy habitual en los países mediterráneos.

El cerdo, alimento básico y alimento prohibido

Podríamos decir que el consumo de cerdo marca una línea divisoria muy clara que separa dos zonas en el Mediterráneo. El cerdo, así como sus derivados, es un alimento de consumo frecuente en los países del norte del Mediterráneo pertenecientes a las zonas cristianas, mientras que es considerado como no comestible e impuro por musulmanes y hebreos. El cerdo juega hoy en día un importante papel en la gastronomía del norte del Mediterráneo, aunque tradicionalmente se utilizaba más como condimento que como ingrediente principal. En los

117

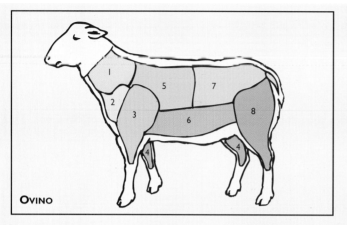

OVINO

1.- Pescuezo   4.- Garrones   7.- Chuletas de riñonada
2.- Pecho   5.- Chuletas de aguja   8.- Pierna
3.- Espalda   6.- Falda

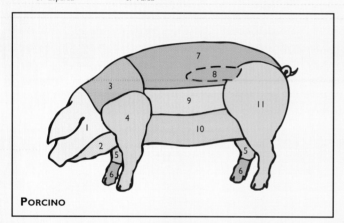

PORCINO

1.- Careta y orejas   5.- Codillos   9.- Costillar
2.- Papada   6.- Pies   10.- Panceta
3.- Chuletas de aguja   7.- Chuletas y lomo   11.- Jamón
4.- Paletilla   8.- Solomillo

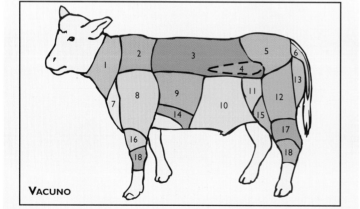

VACUNO

1.- Pescuezo   5.- Cadera   9.- Costillas   13.- Redondo   16.- Brazuelo
2.- Aguja   6.- Rabo   10.- Falda   14.- Bajada de pecho   17.- Culata de
3.- Lomos   7.- Pecho   11.- Babilla   15.- Rabillo de   contra
4.- Solomillo   8.- Espalda   12.- Contra   cadera   18.- Morcillos

últimos años, el cerdo se ha convertido en un alimento bastante desprestigiado, perseguido por el fantasma del colesterol. La carne de cerdo presenta un valor proteico muy parecido al de las otras carnes (ternera, buey, pollo), y la cantidad de grasa depende, en gran parte, de la pieza seleccionada. Por ejemplo, el lomo o la pierna son piezas relativamente magras frente a la panceta, el cuello o las costillas.

Por supuesto, también encontramos el pescado en la cocina mediterránea, sobre todo en las zonas directamente bañadas por este mar. En la trayectoria de nuestra cocina, se observan distintas especies y formas de preparar y conservar los frutos del mar. Parrillas y brasas suelen ser técnicas de cocción frecuentes, con aliño a base de aceite de oliva, especias y hierbas aromáticas. El pescado salado o macerado en aceite o vinagre, como los boquerones, el bacalao seco, las sardinas, las anchoas y los arenques son ingredientes de numerosos platos, aunque, a pesar de todo, el pescado, al igual que las carnes, queda en un segundo lugar frente a las proporciones y frecuencia en el consumo de farináceos, verduras, hortalizas y frutas.

Las recomendaciones actuales en relación a la recuperación de la dieta mediterránea potencian el consumo de pescado, tanto blanco como azul, frente al de carnes.

Es evidente que, como ya se ha mencionado, verduras, hortalizas y frutas juegan un papel crucial en la elaboración de la mayor parte de las preparaciones mediterráneas. Productos como la cebolla, el tomate, el ajo y, en ocasiones, el pimiento, son ingredientes imprescindibles en la mayoría de guisos.

Llamativas frutas, de vivos colores y formas muy diversas, naranjas y otros cítricos, higos, uva, sandía, melón, níspero, etc. se incluyen en la propuesta mediterránea, dando el toque final a las comidas principales, aunque se toman también en cualquier momento del día. Esta gran variedad de frutas y hortalizas aporta a la dieta mediterránea parte importante de su riqueza en vitaminas, sales minerales y fibra.

Los frutos secos, dulces y grasos

La presencia de toda clase de frutos secos, tanto dulces como grasos, se hace evidente en toda la gastronomía del Mediterráneo. Almendras, avellanas, piñones, nueces, así como ciertas semillas tostadas como frutos secos grasos y ciruelas deshidratadas, albaricoques secos o pasas, son utilizados en la preparación de platos y salsas, en aperitivos y en la elaboración de dulces, junto con la miel. Los árabes aportaron a la gastronomía mediterránea una gran riqueza de postres basados en la miel y los frutos secos. Los frutos secos son característicos de la dieta mediterránea, y sus propiedades nutricionales son realmente destacables.

Muchas veces, los frutos secos se relacionan sólo con determinadas semillas o frutos secos grasos, pero existen dos tipos: la fruta fresca que se somete a un proceso de desecación (ciruelas, higos, orejones...) y los oleaginosos o frutos con cáscara (almendras, avellanas, castañas, nueces, piñones, pistachos, pipas...). Es curioso el caso del cacahuete, una semilla leguminosa que forma parte del grupo de los frutos secos por su valor nutritivo.

Entre las principales características de estos alimentos figura la de ser ricos en grasas poliinsaturadas, estar exentos de colesterol, ser moderados en hidratos de carbono complejos y tener un interesante contenido en

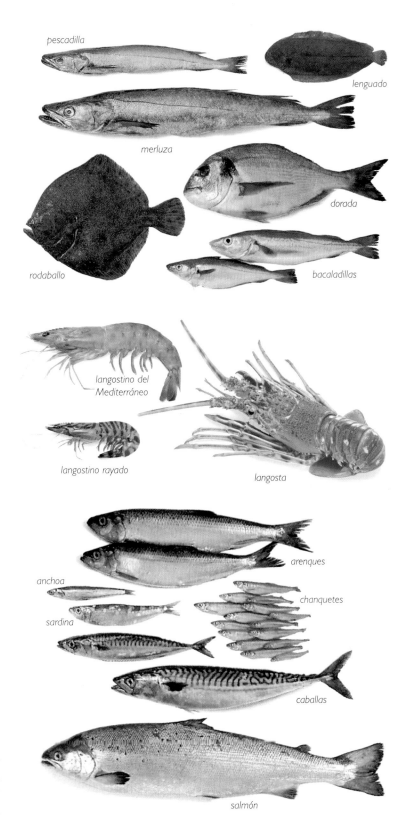

pescadilla

lenguado

merluza

dorada

rodaballo

bacaladillas

langostino del Mediterráneo

langostino rayado

langosta

arenques

anchoa

chanquetes

sardina

caballas

salmón

proteínas que, a pesar de ser de origen vegetal, son ricas en aminoácidos esenciales y pueden enriquecer el perfil proteico de la dieta.

Los frutos secos tienen un contenido muy bajo en agua, de entre un 5 y un 10 %, y son una importante fuente de minerales, potasio, calcio, fósforo, magnesio y hierro. Las vitaminas que contienen son principalmente del grupo B, así como liposolubles A y E, y ácido fólico. Los frutos secos tienen una importante cantidad de fibra alimentaria que ayuda a combatir problemas de estreñimiento y puede modificar la absorción de ciertas sustancias.

En los últimos años, diferentes estudios han demostrado los efectos

Los frutos secos se distinguen por su notable poder calórico y energético.

beneficiosos de la fibra en la salud y, además, se ha comenzado a valorar la riqueza de su aporte mineral. Una de las últimas investigaciones se realizó en la sección de lípidos del Hospital Clínic de Barcelona, en la universidad de Barcelona, en la de Reus y en la universidad de Loma Linda, en California. En los resultados, se afirmaba que comer cada día un puñado de frutos secos (nueces y/o avellanas) en sustitución de ciertas grasas, puede tener un efecto preventivo a nivel cardiovascular.

Del aperitivo a la cocina

Los frutos secos son típicos a la hora del aperitivo, pero es frecuente verlos integrados en la cocina tradicional, tanto en ensaladas como en primeros y segundos platos, sin olvidar los postres o las picadas.

FRUTOS SECOS OLEAGINOSOSY FRUTA SECA DULCE

Frutos secos oleaginosos	Energía (Kcal)	Proteínas (g)	Carbohidratos (g)	Lípidos (g)	Fibra (g)	Minerales						Vitaminas		
						K (mg)	P (mg)	Ca (mg)	Mg (mg)	Na (mg)	Fe (mg)	B₁ (mg)	E (mg)	Á.Fólico (g)
Almendras	620	20	17	54	14	800	470	250	250	6,0	4,2	0,23	24	70
Avellanas	675	15	6	66	5	500	74	46	33	11	0,9	0,2	21	275
Cacahuetes	637	23	26	49	10	700	375	60	175	9	2,4	0,8	8,5	110
Castañas	199	4	40	2,6	7	500	74	46	33	11	0,9	0,2	0,5	141
Nueces	660	15	15	60	2,4	690	510	61	130	3	2,4	0,3	0,8	200
Piñones	673,33	13	20,6	60	1	600	606	13.3	132	3	5,3	1,3	0,8	66
Pipas	597	22,3	14	50,2	5	640	608	100	387	2	6,4	1,9	49	- - -
Pistachos	581,16	17,64	11,55	51,6	10,6	1050	500	135	158	6	7	0,75	5,2	97
Fruta seca dulce														
Albaricoque	277	4,8	63,4	0,5	3	1600	120	80	60	26	2,1	0,01	0,11	22
Ciruela pasa	290	2,3	70	0,4	16	950	95	45	40	12	2,9	0,1	0,2	7,1
Dátil seco	306	2,2	73	0,6	9	750	64	68	59	5	1,6	0,07	0,04	21
Higo seco	275	4,2	62	1	19	983	116	170	72	17	3	0,16	0,12	9
Melocotón	280	3,5	65	0,5	3.5	1614	122	79	61	25	2,2	0,01	0,13	24
Uva pasa	324	3	75	1,3	7	630	110	40	36	52	2,7	0,1	0,08	27

CINCO REQUISITOS IMPRESCINDIBLES PARA QUE UN MENÚ SEA CALIFICADO DE MEDITERRÁNEO

1.- Ser cocinado y/o aderezado con aceite de oliva.

2.- Dar una mayor relevancia a los primeros platos frente a los segundos.

3.- Presentar primeros platos ricos en farináceos: legumbres, patatas, pasta y arroz, guisados con verduras y hortalizas y prácticamente sin productos cárnicos añadidos. Deben ser sabrosos y estar bien aderezados con hierbas aromáticas, especias y ajo.

4.- Servir segundos platos compuestos por una porción moderada de pescado, huevos o carne (cerdo, pollo, cordero o ternera), con una importante guarnición de vegetales, presentada en forma de vistosa ensalada variada.

5.- Ofrecer postres a base de fruta fresca, autóctona y de temporada, frutos secos y, en ocasiones, dulces a base de almendras y miel.

La almendra es uno de los frutos secos más empleados a nivel gastronómico, desde gazpachos hasta variedad de dulces, herencia de la gastronomía árabe, sobre todo los típicos de la época navideña (mazapanes o turrones). Dada su importancia en la dieta, un buen momento para el consumo es la hora del desayuno, por ejemplo mezclados con un yogur. También un puñado de frutos secos a media mañana o a media tarde se convierte en un aporte energético saludable para los deportistas o aquellas personas que realizan un importante gasto de energía diario. Son una sabia alternativa a las golosinas dulces consumidas por niños y adolescentes.

Algún inconveniente...

Las alergias a estos productos son bastante individualizadas; algunas personas pueden ser alérgicas sólo a un determinado fruto o semilla y no al resto. Son alergias que persisten y, quienes las padecen, deben prestar atención a los extractos de estos frutos que se utilizan en la elaboración de determinados alimentos y bebidas.

La fruta seca dulce tiene un valor nutricional muy diferente a la seca. Es mucho más rica en azúcares y prácticamente no contiene grasa. Asimismo, la cantidad de proteínas es menor. Es más rica en fibra y por ello se recomienda para combatir los problemas de estreñimiento. Su digestión, dadas sus características nutricionales, es mucho más ligera y por ello se considera un suplemento ideal en la dieta de los deportistas, incluso durante los episodios deportivos, ya que la gran cantidad de azúcares o glúcidos mantienen un correcto nivel de azúcar, no implicando una digestión larga ni pesada.

Recientemente, los frutos secos grasos (almendras, avellanas, nueces...) se han revalorizado como alimentos que deberían estar incluidos en las dietas recomendadas para la prevención de enfermedades cardiovasculares. Esto se debe, principalmente, a la composición química de sus grasas (básicamente poli y mo-

Cómo conservarlos

Los frutos secos, dado su elevado contenido en grasas, se ponen rancios con cierta facilidad. Este problema se retrasa si se compran con cáscara y se guardan siempre en un frasco de cierre hermético, en un lugar seco y oscuro.

CARACTERÍSTICAS NUTRICIONALES MÁS RELEVANTES DE LA ALIMENTACIÓN TRADICIONAL DE LA CUENCA MEDITERRÁNEA

1. Elevado contenido en vitaminas y minerales (frutas y verduras frescas).
2. Elevado contenido en fibra (verduras, hortalizas, legumbres y frutas).
3. Elevado contenido en hidratos de carbono complejos (legumbres, patatas, arroz, pasta, pan).
4. Bajo contenido en grasas de origen animal.
5. Elevado contenido grasas en de origen vegetal (frutos secos y aceite de oliva).
6. Adecuada cantidad de proteínas de buena calidad (carnes, pescados, huevos, legumbres y frutos secos).

noinsaturadas). Al ser de origen vegetal, estos alimentos no tienen ningún tipo de colesterol.

El vino

El vino es una de las bebidas características de la dieta mediterránea. Toda la cuenca mediterránea cuenta con vinos autóctonos. La historia habla del vino desde los albores de los tiempos. Recordamos, a través del Antiguo Testamento, infinidad de pasajes donde el vino está presente de manera notable: Noé al bajar del arca, Abraham en el sacrificio de Isaac... Más adelante, ya en el Nuevo Testamento, esta bebida alcanza una simbología divina. El vino ha estado presente en nuestra historia en la mayoría de comidas y eventos sociales.

¿Es saludable el vino?

Los problemas derivados de su excesivo consumo han generado una constante polémica. Sin embargo, recientes estudios parecen indicar que su ingesta moderada puede incluso relacionarse con ciertos efectos protectores frente a las enfermedades cardiovasculares y algunos cánceres.

El vino tinto contiene unas sustancias llamadas compuestos fenólicos que tienen una acción antioxidante. Parece ser que estas sustancias actúan sobre las LDL lipoproteínas (colesterol malo, capítulo 5) relacionadas con la formación de placas de ateroma.

Se hace muy difícil aconsejar como medida profiláctica y terapéutica el consumo de una bebida alcohólica de forma moderada pero sistemática, sobre todo en nuestro país, donde ciertas regiones y sectores muestran un consumo elevado. Aunque tampoco existe ninguna razón para privar del placer de un buen vaso de vino a un bebedor moderado.

¿Qué es el consumo moderado?

Generalmente, se considera que 40 g de alcohol al día (1/2 l) para el hombre y 20 g (1/4 de litro) para la mujer son cantidades perfectamente metabolizables, que, como se ha dicho anteriormente, pueden tener incluso efectos beneficiosos si no se padece ninguna enfermedad o no existe ninguna razón particular que lo desaconseje. De todas formas, el nivel de toxicidad depende de la complexión corporal, de la edad, del estado de salud o de alimentos asociados a esta bebida.

ALGUNOS PLATOS Y PREPARACIONES ACTUALES, TÍPICAMENTE MEDITERRÁNEOS

• Cocas, tortas y pizzas. Con una base de pan, salsa de tomate, verduras tales como alcachofas, berenjenas, pimiento, etc. y pequeñas porciones de pescado, atún y anchoas o de carne, jamón o embutidos. Aderezadas habitualmente con aceitunas, orégano o albahaca.

• Pan con tomate, pan con tapenada, pan de berenjenas, pan de cebolla y pimiento verde, pan de higos, pan de almendras, pan con azúcar y vino tinto, pan con piñonada (miel y piñones). En estas preparaciones, habituales en desayunos, meriendas, postres o guarniciones, el pan, acompañado de un producto vegetal típicamente mediterráneo, es el ingrediente principal.

• Guisos de caza, conejo, caracoles, bacalao, cordero y cerdo con abundante patatas y verduras, cocinados a fuego lento en una cazuela de barro que les proporciona un sabor y un carácter especial.

• Pescados fresquísimos asados a la brasa, con el único aderezo de un sabroso aceite de oliva y, a lo sumo, rociados con una gotas de limón y espolvoreados con ajo y perejil fresco o alguna hierba aromática.

• Arroces y fideuás, cuyos ingredientes añadidos a una base de arroz o pasta son los típicos y de fácil disponibilidad, ya sean de tierra adentro, como los caracoles, el conejo y las verduras o de zona costera como los pescados y los mariscos.

• Pucheros y calderetas, donde tienen cabida los alimentos autóctonos y de temporada, tales como los vegetales, las patatas, las legumbres, la pasta o el arroz, como los mariscos y los pescados (muchas veces de roca por su inigualable sabor) o el cerdo, los embutidos y el cordero, en una sabia combinación.

• Postres a base de frutos secos, miel, vinos dulces y, ocasionalmente, quesos frescos de oveja y cabra y cuajadas.

Las personas que realizan ejercicio físico de manera habitual deben seguir una dieta equilibrada y variada.

ALIMENTACIÓN Y ACTIVIDAD DEPORTIVA

Cada día son más los deportistas y las personas que trabajan su físico que se interesan por la alimentación. Pero también es verdad que la desinformación es grande, que los conceptos no están muy claros y que todo el mundo se atreve a dar consejos sobre esta o aquella «dieta», este o aquel producto o suplemento milagroso.

De hecho, la alimentación del deportista no varía demasiado de una alimentación equilibrada. El deportista tiene algo aumentadas las necesidades energéticas, es lógico, su gasto es mayor y se debe equilibrar con una mayor ingesta, tanto de vitaminas como de minerales, dado el desgaste que el propio esfuerzo deportivo implica. Ello no

es, en la mayoría de los casos, motivo para programar la alimentación del deportista de una manera muy diferente a la de la población en general. Cada caso y cada disciplina deportiva, en concreto, perfilará a partir de una alimentación equilibrada, los posibles suplementos o requisitos más adecuados para cada deportista.

Consideraremos deportista a la persona que practica una disciplina deportiva con entrenamiento diario de, al menos, una hora. A partir de este patrón, las personas que realicen ejercicio físico habitualmente, adecuarán su alimentación al clásico concepto de alimentación equilibrada, prestando especial atención a la hidratación.

Los deportistas ven aumentadas sus necesidades energéticas, por lo que su alimentación debe ser rica en vitaminas y minerales.

Dar a la alimentación la importancia que merece

Hay que tener muy claro que el deportista depende, mayoritariamente, de su físico. Ya puede tener la técnica más sofisticada, los materiales más ligeros o el utillaje más moderno, que todo ello valdrá de poco si el cuerpo no está en plena forma. Pocas cosas, por no decir ninguna, influyen más sobre el rendimiento deportivo que la alimentación. La importancia del entrenamiento es mucha, pero éste tampoco será efectivo si no va acompañado de una alimentación adecuada.

Coste energético de los diferentes tipos de ejercicio físico

Un adulto sano, con una actividad física mínima, tiene unas necesidades calóricas aproximadas que oscilan entre unas 2.000/2.500 Kcal/día, en el caso del hombre y entre 1.600/2.000 Kcal/día en el caso de la mujer.

Se calcula que cada hora de ejercicio físico de cierta intensidad incrementa el gasto energético en unas 500/1.000 Kcal, dependiendo del tipo de ejercicio, del entrenamiento previo y de la intensidad del mismo.

Partiendo de la base de que el deportista necesita una cantidad y variedad importante de alimentos, ya que la energía que precisa para desarrollar su actividad deportiva es intensa, vamos a ver cómo estos alimentos deben escogerse de acuerdo con unos criterios básicos.

Es importante conocer las funciones principales que dichos alimentos, a través de los nutrientes que contienen, desempeñan en el organismo.

Los alimentos proporcionan energía, la energía necesaria para desarrollar las funciones que las diferentes actividades requieren. Dicha energía se cuantifica en Kcal, es decir, un alimento muy energético es aquel que proporciona muchas calorías.

El deportista, generalmente, desarrolla una actividad intensa por lo que su alimentación será seguramente alta en calorías. Esto varía mucho en función del tipo de deporte y la intensidad y duración de la práctica del mismo. De hecho, no tienen los mismos requerimientos energéticos los jugadores de golf que los esquiadores o los lanzadores, por citar tres deportes bien diferentes.

Los alimentos proporcionan energía, o lo que es lo mismo, «combustible». Pero este «combustible» puede ser de diferente tipo o tener un rendimiento específico. Por ello deben conocerse las funciones principales de los diferentes nutrientes (véase capítulo 2).

Pautas generales

La alimentación del deportista debe tener su base en los alimentos feculentos como son la pasta, el arroz, el pan, las legumbres y las patatas (nutriente de referencia: hidratos de car-

Se calcula que cada hora de ejercicio físico supone un incremento energético de entre 500 y 1.000 Kcal.

COSTE ENERGÉTICO DE DISTINTOS TIPOS DE EJERCICIO FÍSICO

Actividad	Kcal/hora aprox. Deportista de 60 kg.	Deportista de 90 kg.	Actividad	Kcal/hora aprox. Deportista de 60 kg.	Deportista de 90 kg.
Marcha			**Carrera**		
Caminar a 3 km/h	175	285	7,5 km/h, terreno llano	535	890
Caminar a 5 km/h	260	425	9,5 km/h, terreno llano	650	1.140
Subir escaleras	870	1.420	12,5 km/h, terreno llano	780	1.270
Bajar escaleras	335	545	12,5 km/h, pendiente del 2,5%	910	1.480
			12,5 km/h, pendiente del 4,5%	960	1.565
Baloncesto			16,5 km/h, terreno llano	985	1.610
Intensidad moderada	350	575			
Intensidad elevada	495	810	**Patinaje**		
			Intensidad moderada	285	465
Ciclismo			Intensidad elevada	510	835
8 km/h	250	410			
18 km/h	535	875	**Esquí**		
			Alpino	485	790
Piragüismo			Fondo 7 km/h	585	956
5,5 km/h	350	565			
			Squash	520	850
Rugby	415	680			
			Natación		
Balonmano			Braza, 18 m/min	240	390
Intensidad elevada	490	800	Braza, 36 m/min	480	785
			Mariposa	585	955
Montar a caballo			Crawl, 18 m/min	240	1.565
Al paso	165	270	Crawl, 45 m/min	532	870
Al trote	340	550	Espalda, 18 m/min	195	315
			Tenis		
Alpinismo	500	820	Intensidad moderada	345	565
			Intensidad elevada	470	800
Fútbol	450	730	**Voley**		
			Intensidad moderada	285	465
Remo			Intensidad elevada	490	800
Recreo	250	410			
Competición	685	1.115	Lucha libre, judo, kárate	645	105

Fuente: J. Salas / A. Bonada / R. Trallero / M. Engracia, Nutrición y dietética clínica.

bono complejos) y ser rica en verduras y hortalizas frescas (nutrientes de referencia: vitaminas y minerales).

No se debería abusar de los alimentos proteicos, tales como carnes, pescados y huevos (nutriente de referencia: las proteínas). Se recomienda utilizar aceites vegetales, como el de oliva, girasol, etc., como principal fuente de aporte de grasas. Deberían incluirse en la alimentación diaria dos o tres tomas de fruta fresca, de temporada, para asegurar el aporte de vitaminas, así como tres tomas de lácteos bajos en grasas para el correcto suministro de calcio.

Hay quien cree que los alimentos proteicos, por su importancia en la conservación y formación de la masa muscular, deben ser la base de la alimentación del deportista. Éste es un error muy común en este colectivo. Un exceso de proteínas puede desencadenar problemas importantes: sobrepeso, deshidratación, sobrecarga renal y hepática, elevados valores de colesterol, de ácido úrico...

Los hidratos de carbono complejos llegan a través de alimentos tales como cereales (pasta, arroz, pan...), legumbres, patatas, etc. Una vez digeridos estos alimentos, pasan al torrente sanguíneo en forma, mayoritariamente, de glucosa y, a través

Una dieta rica en hidratos de carbono garantiza unos niveles óptimos de glucógenos.

de la sangre, llegan al hígado y al músculo para utilizarse o almacenarse en forma de glucógeno.

La cantidad de glucosa circulante en sangre es limitada, por eso, cuando se sobrepasa la cantidad necesaria y una vez llenos los depósitos de glucógeno, la glucosa sobrante se convertirá, mayoritariamente, en grasa.

Energía muscular y fatiga

Los músculos son el «motor» que permite transformar la energía que llega a través de la alimentación en el movimiento mecánico a realizar. Un correcto programa alimentario combinado con un buen entrenamiento son la clave para obtener el máximo rendimiento y además retrasar la sensación de fatiga.

Existen dos tipos de fibras musculares, unas, denominadas de contracción lenta y otras, de contracción rápida. Las de contracción lenta son las más utilizadas, pues son mucho más eficaces al tener la posibilidad de usar, como combustible, tanto los hidratos de carbono como las grasas. Las fibras de contracción rápida son, por otra parte, menos eficaces a largo

plazo, pues utilizan, principalmente, el glucógeno muscular de reserva como combustible. Estas últimas se utilizan sobre todo en los «sprints» y en deportes intensos de corta duración.

El glucógeno (reserva de glucosa) y los triglicéridos (grasas) que se encuentran en los músculos son combustibles que pueden ser utilizados para obtener energía y permitir que se ponga en marcha la maquinaria muscular.

Durante una actividad vigorosa e intensa, la principal fuente energética procede del glucógeno, pero cuando hay un trabajo muscular largo y duradero, aquél se acaba y entran en juego las grasas, convirtiéndose en la principal fuente de energía para el músculo.

Las grasas son básicas como reserva energética pero son menos eficaces que los hidratos de carbono como fuente de energía.

Varios consejos prácticos pueden ayudar a mejorar estos procesos. El glucógeno muscular es la principal fuente de resistencia durante los primeros 70 a 90 minutos de ejercicio físico al 70 % de rendimiento, pero un correcto entrenamiento, adoptar un ritmo de ejercicio razonable a las características del deportista y un completo y correcto programa alimentario son básicos para poder prolongar el tiempo de esfuerzo antes de que llegue la sensación de fatiga, en el argot deportivo denominada «pájara».

Una alimentación óptima ayudará a mantener un nivel adecuado de reservas de glucógeno muscular y permitirá prolongar durante más tiempo unos niveles correctos de azúcar en sangre. Ahora bien, todo este proceso tiene un límite, llega un momento en el cual es inevitable que aparezca la sensación de agotamiento o fatiga.

El tipo de alimentación que se realiza va a influir muy directamente en las reservas de glucógeno muscular. Si la alimentación es rica en hidratos de carbono complejos, las reservas serán mayores que si, a igual valor energético, la alimentación es baja en glúcidos.

Un programa correcto de entrenamiento y alimentación pueden aumentar notablemente los depósitos de glucógeno, permitiendo, por lo tanto, un mayor almacenamiento de éste y, en consecuencia, un mejor rendimiento.

Es importante que el deportista sea consciente de que una alimentación baja en hidratos de carbono puede ser la causa de una fatiga temprana que aparece como un agotamiento precoz del glucógeno muscular.

Si una dieta contiene, de forma habitual, un porcentaje escaso de hidratos de carbono, el glucógeno muscular es insuficiente para mantener un entrenamiento de calidad. Existe una relación directa entre el contenido de glucógeno muscular antes de la actividad física y el tiempo de aparición de la fatiga durante un ejercicio físico intenso y prolongado.

Una persona que no practica habitualmente ningún tipo de ejercicio físico puede presentar una concentración de glucógeno muscular entre 80 y 100 mmol/kg de músculo. Personas entrenadas que consumen una dieta con un 45-50 % de hidratos de carbono pueden presentar concentraciones de glucógeno muscular que oscilan entre los 130 y 135 mmol/kg de músculo. Si estos deportistas interrumpen el entrenamiento, pero a la vez continúan con una alimentación rica en hidratos de carbono, el glucógeno muscular puede aumentar hasta 170-180 mmol/kg. Si durante este período de descanso físico se aumenta la ingesta de carbohidratos hasta un 70 %, las reservas musculares de glucógeno pueden ser superiores incluso a 210 mmol/kg de músculo.

Aumento de las reservas de glucógeno muscular

Como se ha dicho anteriormente, los depósitos de glucógeno son limitados pero hay una técnica, llamada *carboloading* (o técnica de sobrecarga de carbohidratos), empleada por algunos deportistas de resistencia, que permite un almacenamiento considerablemente mayor de este preciado «combustible». De esta técnica, como de la mayoría de estrategias en el campo de la alimentación deportiva, encontramos adeptos y también detractores.

Los pasos a seguir son los siguientes:

En primer lugar, entrenamiento regular, por lo menos, tres veces por semana y con una duración mínima de dos horas. Este ritmo de entrenamiento permite que se vacíen las reservas de glucógeno. La comida siguiente al episodio deportivo intenso debe ser rica en hidratos de carbono complejos, para llenar de nuevo los depósitos. Se trata de ir aumentando, fisicamente, las reservas de glucógeno para que éstas sean cada vez mayores.

En segundo lugar, los tres días anteriores al evento deportivo se disminuye el ritmo de entrenamiento y se aumenta todavía más el consumo de alimentos ricos en carbohidratos complejos.

Esta técnica hace que los depósitos de glucógeno estén cargados al máximo. Estos depósitos, previamente ampliados, gracias al entrenamiento y a la alimentación seguidos los días

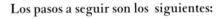

Una adecuada alimentación evita la aparición de la fatiga temprana en el deportista. Los hidratos de carbono son fundamentales para evitar dicha fatiga.

EJEMPLO DEL MENÚ PARA ASEGURAR CONCENTRACIONES MÁXIMAS DE GLUCÓGENO EN UN ATLETA DE LARGA DISTANCIA

Desayuno

1 vaso de zumo de naranja natural (250 ml)
1 ración de cereales (40 g) con un vaso de leche
    desnatada (200 ml)
1 plátano (200 g)
2 tostadas (15 g) con mantequilla (10 g) y mermelada
    (30 g)

Comida

1 ensalada de lechuga o escarola con tomate, cebolla,
    pepino, etc. (250 g)
1 cucharada de mahonesa (10 g)
pollo, pavo o conejo (150 g)
2 rebanadas de pan (60 g)
1 vaso de zumo de naranja natural (250 ml)
1 manzana (200 g)
queso tipo mozzarella (50 g)
1 sorbete de limón (100 g)

Merienda

1 manzana, naranja, melocotón, etc.
    (200 g)
1 vaso de leche desnatada (200 ml)
8 galletas (60 g)

Cena

150 g de verdura fresca (brécol, coliflor, etc.) con
    patatas (200 g)
2 cucharadas de postre de mantequilla o cantidad
    equivalente de aceite (20 g)
4 rebanadas de pan (120 g)
1 plato de espaguetis (100 g) a la boloñesa (60 g de
    carne, 60 g de tomate frito)
1 helado (100 g) con fresas naturales (100 g)

Complementos alternativos*
Cereales (en barritas, copos, etc.)

Aporte

Este menú aporta, aproximadamente, 3 300 kcal., de las
que el 62% son suministradas por los hidratos de
carbono, el 21,5% por los lípidos y el 16,5% por las
proteínas.

Los pesos se expresan en crudo, sin cocinar.
*Los complementos alternativos no están
contemplados en el cómputo total. Su inclusión
incrementará el aporte de hidratos de carbono y,
por tanto, la energía.

Fuente: J. Salas / A. Bonada / R. Trallero / M. Engracia, Nutrición y dietética clínica.

anteriores, prolongarán el tiempo de utilización de este combustible ideal y retrasarán la combustión de las grasas.

Durante el desarrollo físico prolongado y en condiciones físicas ambientales de mucho calor y humedad, la fatiga puede sobrevenir antes de que se agoten las reservas de glucógeno. Evitar este tipo de fatiga supone, en primer lugar, vigilar la hidratación antes, durante y después del ejercicio físico.

¡Hidratación, muy importante!

Uno de los errores más frecuentes del deportista es no reponer adecuadamente las pérdidas de líquidos derivadas del propio ejercicio físico.

El cuerpo humano está continuamente perdiendo líquido. En condiciones normales una persona adulta pierde, al día, alrededor de 2,5 litros de agua. De esta cantidad, aproximadamente, medio litro se pierde por la sudoración. El resto se elimina a través de la respiración, en forma de vapor de agua, por la orina y por las heces. Esta pérdida continua de agua debe reponerse, y esto se hace a través de la alimentación (la mayoría de los alimentos son muy ricos en agua), y a través, naturalmente, de las bebidas.

En el caso del deportista, las pérdidas hídricas son mayores pues la sudoración y la respiración, vías de pérdida de agua, son más intensas.

Cuando se trata de un deporte al aire libre, puesto que el aire provoca una rápida evaporación del sudor de la piel, la pérdida es aún mayor y, lo que es más grave, la percepción de sudoración puede ser menor y dar la falsa sensación de que la pérdida de líquidos no es tan intensa.

¡La sed debe prevenirse!

Durante la práctica del ejercicio físico intenso, la sensación de sed aparece cuando ya se ha iniciado el peligroso proceso de deshidratación. Se estima que cuando empieza a aparecer la primera sensación de sed, el cuerpo ya ha «sudado», aproximadamente, un 1 % de su peso corporal.

Si un deportista pierde más del 2 % de su peso (1,4 kg en un individuo de 70 kg) por deshidratación, se calcula que su rendimiento físico puede disminuir hasta un 20 %. Si la deshidratación continúa, los problemas aumentan en rápida progresión negativa y a partir del 8 % de deshidratación pueden producirse el llamado «golpe de calor» o *heat stroke* así como el «agotamiento por calor» o *heat exhaustion*, que pueden llegar a ser mortales de no ser tratados rápida y adecuadamente.

Es necesario beber lo suficiente antes de comenzar el ejercicio físico, para iniciar dicho ejercicio con una adecuada hidratación.

A la población en general se le recomienda que por cada caloría ingerida beba, aproximadamente, 1 cc o ml de agua. Así, una dieta de 2.000 calorías requerirá, aproximadamente, dos litros de agua. De estos dos litros, los alimentos de la propia dieta (frutas, verduras, sopas, etc.) aportarán, aproximadamente, la mitad, con lo que la necesidad de agua bebida será de un litro.

Como se ha dicho anteriormente, el deportista, por tener las pérdidas de agua aumentadas, requiere una mayor reposición de la misma. Dicha reposición debe ser muy frecuente, en pequeñas cantidades, unos 150 cc y

Durante la práctica de ejercicio físico se deben reponer líquidos frecuentemente.

con un intervalo de 10 a 15 minutos. Con ello se asegura que las pérdidas hídricas sean rápidamente repuestas.

¿Agua y algo más...?

A través de la sudoración no sólo se pierde agua sino que a la vez el cuerpo pierde una serie de electrolitos (cloro, sodio, potasio, calcio, magne-

---

NORMAS GENERALES DE HIDRATACIÓN

Pautas básicas de hidratación:

• La bebida debería tomarse a una temperatura entre 10 y 15 °C.
• Es preferible que el agua o la bebida sea sin gas, ya que éste puede retrasar la absorción.
• Durante el ejercicio físico la reposición de líquidos debería ser frecuente, cada 15 o 20 minutos, en volúmenes pequeños, de 100 a 150 cc.
• Es importante una pre-hidratación para empezar el episodio deportivo con los niveles hídricos óptimos.
• Asimismo, un deportista puede tardar entre 12 y 24 horas en reponer todo el líquido perdido durante la competición o evento deportivo intenso. Por ello es muy importante la rehidratación posterior.
• Las bebidas isotónicas no siempre están justificadas en los episodios deportivos cortos. Para éstos, la bebida más adecuada suele ser el agua.

sio), y vitaminas. La falta de electrolitos no es un problema cuando el ejercicio físico dura menos de una hora, ya que una pieza de fruta o un zumo reponen perfectamente las pérdidas causadas por la sudoración. Por ejemplo, un vaso de zumo de naranja natural repondrá todo el potasio perdido a través de 2-3 litros de sudor.

En episodios deportivos puntuales y cortos, el agua natural y fresca, a una temperatura menor a la ambiental (entre 10 a 15 °C), es, para muchos especialistas, la bebida más idónea, y la que el cuerpo absorbe mejor y más rápidamente. Cuando el ejercicio físico es intenso, y en condiciones de altas temperaturas y humedad elevada, son interesantes los preparados isotónicos que, además de reponer agua, aportan los electrolitos perdidos a través del sudor, principalmente sodio y potasio. Estas bebidas contienen también azúcares, en forma de polímeros de glucosa (maltodextrinas). Estos azúcares pasan rápidamente al torrente sanguíneo. En ejercicios prolongados (más de 60 minutos) son eficaces para evitar el agotamiento o la temida «pájara».

En el ejercicio de competición de corta duración se priorizan las bebidas isotónicas con bajo contenido en carbohidratos, aproximadamente 5-6 %, mientras las preparaciones especiales, en el caso de ejercicios de larga duración, suelen tener una mayor concentración de azúcares, aproximadamente entre un 10 a un 15 %.

Antioxidantes

Los radicales libres son moléculas o fragmentos de moléculas que poseen un electrón no apareado, lo que las hace muy reactivas, siendo ello la causa de su toxicidad.

El deportista, dado el ejercicio físico intenso que desarrolla, tiene un consumo de oxígeno más elevado que un individuo sedentario. Ello favorece una mayor formación de radicales libres.

La oxidación provoca un envejecimiento celular que puede ser causa de daños celulares y de múltiples problemas degenerativos. Estos radicales libres deben ser neutralizados lo antes posible para evitar consecuencias nocivas.

Hay una serie de sustancias que actúan como potentes antioxidantes, neutralizando los radicales libres. Se recomienda al deportista tenerlos en cuenta y favorecer su ingesta. La naturaleza, a través de la alimentación, los aporta de una manera natural. También existen preparados farmacológicos, que deben ser empleados siempre bajo control del especialista.

Veamos algunos ejemplos de antioxidantes presentes de manera natural en algunos alimentos:

Vitamina E (tocoferol). Presente en el aceite de oliva virgen, huevos y frutos secos.
Vitamina C (ácido ascórbico). Presente en cítricos, frutas en general, tomate, verduras crudas...

Cuando el ejercicio físico supera los 60 minutos, los preparados isotónicos reponen los electrolitos perdidos a través del sudor.

Vitamina A (B-carotenos). Presente en zanahorias, tomates, frutas y verduras de color rojo/anaranjado, hígado...

Zinc. Presente en carnes, huevos, levadura de cerveza, champiñones...

Selenio. Presente en cereales completos, cebolla, espárragos, levadura de cerveza, productos lácteos...

Suplementos dietéticos en la alimentación del deportista

La utilización de complementos alimentarios para mejorar el rendimiento físico, o las llamadas sustancias ergogénicas, se remonta ya a los antiguos romanos que bebían sangre de león para tener más fuerza y coraje. Algunos suplementos usados actualmente no tienen mucha más garantía de éxito de la que disponían los complementos que tomaban nuestros antecesores.

Existe una larga lista de productos, la mayoría de los cuales presentan, básicamente un efecto placebo, es decir, que actúan más por la fe que se tiene en ellos, que por la efectividad real sobre el organismo. Se calcula que el efecto placebo funciona en un 35 % de los casos.

Algunas sustancias frecuentemente utilizadas por los deportistas

• Carnitina

Fue muy popular en 1982, cuando la selección nacional de Italia ganó el Campeonato Mundial de Fútbol, atribuyéndole a dicha sustancia propiedades «milagrosas».

La carnitina es una molécula que se encuentra en el organismo y cuya misión es la de aumentar el uso de los ácidos grasos de reserva, permitiendo, por lo tanto, una mayor duración del ejercicio realizado antes de llegar al agotamiento.

Las verduras son ricas en antioxidantes.

A la vista de los resultados obtenidos por los futbolistas y teniendo en cuenta que actúa como molécula «come grasa», fue considerada la gran panacea, sobre todo para los deportistas de larga resistencia, que practican deportes de larga duración y que requieren un importante esfuerzo físico como es el caso del ciclismo, natación, esquí de fondo, etc.

Estos resultados no han sido confirmados por posteriores investigaciones, y todavía no se han estudiado suficiente para conocer cuáles pueden ser los efectos secundarios de este suplemento.

• Cafeína

El uso de cafeína es un tema muy controvertido, ya que la gran variedad de efectos producidos en los diferentes deportistas no permite llegar a conclusiones seguras y claras.

La cafeína estimula la secreción de adrenalina, lo que acelera a su vez la liberación de ácidos grasos que están almacenados en las reservas lipídicas, hacia el torrente sanguíneo. Esto permite que durante los primeros momentos del evento deportivo haya otro material energético además del

Elevadas cantidades de cafeína pueden producir efectos indeseados en el deportista.

glucógeno y, por lo tanto, las reservas musculares de glucosa duren más, retrasando la aparición de las tradicionales y tan temidas «pájaras».

Parece ser que con dos tazas de café ya pueden notarse estos efectos, pero ¡cuidado!, más de tres tazas de café negro antes de una prueba deportiva pueden producir efectos no tan deseados, como son pérdida de resistencia, aparición de dolores de cabeza, náuseas o mareos. A dosis mayores, es un fuerte diurético, provoca deshidratación e incrementa el ritmo cardíaco y el nivel de ansiedad del deportista.

La cafeína en alta concentración es considerada doping.

• Aminoácidos

Una dieta equilibrada proporciona sobradamente todos los aminoácidos esenciales necesarios. No hay pruebas de que los complementos en aminoácidos mejoren realmente el rendimiento obtenido.

En cambio, sí es conocido y sobradamente demostrado que ingestas masivas de aminoácidos pueden tener efectos nocivos sobre la salud. Uno de ellos, quizás el menos grave, es que puede favorecer el aumento de peso ya que las proteínas no aprovechadas se transforman en grasa. Otros efectos son la sobrecarga renal y hepática, el aumento de ácido úrico, la deshidratación y la pérdida de calcio por la orina.

• Bicarbonato sódico

El bicarbonato neutraliza el ácido láctico que se forma en los músculos durante el ejercicio físico, evitando la fatiga muscular.

Se han realizado diferentes estudios y los resultados son muy diversos, aunque parece ser que los resultados más optimistas se han conseguido en las modalidades deportivas en las que se realizan «sprints» cortos, por ser cuando el ácido láctico se acumula más rápidamente y en mayor concentración.

Los efectos secundarios suelen ser diarreas y problemas estomacales.

• Spirulina

Es un alga con un gran valor nutricional. Muy rica en vitaminas del grupo B (excepto la B_6, destacando sobre todo la B_{12}). Contiene más vitamina E que el gérmen de trigo (alimento muy rico en ella), presenta cantidades elevadas de beta-carotenos (precursor de la vitamina A); y es rica en proteínas aunque son de muy baja calidad por su pobreza en aminoácidos esenciales y en minerales como el hierro, el fósforo, el magnesio, el zinc y el selenio.

Se encuentra disponible en forma de polvo o de tabletas en establecimientos especializados. De todos modos, aunque inicialmente parece ser un maravilloso concentrado vitamínico natural, se ha observado que su absorción y aprovechamiento no es del 100 % y que los aminoácidos esenciales que contiene no se aprovechan con la misma facilidad como lo hacen las proteínas de origen animal.

• Colina

Compuesto utilizado por el organismo para producir otra sustancia llamada acetilcolina. Esta sustancia realiza un papel importante ya que es utilizada por las células nerviosas para estimular la contracción muscular.

Se han realizado diversos experimentos y parece ser que aunque los niveles de colina en sangre aumenten, no se detecta ninguna mejoría en el rendimiento físico, ni modificaciones en la frecuencia cardíaca.

Por el momento, no puede afirmarse que ayude a mejorar los resultados obtenidos en cuanto a rendimiento físico, y tampoco están claros sus posibles efectos secundarios.

• Ginseng

Es un conocido tónico, estimulante y reconstituyente que ha sido utilizado durante muchos años en los países asiáticos, sobre todo en China.

Hay muchas variedades y no todas con la misma actividad. Parece ser que la raíz de esta planta es la parte que tiene mayores propiedades. Actualmente, el ginseng que realmente tiene poder estimulante está considerado doping, por ello, los preparados comerciales suelen llevar un tipo de ginseng que no tiene el citado poder estimulador, por lo que pierden su principal característica.

No existen estudios serios que, hoy por hoy, confirmen que el ginseng mejore el rendimiento deportivo, ni cuáles son las dosis recomendadas, ni tampoco sus efectos.

• Polen

Hay deportistas que tienen una fe ciega en esta sustancia, pero no se ha podido demostrar que realmente aumente el rendimiento deportivo obtenido. Posiblemente, las propiedades que se le atribuyen sean debidas a un notorio efecto placebo. Algunas personas padecen importantes alergias y puede crearles efectos secundarios muy desagradables y, en ocasiones, peligrosos.

• Ácido pangámico o también llamado vitamina B_{15}

Este compuesto fue aislado en el año 1955 del hueso del albaricoque y, más tarde, del arroz y las levaduras.

Se conoce poco sobre sus efectos pero vuelve a estar de moda. Parece ser que mejora la adaptación al ejercicio físico intenso y, consecuentemente, el rendimiento deportivo final obtenido.

Aunque esta sustancia sea un componente natural de muchos alimentos, no se dispone de evidencias suficientes sobre si es realmente un nutriente, y mucho menos sobre si se trata de una vitamina. En muchos casos es considerado un medicamento.

• Vitaminas

Frecuentemente se habla de las vitaminas como la forma más segura y eficaz de mejorar el rendimiento deportivo. A menudo son utilizadas, en

En ciertos deportes que conllevan una dieta hipocalórica puede ser aconsejable tomar suplementos vitamínicos.

dosis masivas, por deportistas de competición, pero no hay evidencias que indiquen que un deportista que sigue una dieta equilibrada mejore su rendimiento tomando grandes dosis de complementos vitamínicos.

Las necesidades vitamínicas del deportista se pueden obtener fácilmente a través de la alimentación. La American Dietetic Association mantiene que los deportistas que consumen una elevada cantidad de calorías no presentan déficits vitamínicos, por lo que sólo recomienda el consumo de preparados bajo la supervisión de un experto cualificado.

En ciertos deportes que conllevan, generalmente, una dieta hipocalórica para el mantenimiento de un peso determinado (gimnasia, deportes de lucha, ballet...) puede ser aconsejable utilizar un complejo poli-vitamínico/mineral que prevenga el desarrollo de estados carenciales y

siempre por indicación del experto.

Suplementos vitamínicos hay muchos más, se ponen de moda de la misma manera que pasan de ella. Su posible efecto beneficioso es algo donde los expertos no se acaban de poner de acuerdo. Una alimentación equilibrada, adaptada a las necesidades concretas del deportista, es actualmente la mejor fórmula.

El agua, líquido vital

El agua es el principal componente de nuestro cuerpo. Cuando nacemos, el grado de hidratación es de un 70 %. En un adulto viene a ser de un 60 % y un anciano puede llegar a un 50 %. Realmente, la deshidratación es uno de los signos de vejez. La piel es un claro reflejo de la edad de la persona. Los dermatólogos recomiendan el consumo adecuado de agua para la

ES IMPORTANTE RECORDAR...

PAUTAS GENERALES DE LA ALIMENTACIÓN DEL DEPORTISTA

Energía	Se incrementa el valor energético cuando la actividad deportiva intensa y frecuente lo requiera. En el caso de aumentar la energía, hacerlo a partir de alimentos farináceos (pasta, pan, arroz, patatas...).
Hidratos de carbono	Aumentados en la alimentación del deportista. Sobre todo los carbohidratos complejos. De 5 a 7 raciones/día. El tamaño de las raciones es superior al de las raciones para la población general. Los hidratos de carbono simples (azúcar, miel...) no deben sobrepasar el 10 % de las calorías totales.
Proteínas	Respetar de un 12 a un 14 % de las calorías totales, en forma de proteínas de buena calidad (carne, pescado, aves, huevos, legumbres). 2 raciones/día.
Grasas	Escoger alimentos poco grasos. Dar prioridad a las grasas de origen vegetal (aceites, frutos secos...).
Vitaminas y minerales	Aumentados en el deportista los antioxidantes. La cantidad de calcio se garantizará con un consumo de 2 a 4 raciones de lácteos (bajos en grasa) al día. 2 a 3 raciones de fruta fresca al día. 2 a 3 raciones de verdura al día.
Hidratación	Parámetro básico. Hay que prevenir la sed. En según qué casos puede ser recomendable la utilización de bebidas isotónicas específicamente preparadas.

salud de la piel, antes que sofisticadas cremas o tratamientos que sin una hidratación interna tienen una efectividad mucho menor.

Sabemos que se puede estar largos períodos de tiempo sin ingerir alimentos sólidos, pero estar sin beber más de tres días puede tener unos efectos irreversibles.

El cuerpo nos avisa de que necesita ser hidratado mediante la sensación de sed. Tenemos sensación de sed cuando el organismo ha perdido alrededor de un 5 % de agua y ésta debe ser repuesta lo antes posible. Lo correcto sería no llegar a tener sed, es decir, preveerla bebiendo sistemáticamente para no sufrir deshidratación. Las pérdidas de agua tienen lugar a través de la orina, las heces, la piel y la respiración en una cantidad media de dos litros, cantidad aproximada que deberíamos reponer diariamente.

Reponemos líquido no sólo a través del agua. La mayoría de los alimentos tienen un gran porcentaje de agua en su composición: la carne un 70 %, la fruta de un 85 a 95 %, igual que la verdura, o un 90 % la leche, aproximadamente.

La cantidad de agua necesaria para cada persona dependerá de la alimentación que realice, así como del ejercicio físico que haga, la temperatura del medio, etc. Por término general, deberíamos beber una media de un litro y medio de agua al día.

Hay muchas teorías acerca de cuándo es más conveniente beber agua. La realidad es que el agua se puede y se debe beber cuando a la persona le apetezca, esforzándose si cree que no bebe suficiente. No es cierto que durante las comidas engorde o adelgace o sea más o menos conveniente. El agua no engorda en ningún momento ya que no contiene calorías, por ello los alimentos ricos en agua, las verduras, por ejemplo, engordan muy poco, en cambio los alimentos con muy poca agua, los frutos secos, por ejemplo, son muy calóricos.

El agua del grifo es agua potable, procedente de ríos, manantiales o embalses, convenientemente higienizada y purificada para que sea apta para el consumo humano. El agua embotellada, mineral o no, con o sin gas, es aquella que previo análisis y estudio de sus propiedades, a veces terapéuticas, y con el control del ministerio de Sanidad y Consumo, llega hasta el consumidor embotellada. En España se beben cada año unos 2.000 millones de litros de agua embotellada. Una vez abierta una botella de agua, se debería consumir dentro de las siguientes 48 horas.

Las verduras y hortalizas son alimentos especialmente ricos en agua.

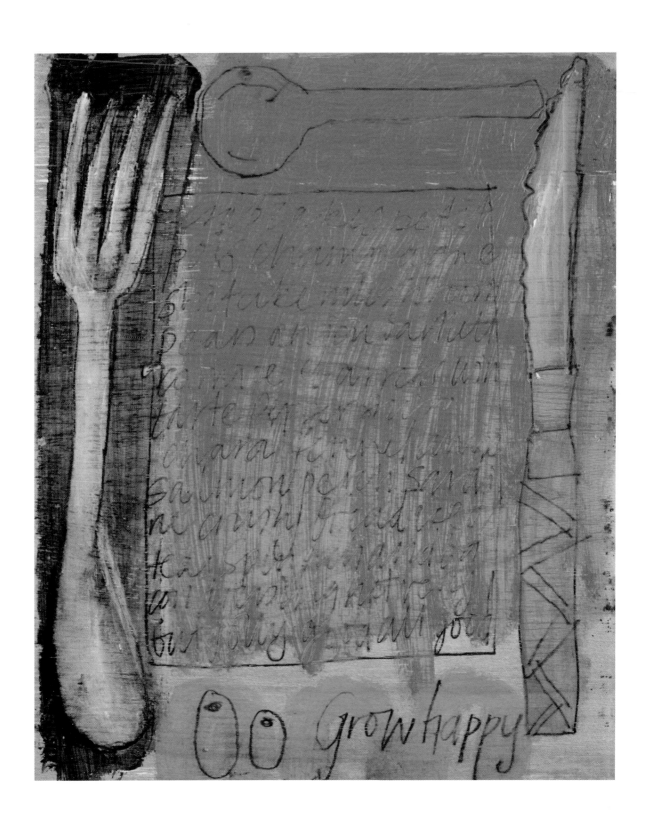

El estilo de vida moderno implica que muchas personas se vean obligadas a comer fuera de casa, como mínimo una vez al día.

COMER **BIEN FUERA** DE **CASA**

Los cambios en el estilo de vida, la prisa y las modas llegan también a la mesa. El 23 % de los españoles hace, al menos, una comida fuera de casa los días laborables. Los días festivos este porcentaje se dobla. Se prevé que, en los próximos años, la cantidad de gente que realice la comida principal fuera del hogar sea mucho mayor, sobre todo en el ámbito urbano. Estos cambios en los hábitos alimentarios hacia un tipo de comida muy diferente a la que se hace normalmente en casa pueden poner en peligro el equilibrio alimentario. Todo va a depender, principalmente, de la elección y combinación de las diferentes propuestas y de la adecuada complementación entre las distintas comidas.

El término *fast-food* o comida rápida se refiere a aquella comida de rápida preparación y rápido consumo que, generalmente, se toma fuera de casa y lejos de todo contexto doméstico. Este tipo de alimentación no se ubica entre pucheros, a fuego lento, sino entre utillaje de alta tecnología, microndas, freidoras, regeneradores de alimentos, platos de papel, cubetas de cartón y papel de aluminio.

El perfil del consumidor de este tipo de alimentación es un individuo, masculino o femenino, joven, de entre 18 y 28 años y con un nivel adquisitivo medio.

Los establecimientos que sirven este tipo de productos suelen ser vanguardistas, con personal muy joven y dinámico, prototipos, ellos mismos, del consumidor tipo de sus propios productos.

En general la alimentación *fast-food* tiene mala reputación, nutricional-mente hablando, entre la población. Poca gente afirmará que la comida de un establecimiento de este tipo pueda considerarse «comida sana». Creemos que esta afirmación vale la pena matizarla y demostrar que los productos calificados como *fast-food* pueden ser saludables y nutricionalmente equilibrados. Todo depende, como siempre, de la frecuencia de consumo, de la elección entre la gran oferta así como de la complementación que se realice a lo largo del día.

Dentro de la clasificación genérica de «comida rápida» se pueden hacer dos grandes grupos. Uno de ellos de influencia y características anglosajonas, como es el caso de las hamburguesas y salchichas, y otro de procedencia mediterránea donde tienen cabida los bocadillos, pizzas y «tapas».

También calificados como «comida rápida» encontramos otras carnes, pescado, pollo frito, y huevos, generalmente fritos, a la plancha o duros como componente adicional. Bollería

Los consumidores de comida rápida suelen ser jóvenes con un nivel adquisitivo medio.

y panes enriquecidos, así como platos preparados también entrarían dentro de esta clasificación. En la comida rápida se encuentran pocas verduras frescas, prácticamente nunca cocidas, así como pocas frutas a no ser que se sirvan en batidos a los que, generalmente, se les añade leche o yogur.

La gran diversidad de alimentos clasificados como comida rápida hace imposible unificar el valor nutricional de los mismos, el cual debe valorarse partiendo del grupo de alimentos al que pertenece el producto en cuestión, ya sea cárnico, lácteo, farináceo, etc.

El valor nutricional de cada uno de los alimentos es muy similar al del alimento análogo convencional. Una hamburguesa de un establecimiento de comida rápida no variará sustancialmente de una hamburguesa doméstica, salvo que la primera puede contener algo más de materia grasa y algún estabilizante y conservante, lógicamente autorizado, que garantice y facilite su correcta manipulación.

Vamos a profundizar en algunas de las preparaciones de comida rápida de mayor consumo.

Hamburguesas

Las hamburguesas constituyen uno de los productos más representativos del *fast-food* anglosajón. Su gran aceptación se debe, en parte, a su fácil consumo, gran palatabilidad, capacidad de saciedad y precio relativamente económico.

Los ingredientes característicos de una hamburguesa son: carne picada, de vacuno o porcino en porcentaje muy variable, algo de fécula en forma de almidón o pan rallado, un aglutinante, el huevo, y por último, grasa en proporción variable y de distinta procedencia. El pan que acompaña la hamburguesa tiene un valor nutricional parecido al pan blanco, salvo que el contenido en grasa es mayor (aproximadamente un 4 % frente a un 1 % del pan blanco).

El profesor Grande Covián afirmaba que «... consumir hamburguesas de procedencia y composición conocida con cierta frecuencia no desequilibra la dieta, si el resto de la misma es variada y con buena densidad de nutrientes...»

Salchichas tipo Frankfurt

Las salchichas de Frankfurt son otro de los productos característicos del *fast-food* anglosajón. Su composición, aproximada, es de un 12 a un 16 % de proteínas, de un 16 a un 30 % de grasas, del 1 al 10 % de féculas y, aproximadamente, de un 2 % de sal. El valor energético aproximado, por 100 g de producto, es de 220 y 340 Kcal. Este tipo de preparado es muy poco homogéneo. Tanto pueden encontrarse salchichas con un porcentaje en grasa (principalmente saturada, de origen animal) menor a un 16 % hasta otras que sobrepasen el 30 % en este nutriente. Por otra parte, muchas veces, estas salchichas se fríen en grasas o sebos, lo que aumenta la riqueza del producto en grasas saturadas y, a su vez, en energía.

Las hamburguesas representan uno de los productos más emblemáticos del fast-food anglosajón.

En este caso, la calidad tiene un precio, es decir, que las salchichas más caras acostumbran a ser las de mayor calidad nutricional.

Pollo y pescado frito

Las preparaciones de pollo y pescado frito parten de una materia prima poco grasa (pollo o pescado) y alta en proteínas de buena calidad.

Normalmente, estos alimentos están rebozados con un preparado a base de harina, agua, huevo y, muchas veces, algo de materia grasa. Todo ello, junto con la fritura, contribuye notablemente a aumentar el aporte energético de la preparación.

El tipo de grasa utilizada para la fritura será un parámetro básico para clasificar nutricionalmente el alimento.

El aporte energético de 100 g de pollo rebozado y frito representará unas 210 Kcal.

Bocadillos

En el apartado de bocadillos nos encontramos ya dentro de la tendencia *fast-food* de corte mediterráneo. La base de pan es el principal soporte de la preparación que se acompaña, generalmente, con jamón, queso, em-

butido, huevo, atún, pollo, lomo o bacon. Muchas veces, estos bocadillos contienen, como ingrediente secundario, algo de verdura fresca, como, por ejemplo, tomate, lechuga, zanahoria o cebolla. Algunos de ellos vienen aderezados por alguna salsa, aunque la mayoría lo hacen a base de aceite vegetal, naturalmente en crudo.

Este tipo de establecimientos que ofrecen bocadillos, al acercarse mucho más a nuestras costumbres y forma de comer, están, actualmente, en franca competencia con los establecimientos de corte más sajón, tipo hamburgueserías o salchicherías.

Nutricionalmente, se podría afirmar que una comida a base de algún bocadillo de este tipo puede ser considerada equilibrada y saludable. Naturalmente y como se viene repitiendo a lo largo de toda la obra, en la variedad y la buena complementariedad está la clave del éxito. Un bocadillo de jamón o de tortilla con unos 100 g de pan, acompañado de una pequeña ración de ensalda, un botellín de agua y un yogur de postre, puede considerarse una comida bastante equilibrada, que representará una ingesta energética de, aproximadamente, unas 700 Kcal. Muchos de los menús de mediodía de restaurante representan un aporte energético de alrededor de 800 a 1.200 Kcal.

Pizza

La pizza es una preparación de origen italiano que, dadas sus características, se ha adaptado muy bien a diferentes culturas.

Una pizza consta de una base de pan que soporta una serie de alimentos, en principio sencillos, como pueden ser el tomate o la salsa de tomate, algo de alimento proteico, como ciertos embutidos (jamón, salami), carne pi-

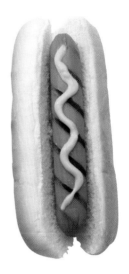

Las salchichas constituyen un alimento rico en grasas saturadas y energía.

La pizza es un alimento frecuente en la dieta de los países mediterráneos.

El consumo ocasional de bocadillos puede constituir una opción equilibrada y saludable.

La comida rápida está integrada por alimentos procedentes de culturas muy diversas.

Forman parte de la llamada comida rápida o *fast-food* alimentos de muy variadas culturas, todos ellos con las características comunes de ser ingeridos fuera del hogar o por lo menos no haber sido preparadas en él y consumirse de una manera informal, de pie, rápidamente, la mayoría de la veces con los dedos. Son comida rápida las tapas españolas, la pita siria, el *chiche-kebab* griego, los *fish and chips* británicos, así como los sandwiches, propuestos por lord Sandwich en el siglo XVIII, pero rápidamente adoptados por la mayoría de las culturas occidentales, la pizza italiana, el *pain-bagnat* de la Francia meridional, los tacos y burritos mexicanos, la comida china o las hamburguesas americanas. Incluso el *sushi* japonés, consumido con los dedos, forma parte del *fast-food*, muy habitual entre los japoneses.

cada o atún, otros elementos vegetales -aceitunas, cebolla, setas, pimiento-, queso en proporción abundante y especias. Todos ellos forman una preparación que cumple, de hecho, los requisitos postulados por la llamada dieta mediterránea. Por ello se puede afirmar que la pizza es un tipo de preparación perfectamente admitida en la propuesta de alimentación equilibrada, siempre que se combine de forma adecuada dentro de una ingesta. No sería una buena combinación unos espaguetis a la carbonara con una pizza de segundo y una copa de helado de postre. Un primero de ensalada variada con una pizza y una macedonia de frutas de temporada,

sería una propuesta mucho más equilibrada. A pesar de ello, y dadas las características de preparación y consumo, la pizza se incluye dentro del concepto de *fast-food*.

Tapas

Pinchos, platillos, tapas, raciones, montaditos... todos estos términos son sinónimos de pequeñas porciones de alimentos que van desde unos garbanzos estofados hasta una ración de jamón serrano, pasando por unas aceitunas, unas almendras, unos calamares a la romana o un guiso de rabo de toro. La diversidad de tapas existentes, características de cada región y muy arraigadas a las costumbres populares, hace que sean muy difíciles de clasificar a nivel nutricional.

En principio, la palabra tapa nos indica un tipo de comida informal. La mayoría de las veces no se considera al *tapeo* como una comida, sino como una manera de realizar un aperitivo o toma frugal. De hecho, una adecuada selección de tapas puede formar una completa y equilibrada comida principal. El riesgo que se corre, principalmente, en este tipo de alimenta-

---

RECUERDE QUE...

• La comida rápida surge de las nuevas necesidades sociales y vale la pena conocer sus ventajas e inconvenientes a la hora de incorporarla en las costumbres individuales.

• *Fast-food* o comida rápida no significa, necesariamente, «comida basura». Una adecuada selección y una correcta frecuencia de consumo pueden hacer de la comida rápida una propuesta equilibrada.

• Por sus características nutricionales, la frecuencia de consumo de la comida rápida de estilo mediterráneo puede ser más recomendable que la de estilo sajón.

• Este tipo de alimentos conllevan algún tipo de bebida alcohólica, cerveza, vino o refrescos. Estas bebidas contribuyen, notablemente, a aumentar el valor energético. El agua, también en este tipo de alimentación, es la bebida más recomendable.

• Comida rápida no significa necesariamente de apresurada ingestión. Hay que destacar que muchas veces el error alimentario no está en el tipo de comida escogida, sino en el poco tiempo que se le dedica.

• En general, la alimentación de *fast-food* suele tener un valor energético elevado, una proporción adecuada de proteínas de buena calidad, un exceso de grasas y azúcares. En cambio, pueden tener un contenido escaso de alguna vitamina, especialmente las vitaminas A y C, así como de hierro y calcio. Suelen aportar también un exceso de sodio. Como se ha dicho anteriormente, tanto los excesos como las carencias son fácilmente solventables con una adecuada variación, frecuencia de consumo y complementación en el hogar.

ción es que las tapas escogidas no sean las adecuadas, o que, previas a una comida formal, ayuden considerablemente a aumentar el valor energético de la alimentación, recordando que suelen acompañarse de una cantidad importante de vino o cerveza.

M. J. Franz, un experto estadounidense en alimentación, analiza en su obra *Fast Food Facts* 700 productos de la denominada comida rápida de las 15 cadenas de este tipo de alimentación más significativas de E.U.A. y fundamenta las siguientes recomendaciones:

1º Comer a las horas, evitando que las características de alguno de estos productos, los «snacks» principalmente, induzcan a ingerir con frecuencia alimentos entre horas.

2º Escoger la versión «normal o pequeña» de las diferentes preparaciones, evitando las variedades «grande, maxi, gigante, jumbo, doble, de luxe...», las cuales suelen tener una relación cantidad-precio muy atractiva.

3º En el caso de hamburguesas y similares, seleccionar productos básicamente cárnicos, evitando empanados y rebozados, así como los suplementos de queso y salsas.

4º Incluir ensaladas, y productos vegetales de temporada como complemento de las comidas rápidas (actualmente la mayoría de establecimientos de *fast-food* ofrecen variedades de ensaladas de verduras y pastas). En este caso, escoger los tamaños grandes.

5º Moderar la ingesta de productos fritos. Recordar que el tipo de grasa utilizado en la fritura va a determinar el valor nutricional de la preparación.

6º Elegir filetes de vacuno, pollo y pavo frente a las hamburguesas y otras preparaciones en las que las mezclas de carnes de diferente procedencia van a hacer muy difícil determinar el valor nutritivo del producto y van a resultar, la mayoría de las veces, mucho más energéticas.

7º Las patatas cocidas o al horno son preferibles como acompañamiento a las salsas, quesos, bacon o preparaciones fritas.

8º Una pizza de queso, con algo de verdura en forma de salsa de tomate, champiñones o/y cebolla, encaja perfectamente en una dieta equilibrada, tanto como comida única o como complemento. Es preferible escoger aquellas variedades que no llevan «doble de...», así como las de pasta fina, frente a las de mayor grosor.

9º Los llamados «tacos», típicos de la comida mexicana, tienen un valor energético moderado.

10º Los aderezos de ensaladas y otras preparaciones a base de mahonesas y «ketchup» deben moderarse. Una cucharada de estos preparados pueden aportar alrededor de 100 Kcal.

11º Las bebidas refrescantes suelen ser muy energéticas debido a la cantidad de azúcares que contienen. Se deberían escoger las versiones light. Los batidos de frutas suelen llevar una porción grasa importante (grasa láctea), por lo que además de incrementar el aporte en calcio, también lo hacen en grasas. En según qué casos pueden ser preferibles los zumos.

12º A ser posible, los postres deberían ser, habitualmente, a base de fruta.

13º La alimentación debe ser contemplada y calibrada en su totalidad. Una comida algo desequilibrada puede no estropear la alimentación diaria si el resto de las tomas compensan las carencias o excesos que dicha comida haya podido provocar.

Cabe destacar que, actualmente, importantes empresas especializadas en este tipo de comida rápida ofrecen al consumidor información seria y rigurosa en relación a los ingredientes de sus preparaciones, así como del valor nutricional de los mismos.

Dada la gran heterogeneidad de estos alimentos, es difícil considerar un valor nutritivo representativo de las diferentes propuestas. Sin embargo, prácticamente todos los productos pueden considerarse ricos en grasas, la mayoría saturadas y con colesterol (carnes, frituras, salsas...). Son ricos, asimismo, en proteínas de calidad (huevos, carnes, pescados, quesos...) y con una considerable porción glucídica (pan, pita, base de pizza, tortitas, arroz). Estos preparados suelen ser bajos en fibras vegetales, en vitaminas y en minerales, excepto en sodio (sal), en el que suelen ser muy ricos y altamente energéticos, sobre todo si la propuesta de menú se complementa con patatas fritas, un producto de bollería de postre y un refresco o cerveza como bebida. Recuerde que actualmente la mayoría de establecimientos de *fast-food* ofrecen distintas variedades de ensaladas que permiten complementar y equilibrar la oferta de base.

Seguir una dieta significa seguir una determinada manera de alimentarse, marcada por diversas circunstancias o enfermedades.

¿DIETAS DE MODA O LA MODA DE LAS DIETAS?

Cuando el gran público habla de dietas se refiere, normalmente, a regímenes de adelgazamiento. Si se analiza la palabra se llega a la conclusión de que *dieta* es una pauta alimentaria determinada por unos parámetros también determinados. Así pues, seguir una dieta es respetar una manera de alimentarse, determinada por una circunstancia o patología como puede ser la obesidad, la hipertensión arterial, la diabetes, etc., en la que una parte importante del tratamiento es la alimentación. Asimismo, existen pautas dietéticas o dietas específicas para situaciones puntuales como puede ser un proceso diarreico, el estreñimiento, el embarazo o la lactancia, entre otros. También la edad es un indicativo para modificar una alimentación, ya que los requerimientos nutricionales van variando a lo largo de la vida.

El significado del término *dieta* es similar al de *alimentación*, a pesar de que presente una connotación mucho más restrictiva y se relacione habitualmente con procesos de adelgazamiento (dieta para adelgazar).

En capítulos anteriores se ha tratado de la evolución de la alimentación a lo largo de la vida. Asimismo se ha dedicado un apartado a la alimentación del deportista y a la alimentación como terapia: la dietoterapia. Este capítulo va a tratar específicamente de las dietas, muchas veces «mágicas», para el control del peso corporal.

Algunas «dietas de moda»

Es importante puntualizar que cualquier estrategia o dieta que reduzca la energía de la alimentación o que aumente el gasto calórico va a ser efectiva en cuanto a la pérdida de peso. Otra cosa muy diferente, y que se va a tratar en este capítulo, es el equilibrio, la promoción o agresión a la salud que estas dietas puedan suponer.

Imaginemos un individuo al cual se le calcula un gasto energético, es decir, el que necesita para su vida diaria, 2.000 Kcal. Si a partir de su alimentación aporta esas 2.000 Kcal, el individuo en cuestión mantendrá su peso. Si, por el contrario, la alimentación le suministra menos de 2.000 Kcal, adelgazará, mientras que si las calorías ingeridas son más de 2.000, engordará. Éste es el principio de todas las estrategias para perder peso. Es decir, gastar más energía que lo que se come o comer menos de la que se gasta.

Reducir las calorías de la alimentación es muy fácil, pero hacerlo de manera equilibrada, sin comprometer en ello la salud, es otra cosa, que muchas dietas «de moda» olvidan. El peso que se puede perder mediante la mayoría de éstas se recupera rápidamente, a veces con propina y, lo que es más importante, sin promocionar eso tan importante que es la salud.

Dietas desequilibradas o incompletas. Se caracterizan por la carencia, en cantidad y/o calidad, de algún nutriente básico. Gran número de dietas utilizadas actualmente son desequilibradas, con un aporte incorrecto de algún nutriente, como pueden ser las vitaminas, los minerales o los hidratos de carbono. Son dietas que, a largo y medio plazo, pueden repercutir negativamente en la salud del individuo.

A menudo los empleados de una misma empresa suelen aprovechar la hora de comer para intercambiar impresiones o discutir nuevos métodos de trabajo.

145

Dietas disociadas. Este tipo de dietas basan su efectividad en la ingesta diaria de un solo tipo de alimento. Por ejemplo, el lunes sólo fruta (se indica o no la cantidad), el martes, carne, el miércoles, cereales, etc. Es, al fin y al cabo, un tipo de alimentación restrictiva. Por más que a un individuo le guste la carne o los cereales, la ingesta de un solo tipo de alimento es, a todas luces, limitada, lo que restringe, asimismo, la cantidad de energía ingerida.

Este tipo de dieta es desequilibrada y fuerza continuamente al organismo a utilizar diferentes fuentes de energía. Lo que hoy le cuesta encontrar, mañana lo va a tener en exceso. Así, las proteínas que el organismo necesita en cantidades adecuadas van a ser excesivas el día que al individuo le «toque carne» y, en cambio, serán muy deficitarias el día que «toque» fruta o verdura.

Son también dietas monótonas. Es difícil comer un solo tipo de alimento en el desayuno, la comida y la cena.

Esta misma monotonía es la que hace que estas dietas no tengan un éxito ni una aceptación demasiado importantes. Los resultados, de entrada, son bastante espectaculares; se pueden llegar a perder hasta dos kilos por semana, pero al abandonar este tipo de alimentación, el peso vuelve a sus orígenes, lo que aumenta la frustración y el desengaño del usuario, que ve que sus esfuerzos han sido en vano.

Dietas líquidas. Son alimentaciones basadas en la ingesta de algún líquido en concreto, ya sea agua, caldos vegetales u otros preparados como jarabes o melazas. Son esencialmente desequilibradas, sus beneficios ponderales son mucho menores de lo que se podría esperar en relación al sacrificio realizado y el peso perdido es rápidamente recuperado por el organismo, debido a que no se llega a producir una modificación de los hábitos alimentarios.

Dietas a base de «batidos». Muchos laboratorios cuentan con una línea de alimentación a base de «batidos». Cada comida puede ser sustituida por uno de los mencionados batidos, con una base de agua o leche descremada que a veces se complementa con alguna barrita o pequeño preparado sólido. Es un tipo de alimentación que no se puede tachar de desequilibrada, pues la mayoría de los preparados contienen un correcto aporte de macronutrientes, así como de vitaminas y minerales. A pesar de ser bastante saciantes, pues los preparados contienen una cantidad muy importante de fibra soluble, se trata de propuestas monótonas, poco reconfortantes y caras, lo que motiva que su seguimiento no suela ser muy prolongado. Un corto período de «batidos» puede ser eficaz para perder algunos kilos antes del verano,

Las dietas disociadas se basan en la ingesta diaria de un solo tipo de alimento.

La dieta de Atkins prohíbe los hidratos de carbono y, sin embargo, potencia el consumo de proteínas y grasas.

pero difícilmente será la solución para intentar resolver una declarada obesidad o sobrepeso, ya que, además, los kilos perdidos son fácilmente recuperables cuando se abandonan los «batidos» y «barritas».

Uno de los problemas de este tipo de alimentación es que no fomenta, en absoluto, la mejora de los hábitos alimentarios, que al fin y al cabo es una de las pocas armas disponibles para mantener a raya esos kilos que sobran.

Dieta de Atkins. Esta dieta no contiene ningún tipo de alimento glucídico (farináceos) y, a su vez, es muy rica en proteínas y grasas. Sobre la pauta original de la dieta de Atkins se han basado muchas otras, todas ellas desequilibradas y altamente cetogénicas. Una dieta hiperproteica obliga a los riñones a realizar un trabajo de filtrado extra que, a la larga, puede tener consecuencias nocivas.

Esta dieta, además, «olvida» que determinadas células del organismo, como los glóbulos rojos o las células del tejido nervioso, se alimentan exclusivamente de glucosa.

En los últimos años se ha puesto muy de moda la *dieta de la sopa quema-grasa*. Se dice que es una dieta elaborada por el servicio de cardiología de un hospital concreto, indicada para pacientes con problemas coronarios que necesitan intervención quirúrgica y deben perder peso antes de pasar por el quirófano.

Se basa en una sopa de verduras con un cubito de caldo. Además de la sopa, se indica qué alimento se debe tomar cada día (1º: fruta; 2º: verduras; 3º: fruta + verdura; 4º: leche + plátano; etc). Según esta dieta se pierden de 7,5 a 8,5 kilos en siete días «si no se hace trampa» y, además, no es necesario pasar hambre porque recomienda

«Comer esta sopa cada vez que tengas hambre; cuanta más sopa comas, más bajarás de peso».

Además de ser una dieta absurda y sin ninguna base científica, es completamente desequilibrada y puede comprometer la salud del que se atreva a seguirla, ya que dice que se puede hacer con la frecuencia que se desee

Últimamente se han puesto de moda dietas tan absurdas como la de la sopa quema-grasa.

porque «limpiará tu sistema y te sentirás mejor». La «magia adelgazante de esta dieta» consiste, una vez más, en el bajísimo aporte calórico que representa.

Es curioso que esta dieta no tenga en cuenta la elevada cantidad de sal que contienen los cubitos de caldo (además de la que permite añadir) y que se recomiende para patologías que, en la mayoría de los casos necesitan, una restricción de sodio, por lo que difícilmente esta dieta haya sido diseñada y promovida por ningún hospital.

Parecida a la dieta hiperproteica e hipoglucídica que postulaba Atkins es la famosa *dieta Montignac*. Esta dieta hizo furor en la década de los noventa. Su gran innovación y gancho reside en que va dirigida a colectivos muy específicos que proclaman los propios títulos de sus libros: *Cómo adelgazar en comidas de negocios*, reza uno de ellos, el primero y sin duda el más impactante. Este régimen aporta algunos elementos irracionales como el absurdo descrédito de la patata «... *alimento sólo para cerdos...*» y, por el contrario, cierta permisividad con algunas bebidas alcohólicas.

Llega a denunciar a la glucosa, principal sustrato energético de todas las células, como algo tóxico.

Postula que la energía de la grasa es desestimable a menos que no esté la insulina de por medio.

Esta dieta, dado el espectacular apoyo de márketing que la acompañaba, fue y sigue siendo hoy día, seguida por una cantidad importante de público, dispuesto a aceptar que le prohíban alimentos como puede ser la sencilla y «aburrida» patata y, por el contrario, le permitan la ingesta de vino, mantequilla, nata o quesos.

Es una dieta que, dadas sus características, se puede seguir durante bastante tiempo, fomentando errores importantes y comprometiendo la salud del usuario. La pérdida de peso es real, pues la dieta es, en definitiva, restrictiva en calorías, pero a su vez es desequilibrada y puede favorecer el aumento de los niveles de colesterol y ácido úrico, así como la cetogénesis, sin promocionar, por supuesto, la necesaria modificación de hábitos alimentarios.

Existen una serie de *dietas absurdas* que, incomprensiblemente, son seguidas por un número no despreciable de personas, como se ha dicho antes, predispuestas a hacer lo que sea para reducir peso.

La «dieta del limón» postula que la ingesta del zumo de esta fruta después de las comidas actúa como un «come grasa». Realmente, no se sabe de dónde ha podido surgir esta deducción, si no es de la constante publicidad de detergentes domésticos antigrasa «al limón» que la televisión y otros medios de comunicación anuncian. Este tipo de régimen es, además, nefasto para el esmalte dental.

Otra dieta realmente curiosa es «la dieta del ajo», que basa su eficacia en ponerse un diente de ajo pelado en el ombligo. El ajo detecta si lo que se come es «picoteo», dulces,

La dieta Montignac permite el consumo de alimentos tales como los quesos y el vino.

aperitivos, extras, etc. En caso de que así sea, el diente de ajo, disgustado, no permite al organismo perder un solo gramo. Sólo si la alimentación es realmente «la correcta», el ajo va a permitir, de una manera eficaz, la pérdida de peso. Realmente, la poca seriedad y la falta de base científica de esta dieta no dejan lugar a ninguna duda.

También podemos hablar de la «dieta del melocotón en almíbar», que a pesar de ser tan dulce, ¡adelgaza!; eso sí, a lo largo del día sólo se puede tomar una lata de este alimento.

La «dieta de los berberechos y el bíter» también puede funcionar, siempre que durante tres días éstos sean los únicos alimentos que entren en el organismo. ¡Bastante lógico!

El «régimen de granos de arroz», supuestamente aconsejado por los «Monjes del Brasil», recomienda textualmente: «Antes de comenzar el régimen, sacar cuatro copias de éste y repartirlas a cuatro personas diferentes. Comenzar el régimen un miércoles por la noche; es muy importante no cambiar la hora y efectuarlo antes de dormir. En un vaso nuevo (comprado para este fin y limpiado con un trapo, ya que no puede limpiarse con agua), echar agua hasta la mitad y tantos granos de arroz como kilos se deseen perder, y dejarlos en reposo toda la noche. El jueves por la mañana, en ayunas, llenar el vaso con agua y beberla dejando los granos de arroz en el fondo del mismo. Volver a llenar hasta la mitad y dejar reposar hasta el viernes.

El viernes por la mañana, en ayunas, acabar de llenar el vaso con agua y beber completamente, incluidos los granos de arroz. Guardar el vaso, el cual no debe ser usado para nada ni por nadie, y cuando se haya efectuado el proceso de adelgazamiento, romperlo y tirarlo. El peso no se recupera jamás.»

Los beneficios de este régimen son fáciles de imaginar. Pero lo cierto es que, aunque parezca mentira, encuentra adeptos que, desencantados de seguir un montón de regímenes, prueban uno más para seguir sumidos en el desencanto...

Dietas absurdas y disparatadas hay muchas, en las que se demuestra la casi infinita imaginación del ser humano, así como las ganas irracionales de perder peso; pero lo cierto es que la mayoría de ellas tienen un nulo soporte científico. Suelen ser dietas que se siguen, afortunadamente, durante poco tiempo, lo que hace que su grado de peligrosidad para la salud, a pesar de su gran desequilibrio, sea bajo.

La mayor parte de estas «dietas mágicas» basan su pretendida eficacia en una *fuerte y drástica reducción energética* que queda disfrazada por algún elemento estridente, más o menos disparatado, que mantiene distraída la atención del sufrido usuario.

Frente a la decisión de someterse a un régimen de alimentación para perder peso, deben seguirse una serie de criterios racionales y lógicos que no pongan en peligro la salud ni física ni psicológica.

Cualquier estrategia para adelgazar debería contar con el soporte del especialista que, de una manera individualizada, determinará la mejor manera para perder peso, de una forma efectiva y respetando los criterios básicos de equilibrio y promoción de la salud. Esta estrategia contará con un aprendizaje y una serie de cambios alimentarios, por parte del paciente, que serán las armas más útiles para no recuperar los kilos perdidos.

Existen ciertas dietas sin ningún fundamento científico, como la llamada «dieta del ajo».

Los trastornos del comportamiento alimentario son la consecuencia de una excesiva preocupación por el aspecto físico.

TRASTORNOS DEL COMPORTAMIENTO ALIMENTARIO: ANOREXIA Y BULIMIA

Los diferentes trastornos de la conducta alimentaria se escapan del campo exclusivamente dietético. La alimentación en estos casos no es el desencadenante de la enfermedad, sino la consecuencia de la misma. Por ello, la base del tratamiento está en manos de psicólogos y de psiquiatras y el dietista debe formar parte del equipo multidisciplinario en el tratamiento de los trastornos de la alimentación. Será el equipo de psicólogos el que lleve la tutoría de la enfermedad, contando con la ayuda del especialista en dietética que aportará sus conocimientos para conseguir el reestablecimiento del peso.

Para la redacción de este capítulo se ha contado con el asesoramiento de un equipo de psicólogos especialistas en temas de trastornos alimentarios.

Los trastornos de la conducta alimentaria son cada vez más frecuentes en nuestra sociedad y tienen una clara incidencia en los países altamente desarrollados que disfrutan de la llamada sociedad del bienestar y de la abundancia.

A lo largo de la historia de nuestra cultura, tanto escrita como iconográfica, encontramos claramente descritas muchas conductas alimentarias que fácilmente podemos interpretar como incorrectas y extrapolables a los trastornos alimentarios calificados, actualmente, como anorexia y bulimia.

Santa Catalina de Siena, nacida en el siglo XIV (1347), es tal vez la primera anoréxica de la historia. Entregó su espíritu a Dios cuando aún era una niña y renunció a la vida mundana. Los textos explican claramente que rechazó la comida, alimentándose de hierbas y algo de pan..., llegando esta conducta a provocarle la muerte.

La literatura nos sigue ilustrando y dando a conocer diferentes personajes que, por un ideal determinado, rechazan alimentarse hasta llegar a poner en peligro su salud e incluso a morir.

La bulimia es un trastorno alimentario mucho más reciente. Se ha desarrollado con rapidez en los últimos diez años. Tenemos referencias detalladas de los últimos cincuenta años.

Actualmente, y muchas veces como consecuencia de una admiración desmesurada por el aspecto, por el culto al cuerpo y también como resultado de la fobia al sobrepeso y a la obesidad se detectan cada vez más casos de trastornos del comportamiento alimentario. Las obsesiones patológicas por no engordar y por conseguir una delgadez esquelética pueden llegar a producir trastornos irreparables, tanto físicos como psíquicos.

La sociedad, el entorno y, sin duda, una predisposición individual pueden desencadenar conductas alimentarias que difícilmente se pueden entender desde una lógica racional. Esta situación conduce a tratar un tipo de enfermedades que desesperan al paciente, a su familia y también al equipo sanitario, y cuya curación y secuelas son generalmente de incierto pronóstico.

La anorexia nerviosa es un grave trastorno de la conducta alimentaria que se detecta en los países altamente in-

Muchas personas, en su afán de conseguir un determinado ideal estético, llegan a poner en peligro su vida.

El paciente anoréxico, en su lucha contra las calorías, selecciona alimentos con un bajo contenido energético.

Criterios para el diagnóstico de la anorexia nerviosa

• La detección de un intenso temor a engordar que no disminuye a medida que desciende el peso.

• El trastorno de la percepción de la imagen corporal. La persona se ve gruesa aunque en realidad está demacrada.

• Se produce una pérdida de peso de alrededor de un 25% del peso original.

• Se produce una negativa a mantener el peso corporal adecuado a la estructura corporal y a la edad.

• No se detecta ninguna enfermedad física que justifique la pérdida de peso.

• En mujeres se produce la ausencia de, por lo menos, tres ciclos menstruales consecutivos.

dustrializados, predominantemente entre las clases sociales altas, especialmente en el sector femenino y con mayor incidencia en la adolescencia.

Afecta mayoritariamente a mujeres adolescentes y, en menor medida, a mujeres adultas y a varones jóvenes.

La anorexia nerviosa se caracteriza por un ansia desmesurada y sistemática de reducir peso, con gran miedo o fobia a la gordura, situación que lleva a las personas que padecen esta enfermedad a una alteración de la imagen real. Este hecho les hace verse mas gruesos de lo que en realidad están, incluso cuando su peso está claramente por debajo de los mínimos. Carecen de la objetividad necesaria para apreciar las dimensiones reales de su cuerpo.

El método que siguen para perder peso consiste en una ingesta cada vez menor de alimentos, seleccionando los de menor contenido calórico y realizando, al mismo tiempo, ejercicio físico intenso.

El paciente anoréxico no interpreta las contracciones gástricas como una sensación de hambre y suele utilizar ciertos procedimientos de purga (laxantes, diuréticos, ingesta desmesurada de agua, fibra…). El anoréxico conoce perfectamente el valor calórico de los diferentes alimentos y es un gran especialista en esconder la comida, en repartirla por el plato, en almacenarla en la boca para después escupirla… Suele obsesionarse por el ejercicio físico, al que convierte en su aliado en la lucha contra las calorías. Suele dedicar gran parte de su tiempo al estudio, como demostración de autocontrol, éxito o perfeccionismo y utiliza esta estrategia para evadirse de su ansiedad, para mantener su actividad y para justificar su progresivo aislamiento social. Suele ser una persona que escatima horas de sueño, ya que el descanso y el reposo no ayudan a consumir energía. Elude situaciones o eventos sociales en los que se ha de comer y siempre evita hacerlo en público o por la calle.

Sin decir que la familia sea la responsable de la enfermedad, sí es cierto que las personas anoréxicas suelen tener un entorno familiar bastante peculiar, en el que el padre, poco presente, casi no se implica en la vida doméstica e incluso pasa largos períodos fuera de casa. Por el contrario, la madre suele ser dominante, influyente en cuanto a los patrones estéticos que desea para su hijo/a. Desde que éste es muy joven, la madre, perfeccionista, opina sobre la alimenta-

---

INFLUENCIAS SOCIOCULTURALES
Factores de predisposición

Patrón estético cultural (Sociedad industrial occidentalizada)

Sujetos de riesgo:
• Edad: 15 - 25 años
• Sexo: femenino
• Nivel socioeconómico: medio /alto
• Hábitat: grandes poblaciones

Medios de comunicación

ción y las funestas consecuencias físicas que ésta puede tener sobre el físico del niño/a.

La anorexia suele conllevar un gran retraimiento social, una preocupación desmesurada por el tema de la alimentación y sus consecuencias y una inestabilidad emocional; todo ello conduce a una pobre autoimagen y autoestima.

La anorexia nerviosa puede durar desde unos meses hasta toda la vida, con una evolución que puede ir desde la curación hasta el fallecimiento. En la mayoría de los casos la duración de la enfermedad suele ser superior a 18 meses. Algunos estudios realizados durante los últimos años coinciden en el grado de gravedad, afirmando que aproximadamente el 6% de los casos conducen a la muerte del paciente y alrededor de un 20% no consigue remontar la enfermedad manteniéndose, en mayor o menor medida, en situación de cronicidad. Se trata de una enfermedad muy compleja, que no tiene su origen en un trastorno biológico, sino psicológico. La causa del incremento de la anorexia durante los últimos años en los países desarrollados, como se ha apuntado anteriormente, se atribuye básicamente a fenómenos sociales y culturales relacionados con valores estéticos de extrema delgadez. Los estereotipos, principalmente femeninos, difundidos por la publicidad, la moda y el cine impregnan nuestra sociedad haciendo mella en ciertos sectores. Este fenómeno debe entenderse y situarse dentro de la cultura de la delgadez y el culto al cuerpo. En concreto, la mujer, la adolescente casi niña, se ve presionada precozmente a castigar su cuerpo para obtener la imagen delgada que se asocia al triunfo social y laboral, así como al éxito entre el sexo masculino.

Cada época, cada sociedad o cada grupo social ha tenido un modelo estético corporal, principalmente en

Algunas personas, en su afán por seguir los patrones estéticos que impone la moda y la publicidad, llegan a obsesionarse por su cuerpo de manera enfermiza.

relación a la mujer, que ha ejercido una presión colectiva para alcanzarlo. En la India y en algunos países africanos, por ejemplo, la obesidad es objeto de prestigio social, de poder y de riqueza. En cambio, en nuestra sociedad existe una relación inversa entre la clase social y la incidencia de obesidad, detectándose un mayor índice de sobrepeso y obesidad en las clases sociales más desfavorecidas y una mayor incidencia de la anorexia en las clases sociales altas.

Para estas personas, la alimentación se convierte en una obsesión, estudian y conocen a fondo el valor calórico de los alimentos y la forma de prepararlos para aportar la menor cantidad posible de energía, disminuyendo cada vez más la ingesta de alimentos, hasta llegar a no comer prácticamente nada. Si se les obliga a comer, esconden la comida, vomitan, engañan y manipulan. Usan con frecuencia laxantes, diuréticos y aumentan de forma exagerada el ejercicio físico. Se declara una franca relación de amor-odio y enfrentamientos con la comida. La persona anoréxica siente «punzadas de hambre» pero domina este impulso, lo vence y se recrea con ello; se enorgu-

Recuerde que...

• La anorexia nerviosa es un serio trastorno psicosocial caracterizado por el rechazo voluntario de la ingesta de alimentos y una importante pérdida de peso.
• Es más frecuente en las mujeres y durante la adolescencia, con una relación mujer/hombre 10-1.
• Suele aparecer entre los 11 y los 35 años, alcanzando un pico de prevalencia entre los 17 y los 19 años.

Criterios de diagnóstico:
• Rechazo a mantener el peso corporal por encima del límite inferior de normalidad para su edad y talla, con pérdidas de peso del 15 al 25%.
• Miedo intenso a la ganancia ponderal y a engordar a pesar de su delgadez.
• Percepción alterada de la imagen corporal en peso, tamaño o forma, sintiéndose «gordo» a pesar de estar extremadamente delgado.
• En mujeres, ausencia de al menos tres ciclos menstruales consecutivos, sin otro motivo que lo justifique.

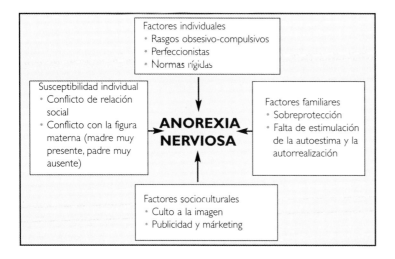

Factores individuales
- Rasgos obsesivo-compulsivos
- Perfeccionistas
- Normas rígidas

Susceptibilidad individual
- Conflicto de relación social
- Conflicto con la figura materna (madre muy presente, padre muy ausente)

ANOREXIA NERVIOSA

Factores familiares
- Sobreprotección
- Falta de estimulación de la autoestima y la autorrealización

Factores socioculturales
- Culto a la imagen
- Publicidad y márketing

llece de la victoria frente al enemigo. Acostumbran a ser personas inteligentes y muy activas.

Durante este proceso de deterioro se suele detectar un resecamiento importante de la piel, que suele cubrirse de un suave vello (lanugo), la caída del cabello, la pérdida de la menstruación y, en general, una falta de interés por todo lo que les rodea, creando una situación de angustia y desconcierto tanto en sí mismos como en sus familias.

Para un adecuado tratamiento de esta enfermedad es necesario concienciar a la persona anoréxica de la gravedad de la misma, que ella minimiza o intenta negar. Una vez constatado el diagnóstico, la familia y la persona anoréxica deben ponerse en manos de un equipo sanitario especializado en el tratamiento de trastornos de la conducta alimentaria. Como se ha dicho anteriormente, se trata de equipos multidisciplinarios formados por psiquiatras, psicólogos, enfermeras, educadores y dietistas.

La recuperación (si se produce) acostumbra a ser muy lenta, necesitando en la mayor parte de los casos, entre uno y cuatro años a partir del inicio de la sintomatología. Las recaídas se calcula que afectan aproximadamente a un 50% de los casos. Incluso los ex-anoréxicos conservan una serie de actitudes peculiares frente a la comida. Por ejemplo, no les gusta comer en público, no les gusta ingerir alimentos con muchas calorías, como los dulces, los frutos secos, etc., es decir, suelen conservar cierta enemistad o, por lo menos, una especial relación con la alimentación.

La bulimia es también un trastorno de la conducta alimentaria que se basa en una obsesión compulsiva por comer grandes cantidades de alimentos. La ingestión desmesurada (se pueden llegar a comer hasta 3 o 4 kg de alimentos de una vez) se lleva a cabo durante las crisis, que pueden durar una hora, y que se desarrollan de la siguiente manera: en primer lugar, la persona siente una sensación de malestar difícilmente explicable, de angustia. Esta sensación es interpretada como una necesidad de comida. Poco a poco la idea de comer se va imponiendo en una lucha interna por resistirse. Esta tensión va aumentando hasta llegar al punto de descarga, momento en el que se realiza una ingestión de alimentos masiva, rápida, indiscriminada e irresistible. A continuación se llega a la fase de los remordimientos por no haber podido controlar la situación, lo que puede desembocar en una nueva crisis o,

Los anoréxicos evitan a toda costa consumir alimentos con un elevado contenido energético, como por ejemplo los productos de repostería.

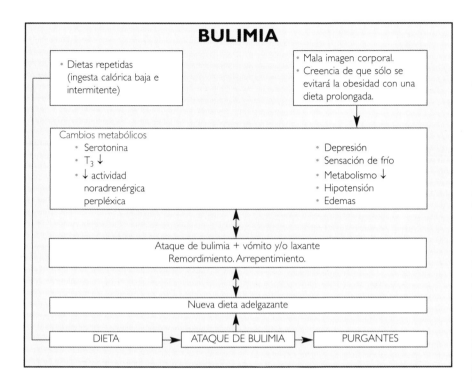

BULIMIA

- Dietas repetidas (ingesta calórica baja e intermitente)

- Mala imagen corporal.
- Creencia de que sólo se evitará la obesidad con una dieta prolongada.

Cambios metabólicos
- Serotonina
- T_3 ↓
- ↓ actividad noradrenérgica perpléxica

- Depresión
- Sensación de frío
- Metabolismo ↓
- Hipotensión
- Edemas

Ataque de bulimia + vómito y/o laxante
Remordimiento. Arrepentimiento.

Nueva dieta adelgazante

DIETA → ATAQUE DE BULIMIA → PURGANTES

Criterios para el diagnóstico de la bulimia nerviosa

- Episodios repetidos de ingestión masiva y rápida de alimentos con voracidad.
- Comer a escondidas durante las crisis. Negación de la evidencia.
- Interrupción de la comida debido a vómitos o dolor abdominal.
- Fluctuaciones de peso debido a la alternancia de un consumo masivo con períodos de ayuno.
- A diferencia de la anorexia, las personas bulímicas suelen ser conscientes de la anormalidad de su comportamiento, pero se ven incapaces de remediarlo.
- Se produce autodesprecio y sensación de depresión después de las crisis. La bulimia precisa, en primer lugar, al igual que la anorexia, un tratamiento psicológico, así como un proceso de reeducación en los hábitos alimentarios.

muchas veces, en provocarse el vómito. Después de cada crisis la persona bulímica experimenta una sensación de fracaso, pérdida de autoestima y depresión. La incidencia de este trastorno es también mucho mayor en las mujeres. Estos procesos de inquietud, angustia y malestar, aplacados con ingestas compulsivas de alimentos, se detectan en muchas mujeres sin que se pueda diagnosticar una verdadera bulimia nerviosa. La persona que padece crisis bulímicas puede pasar perfectamente inadvertida, ya que estas crisis suelen esconderse y además no presentan evidentes pérdidas de peso. Estas personas, para controlar el peso, suelen seguir dietas muy estrictas fuera de los momentos de crisis. Incluso pueden llegar a utilizar el ayuno, a provocarse vómitos y, con gran frecuencia, utilizan laxantes y diuréticos.

RECUERDE QUE...

- La bulimia es un trastorno del comportamiento alimentario caracterizado por un apetito desmesurado, en el que se instaura un ciclo ingesta-vómito-ingesta, con modificación ponderal del individuo o sin ella.
- Aparece mayoritariamente en mujeres, con una relación mujer/hombre de 8-1.

Criterios de diagnóstico:
- Episodios recurrentes de ingesta compulsiva de alimentos: consumo rápido de grandes cantidades de alimentos en un período breve de tiempo.
- Sentimiento de pérdida de control de la conducta alimentaria durante los episodios compulsivos.
- Habitualmente, el sujeto entra en un ciclo de vómitos, uso de laxantes o diuréticos, dieta estricta o ayuno, o bien ejercicio físico intenso.
- Como promedio, se produce un mínimo de 2 episodios de ingesta compulsiva a la semana durante al menos 3 meses.
- Preocupación excesiva por la imagen corporal y el peso de manera persistente.

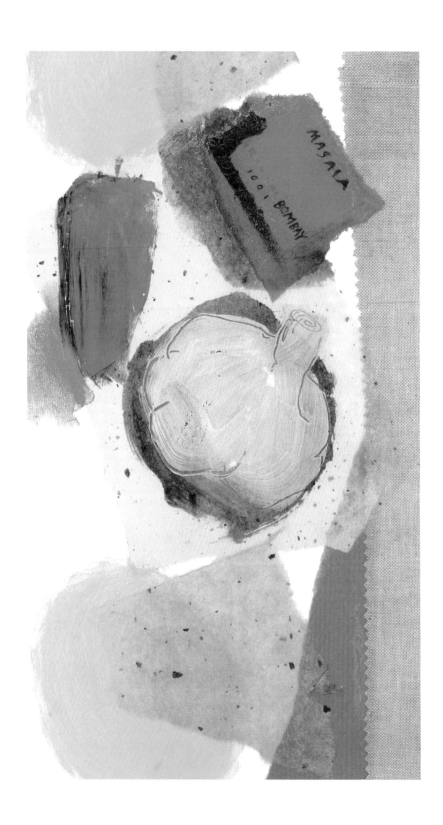

Las creencias erróneas con respecto a la alimentación pueden repercutir negativamente en la salud.

MITOS Y ERRORES MÁS FRECUENTES EN LA ALIMENTACIÓN

La moda de la alimentación sana ha desencadenado una serie de mitos que llegan a través de publicidad o prensa poco documentada, así como a través de experiencias individuales y que, boca a boca, pasan a la población creando y fomentando una serie de errores que no favorecen en absoluto una alimentación saludable. La alimentación es parte fundamental para el mantenimiento de la salud y la prevención de determinadas enfermedades, por lo que los errores pueden ser, a la larga, bastante serios.

No hay duda de que existe una moda saludable o, lo que es lo mismo, la sana preocupación de comer mejor. Cada día se le da más importancia a la alimentación. Pero, sin duda, falta adquirir unos criterios básicos que ayuden a realizar la verdadera alimentación saludable. Los conceptos equivocados se ven incrementados especialmente en determinados grupos de población, como pueden ser personas que desean perder peso, deportistas o diferentes colectivos especialmente sensibilizados frente a la salud y el bienestar.

Alimentos «sanos»

Hay una clara tendencia a clasificar los alimentos en dos grandes bloques. Los alimentos *sanos* y los alimentos *insanos*. Se debe ser muy riguroso en este tema y afirmar categórica mente que NO existen los alimentos insanos, ya que en ese caso no se podrían llamar de este modo. Se considera que un alimento es un conjunto de sustancias que aporta nutrientes al organismo y que favorecen su desarrollo y correcto funcionamiento. No existen alimentos «malos» sino proporciones o cantidades inadecuadas. No se debería caer en el error de afirmar que el chorizo, las ostras o la nata, por citar tres alimentos muy dispares, son productos insanos, sino que son alimentos que, dada su composición, deberían tomarse en cantidades más reducidas que otro tipo de alimentos. Como aconsejaba el gran experto en nutrición, don Francisco Grande-Covián, deberíamos comer de mucho, poco.

Otra frase muy frecuente y a la vez errónea es la siguiente: «…este alimento es muy sano porque no engorda». Para una persona que deba controlar la energía que ingiere o, lo que es lo mismo, su peso, un alimento que engorda no es el más recomendable. Pero, ¿qué sucede con el individuo que quiere engordar o con aquel otro que por el tipo de ejercicio físico que realiza necesita una cantidad muy importante de energía? Para esta persona un alimento calórico es, precisamente, un alimento muy adecuado.

La clave está en que el organismo necesita una cantidad muy diversa de sustancias que le deben llegar a través de los alimentos. Ninguno de ellos contiene en su composición la cantidad y proporción de todas estas sustancias, por lo que una alimentación monótona y con poca variedad no garantiza que sea completa. Cuanto más se limite el abanico de posibilidades de la dieta, más riesgo se corre de carecer de alguna sustancia básica para el organismo, así co-

Todos los alimentos son sanos siempre y cuando se tomen en su justa medida.

Recuerde que...

No existen alimentos malos sino proporciones incorrectas. Cuantos menos alimentos compongan una dieta más fácil será que ésta sea desequilibrada. Por el contrario, cuanto más variada y diversa sea una alimentación más posibilidades de equilibrio. Sería una equivocación limitar la dieta a productos tan «sanos» como el pollo a la plancha con ensalada verde, por practicar una alimentación más saludable frente a una propuesta que incorpore en su dieta todo tipo de alimentos, incluido el cerdo o el marisco.

Una dieta completa y saludable no tiene por qué ser monótona o poco variada.

Partiendo de la base de que el agua es el único alimento que no engorda (tanto si lleva como si no lleva gas), los productos más ricos en agua serán lógicamente los menos energéticos. De esta manera, las verduras, las frutas o las preparaciones como los caldos o las sopas son poco calóricas. Por el contrario, los alimentos que no contienen agua en su composición o tienen muy poca cantidad y que además presentan un contenido importante de grasa serán, naturalmente, los más calóricos, como es el caso de los aceites o los frutos secos. Ésta es una teoría clara y concreta a la hora de escoger y programar una alimentación más o menos calórica o, lo que es lo mismo, más o menos energética.

mo de ingerir en exceso algunas sustancias que puedan acumularse por no ser necesarias.

Alimentos que engordan versus alimentos que adelgazan

Hay una serie de alimentos que, no se sabe exactamente por qué, gozan de unos privilegios como «engordantes» o «adelgazantes», sin ningún tipo de rigurosidad ni justificación.

Lo primero que hay que saber es que cuando se dice que un determinado alimento engorda es lo mismo que afirmar que éste aporta energía al organismo. Un alimento engorda cuando el organismo no ha «quemado» o utilizado toda o parte de la energía que el alimento en cuestión le ha proporcionado. Esta energía no gastada se ha transformado, seguramente, en grasa aumentando las reservas del organismo o, lo que es lo mismo, engordando.

Todos los alimentos, excepto el agua, aportan energía. Vamos a puntualizar esta información. Lo primero que hay que resaltar es que no existen alimentos que adelgacen, sino alimentos más calóricos que otros.

Bebidas milagro

He aquí otro de los grandes tópicos en la alimentación actual, sobre todo en el caso de los deportistas y de las personas que tienen una actividad física considerable .

Parece que el agua, la de toda la vida, es francamente insuficiente para reponerse del esfuerzo físico realizado. Entonces se recurre a una serie de bebidas preparadas llamadas isotónicas, sin las cuales muchos deportistas, más o menos avezados, creen que no son capaces de practicar la actividad física correspondiente. Vayamos por partes. Las bebidas isotónicas, como su nombre indica, son preparados en cuya composición, además del agua (más del 95%) contienen una serie de vitaminas y minerales en proporción similar a las perdidas por la sudoración. Para que el cuerpo precise una reposición de estas sustancias perdidas, el esfuerzo físico debe ser muy intenso, prolongado y la pérdida de líquidos importante. De lo contrario, lo único que se consigue es que el riñón trabaje excesivamente para eliminar el exceso de sales que el organismo no necesariamente precisa. Si a todo ello añadimos que estas bebidas contienen azúcares, y por lo tanto energía, pueden favorecer en algunos casos un incremento de peso no deseado. Así que antes de recurrir a las bebidas isotónicas vale la pena calibrar si están o no justificadas.

Otro concepto que no está muy claro es el tema del agua ¿con o sin gas? El agua con gas, igual que el agua que no lo lleva, como hemos dicho anteriormente, no aporta ninguna caloría, por lo que no engorda. Y no lo hace sea cual sea el momento de su ingestión. Hay teorías que dicen que el agua en ayunas no engorda y en cambio durante las comidas sí lo hace. Éste es un grave error que a más de uno le ha hecho pasar mucha sed. El agua, con o sin gas, no engorda ya sea durante o fuera de las comidas. Sí es cierto que el agua con gas puede producir sensación de hinchazón, pero no por ello aporta energía.

Sustancias «imprescindibles»

En los últimos tiempos nos han vendido una serie de productos que, según nos explican, son imprescindibles. Nos referimos a productos como la jalea real, el ginseng, el polen, las levaduras, las algas y algunos más.

Vamos a hablar un momento de la jalea real, por ejemplo. No dudamos que es un preparado altamente alimenticio, lleno de vitaminas y minerales, que proporciona larga vida y más fecundidad a la abeja reina. Pero no nos engañemos, la jalea real puede proporcionarnos alguna vitamina y algún mineral extra. Debería ser la alimentación variada y completa la que proporcionase al organismo los nutrientes básicos que precisa. Es chocante observar cómo mucha gen-te emplea una gran cantidad de tiempo y dinero en productos que se apartan por completo de los alimentos tradicionales y que, en cambio, rechaza o reduce los alimentos propios de la zona, relacionados con su cultura culinaria y que pueden ser también muy ricos tanto nutricional como gastronómicamente.

No es cierto...

La conducta alimentaria del ser humano está influenciada por una serie de mitos y simbolismos de todo tipo que facilitan o conducen a errores que pueden ser perjudiciales para la salud. Vamos a enumerar algunos de ellos, quizás los más difundidos.

• El aceite de oliva engorda más que el de girasol

Todos los aceites, sea cual sea su procedencia, tienen las mismas calorías, es decir, el mismo valor energético. La procedencia del aceite definirá, entre otras cosas, su contenido en ácidos grasos. Asimismo, el hecho de que un aceite sea virgen, fino, crudo o cocido tampoco varía su valor calórico.

El aceite es un producto muy saludable, pero a su vez es el alimento más energético; por ello, su reducción debe ser importante a la hora de programar una dieta baja en energía. De poco sirve seguir una dieta rica en verduras y ensaladas si no se controla eficazmente la cantidad de aceite con la que se aderezan estos platos.

• La margarina engorda menos que la mantequilla

Ambas grasas tienen, prácticamente, el mismo valor calórico. Lo único que varía es la procedencia de la grasa con la que se han elaborado. La margarina 100% vegetal tiene su procedencia en las grasas vegetales, en los aceites de semillas, concreta-

El agua, en cualquiera de sus formas, es la opción más adecuada para una correcta hidratación del organismo.

mente. Por su parte, la mantequilla es el resultado de la grasa de la leche emulsionada. Ambos alimentos deberían utilizarse con moderación dado su elevado valor energético así como su contenido en grasas saturadas.

• La leche descremada alimenta menos que la leche entera

La leche descremada tiene la misma cantidad de calcio, proteínas e hidratos de carbono que la leche entera. Lo único que tiene en menor cantidad es la grasa y las vitaminas liposolubles que acompañan a dicha grasa. En una alimentación variada, este tipo de grasa y vitaminas son aportadas en cantidades adecuadas por otros alimentos de uso habitual. Cada vez son más las marcas comerciales que suplen la falta de vitaminas que la leche pierde al quitarle la porción grasa de su composición, añadiendo a la leche descremada las vitaminas que ha perdido en el proceso de desnatado. A su vez, al quitarle a la leche la grasa, ésta aporta menos calorías. En estos momentos, los organismos responsables de la salud recomiendan el consumo de leche y productos lácteos bajos en grasa, concretamente en la población adulta y anciana.

• El pan engorda mucho

El pan lleva en su composición aproximadamente un 33% de agua, lo que le hace ser un alimento moderadamente calórico. Es, la mayoría de las veces, lo que acompaña al pan (salsas, aceites o mantequillas) lo que ha llevado a decir que el pan engorda mucho. No es el pan en sí, sino los alimentos ricos en grasas, los que le han dado al pan la injustificada fama como alimento muy calórico. Este hecho ha provocado un peligroso descenso del consumo de pan, un alimento completo, muy saludable y relativamente económico, favoreciendo a su vez el aumento de otros productos cuyo consumo debería ser más moderado, como es el caso de la bollería, la pastelería o los alimentos preparados.

• El «bitter» y el «agua tónica» son bebidas recomendadas en las dietas bajas en energía

Estas bebidas, a pesar de su sabor amargo, están cargadas de azúcares por lo que no se pueden considerar, en ningún caso, bebidas ligeras (entre un 10 y un 14% de azúcares). La bebida más ligera o, lo que es lo mismo, la que aporta menos calorías (ninguna) es el agua. Las distintas bebidas light que se encuentran en el mercado son muy bajas en calorías pues los azúcares se han sustituido por edulcorantes artificiales que no tienen, prácticamente, valor calórico.

• El limón y la piña como anti-grasa

No existe ningún alimento que de por sí sea «anti-grasa». Todo alimento consumido en exceso puede engordar. En realidad, la cantidad de energía total ingerida a lo largo del día a través de los diferentes alimentos va a ser la que puede favorecer un aumento de peso. Toda energía consumida en exceso, ya sea a través de piña, de verdura, de pasta o de chocolate va a favorecer dicho incremento de peso. Sí es cierto que el limón y la piña son alimentos, por la cantidad de agua y fibra que contienen, muy poco energéticos y a la vez saciantes.

• Los huevos rubios son mucho más alimenticios que los huevos de cáscara blanca

Éste es un tipo de error muy difundido, ya que los huevos rubios se consideran más naturales, nutritivos y poco manipulados que los blancos. Los huevos rubios proceden de una raza determinada de gallinas. El color de la cáscara no varía en absoluto el valor nutritivo de los huevos.

• Los quesos gruyère y emmental se pueden considerar bajos en grasa y, por lo tanto, de régimen

Éste es un error de procedencia desconocida ya que ambos quesos tienen un elevado poder energético, aproximadamente 400 Kcal, por lo que no se les puede considerar ligeros o bajos en grasa. Su contenido calórico es similar al de otros quesos, como el de bola o el manchego semi.

• La carne de cerdo es menos saludale que la carne de ternera o la de pollo

Ésta es una afirmación bastante frecuente, sobre todo en colectivos sensibilizados frente una alimentación saludable, como pueden ser los deportistas o los padres de familia y los responsables de la alimentación infantil.

La carne de cerdo es un producto rico en proteínas de buen valor biológico, en vitaminas y en minerales. Es una carne blanca, nutritiva, sabrosa y de precio moderado. Su mala fama le viene por la cantidad de grasa que tienen algunas partes del cerdo, como el tocino o la papada, así como por algu-

nos embutidos muy grasos, tales como las morcillas o las sobrasadas. Pero realmente el cerdo tiene partes magras, como son el lomo o la carne magra y también los jamones o los embutidos magros, por lo que la restricción de estos alimentos no está justificada. Como todo, en la variedad está el equilibrio. Dentro de la alimentación y en el apartado de las carnes, el cerdo puede estar presente como producto saludabe y autóctono.

Es evidente que hay muchos errores y de lo más variados. Una recomendación es que en relación a la alimentación se dé paso al sentido común y a la lógica. No hay que creer todo lo que se lee, se ve o se oye. No existen alimentos milagro. La alimentación racional y de «toda la vida» será probablemente la que nos conduzca a una alimentación saludable.

Para el ser humano, la alimentación es un proceso vital para que el organismo funcione lo mejor posible, evitando la fatiga, el desgaste excesivo y favoreciendo el óptimo rendimiento. Para ello no se necesitan alimentos «milagro» o «bebidas explosivas». Se requiere variedad, calidad y cantidad adecuada en la alimentación de cada día; eso sí, siempre aliñada de sentido común, algo de imaginación y, al mismo tiempo, una buena dosis de satisfacción.

La alimentación saludable debería ser algo agradable y placentero donde la imaginación y la gastronomía fuesen los pilares, junto con unos criterios lógicos y sensatos.

Ciertas personas, de forma injustificada, creen que la carne de cerdo es menos saludable que otras como la ternera o el pollo.

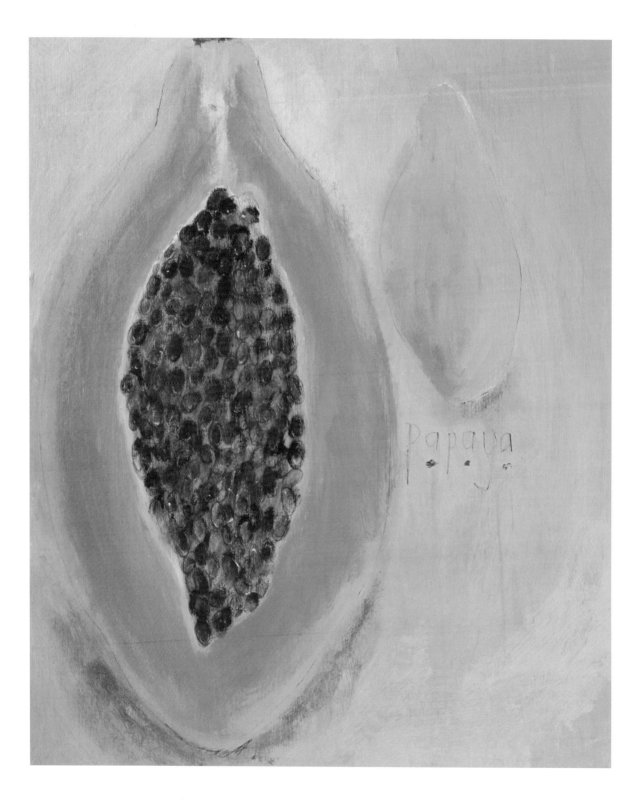

La evolución en el estilo de vida ha potenciado la aparición de una nueva categoría de productos que intentan cubrir necesidades más allá de las puramente nutricionales.

NUEVOS **CONCEPTOS ALIMENTARIOS**

La evolución de los estilos de vida, así como la propia demanda social y el creciente interés de la industria alimentaria por ofrecer alternativas a las nuevas demandas han contribuido a la aparición de una nueva categoría de productos, que no pueden clasificarse como alimentos tradicionales y que se denominan «nuevos alimentos» (*novel foods*).

Tanto los alimentos funcionales como los alimentos transgénicos pueden considerarse dentro del concepto de «nuevos alimentos».

Alimentos funcionales

Según la definición propuesta por el International Life Science Institute, un alimento puede ser considerado funcional si se logra demostrar satisfactoriamente que posee un efecto beneficioso sobre una o varias funciones específicas del organismo, más allá de las funciones nutricionales habituales, y que puede mejorar el estado de salud y bienestar o reducir el riesgo de padecer alguna enfermedad en las personas. Es decir, el efecto positivo de un alimento funcional puede ser tanto su contribución al mantenimiento del estado de la salud y del bienestar como a la reducción del riesgo de padecer una determinada enfermedad.

Un alimento funcional puede ser natural o modificado (alterando, añadiendo o eliminando uno o varios de sus componentes). Además, un alimento puede ser funcional para toda la población o para grupos particulares de la población, definidos por sus

A los frutos secos se les atribuyen efectos beneficiosos para la salud.

características genéticas, por el sexo, por la edad o por otros factores.

Ejemplo de alimentos funcionales naturales son: el aceite de oliva, los frutos secos, etc., alimentos con probados efectos cardiosaludables.

Ejemplo de alimentos funcionales modificados son los cereales sin gluten, las leches enriquecidas, los productos suplementados en vitaminas, los minerales, etc.

De acuerdo con las conclusiones elaboradas en el documento europeo de consenso sobre los alimentos funcionales, los puntos que presentan un mayor interés en el desarrollo de nuevos alimentos son los que afectan a las siguientes funciones:

1.- *Crecimiento, desarrollo*. Se sabe que tanto la dieta de la madre como la del niño pueden influir en su desarrollo. La importancia del ácido fólico en la dieta de la mujer gestante y el papel de los ácidos grasos poliinsaturados en los primeros estadios del desarrollo cerebral están bien definidos. La nutrición óptima a lo largo de todo el ciclo vital, en particular durante el desarrollo, permitirá reducir el riesgo de enfermedades y mejorar el crecimiento, así como el estado de salud.

Las verduras y hortalizas frescas contienen una serie de sustancias antioxidantes.

2.- *Metabolismo intermediario*. Reducir el riesgo de patologías asociadas con la resistencia a la acción de la insulina y a las enfermedades cardiovasculares. Ello requerirá el estudio de las interacciones entre la ingesta de nutrientes y la regulación de la expresión génica (por ejemplo, el papel directo de la glucosa o de ciertos ácidos grasos) o interacciones más directas, como la reducción de la lipogénesis hepática por fructanos.

3.- *Antioxidantes*. La actividad rédox y la protección antioxidante son importantes para todas y cada una de las células del organismo y su desequilibrio se asocia con multitud de patologías. El organismo requiere una ingesta adecuada y equilibrada de antioxidantes (vitaminas como la C o la E, minerales como el zinc, polifenoles…). Se han demostrado algunos mecanismos de acción de los antioxidantes en la dieta, si bien la demostración de sus efectos beneficiosos, excepto cuando se consumen formando parte de frutas y verduras frescas, es todavía problemática y,

por tanto, se espera que sea un campo de desarrollo científico y fructífero en los años venideros.

4.- *Sistema cardiovascular*. Comprende aspectos relacionados con los dos anteriores, además de otros en estrecha relación con la integridad estructural del sistema cardiovascular, la trombogénesis y el metabolismo lipoproteico.

5.- *Metabolismo de los xenobióticos*. Se trata de controlar y/o contrarrestar la toxicidad y carcinogenicidad causada por contaminantes químicos presentes en los alimentos y en el medio ambiente.

6.- *Sistema gastrointestinal*. Se incluyen las funciones que se asocian con el equilibrio de la flora intestinal, la prevención del estreñimiento, así como la prevención frente a la proliferación de células no deseables (cancerígenas).

7.- *Estado anímico y comportamiento*. Se ha especulado bastante acerca de los posibles efectos de los alimentos sobre las capacidades cognitivas, el estado psicológico, etc. Uno de los problemas que se tiene que solucionar es fundamentalmente metodológico, ya que la metodología de que se dispone es inadecuada para generar datos de calidad sobre dichos aspectos.

Aunque no se ha efectuado una delimitación sistemática de los objetivos posibles, de acuerdo con los criterios actuales, ésta ha sido una primera aproximación, teniendo en cuenta las expectativas más inmediatas de aplicación.

Concepto de prebiótico y probiótico

Prebiótico: los prebióticos son sustancias no digeribles de la dieta que benefician la estimulación selectiva, el crecimiento o la actividad de microorganismos específicos de la microflora intestinal, principalmente del colon (por ejemplo, fructooligosacáridos o F.O.S., glucooligosacáridos o G.O.S., inulina, leucrosa, ciclodextrinas, etc.). Estas moléculas pueden añadirse o producirse «in situ» en el alimento.

Probiótico: un probiótico es un microorganismo vivo que puede producir efectos beneficiosos en el alimento, en principio mediante su acción en el tracto gastrointestinal aunque actualmente no se excluyen otras vías de acción. Los probióticos más comunes (*Lactobacillus y Bífidobacterias*) se ingieren como productos lácteos fermentados (ciertos yogures) y en el futuro es previsible que su consumo se amplíe a vegetales y a carnes fermentadas.

Las sustancias prebióticas y su utilización

Oligosacáridos: son carbohidratos formados por 3-10 monosacáridos. Se distinguen los oligosacáridos digeribles y los no digeribles, en función de la naturaleza de las unidades glucídicas que contengan.

Además de su uso tradicional como fuente de energía o edulcorantes, los oligosacáridos presentan nuevas aplicaciones en la industria alimentaria como estabilizantes, emulsionantes o como componentes de la dieta, ya que estimulan la proliferación de bacterias beneficiosas en la microflora intestinal. Su utilización como alimentos funcionales está ampliamente documentada.

Actualmente hay doce clases de oligosacáridos alimentarios obtenidos industrialmente. En 1995, la producción mundial de estos derivados en todo el mundo superó las 85.000 toneladas. Japón es el mayor produc-

CUADRO RESUMEN

Prebiótico Sustrato o alimento de determinados microorganismos vivos (no digerible por nuestro organismo).

Probióticos Microorganismos capaces de producir efectos beneficiosos en un alimento.

Funcional Alimento natural o específicamente modificado (con el objetivo de mejorar o prevenir algún aspecto relacionado con la salud del individuo) con probado valor beneficioso en la prevención o mejora de la salud.

tor de oligosacáridos del mundo. Su empleo en alimentación está aumentando notablemente en el resto del mundo, especialmente en Europa. La mayor parte de los oligosacáridos se utilizan en bebidas (aproximadamente el 50% de la producción) te-

Los oligosacáridos se emplean habitualmente en la elaboración de productos de pastelería.

PROPIEDADES DE ALGUNOS OLIGOSACÁRIDOS UTILIZADOS EN ALIMENTACIÓN

Tienen un menor poder edulcorante que la sacarosa.
No son digeribles por las enzimas del tracto gastrointestinal.
Utilizados por ciertas bacterias probióticas (factor *Bífidus*).
Modifican la viscosidad y puntos de congelación de los alimentos.
Afectan a la emulsión, formación y unión a geles.
Alteran el color de los alimentos.
Actúan como humectantes, controlando la humedad.
Poseen propiedades similares a las de las fibras dietéticas.
Presentan un bajo contenido calórico.
Actúan como agentes anticaries.

Los tomates y las cebollas son ricos en fructooligosacáridos y ejercen una acción beneficiosa en la flora intestinal.

niendo asimismo aplicación en repostería, panadería y alimentos infantiles.

Fructooligosacáridos: los fructooligosacáridos (F.O.S.) son compuestos de origen vegetal que se encuentran en alimentos tales como el trigo, el arroz, la cebolla, el espárrago, la alcachofa o el tomate. Son carbohidratos no digeribles (fibras) con una estructura química que corresponde a una molécula de glucosa unida a dos, tres o cuatro moléculas de fructosa. Podríamos llamarlos también «alimentos colónicos» ya que como no son absorbidos ni en el estómago ni en el intestino delgado, alcanzan el colon y sirven de nutriente a la flora bacteriana colónica beneficiosa (en particular por *Bifidobacterium*), proporcionándole energía y previniendo el crecimiento de bacterias perjudiciales.

Beneficios de la ingestión de fructooligosacáridos (F.O.S.)

En la industria, los F.O.S. se obtienen a partir, mayoritariamente, de las remolachas.

La ingestión de F.O.S. se asocia a una serie de efectos beneficiosos:

• *Proliferación de bífidobacterias y reducción de las bacterias perjudiciales*: se cree que estos oligosacáridos modifican la flora bacteriana, incrementando el número de lactobacilos y bífidobacterias, y previniendo el crecimiento de patógenos como bacteroides y clostridia. También favorecen una reducción de la producción de carcinógenos.

• *Reducción de los metabolitos tóxicos y de los enzimas indeseables*: la ingesta de 3 a 6 gramos al día reduce la producción de compuestos tóxicos intestinales y de enzimas indeseables en un 44,6% y en un 40,9%, respectivamente.

• *Prevención del estreñimiento*: la producción de ácidos grasos de cadena corta por parte de las bífidobacterias previene el estreñimiento al estimular el movimiento intestinal e incrementar la humedad del bolo fecal.

• *Reducción del colesterol sérico*: algunas cepas de *Lactobacillus acidophillus* asimilan el colesterol presente en el medio, mientras que otras parecen tener un papel inhibidor de la absorción de las moléculas de colesterol a través de la pared intestinal.

• *Efecto anticancerígeno*: el efecto anticancerígeno parece relacionado con el aumento de la inmunidad celular, los componentes de la pared celular y los componentes extracelulares de las bífidobacterias.

• *Producción de nutrientes*: las bífidobacterias producen vitamina B_1, B_2, B_6, B_{12}, ácido nicotínico y ácido fólico.

Alimentos transgénicos

Los alimentos transgénicos, actualmente también denominados recombinantes o O.M.G., son aquellos en cuya producción se han utilizado técnicas de ingeniería genética. Es decir, son aquellos alimentos a los cuales se les ha modificado algún gen propio con un fin determinado. Un alimento transgénico sería, por ejemplo, un tomate al cual se le ha modificado un gen con el fin de que madure más tarde, sea más resistente a ciertas plagas o enfermedades o mantenga un mayor potencial vitamínico. Esta característica deseada no es propia del tomate, sino que se ha introducido mediante técnicas de ingeniería genética.

De hecho, desde hace muchísimo tiempo, el hombre ha modificado las diferentes especies, vegetales o animales, mediante selección de semillas o crías, a fin de lograr animales o vegetales más convenientes. La obtención de híbridos o el mantenimiento y la mejora de castas es algo cotidiano, tanto en la ganadería como en la agricultura. Estos métodos agropecuarios requieren mucho tiempo y son, en cierta manera, inciertos. Los transgénicos son el último avance tecnológico en este campo. El alimento es modificado en su código genético, con lo que los resultados son rápidos y precisos.

E.U.A., un país pionero en el cultivo de transgénicos, dedicó, durante el año 1998, un total de 20,8 millones de hectáreas a la producción de este tipo de alimentos, mientras que los países de la Unión europea sólo dedicaron unas 100.000 hectáreas. De hecho, actualmente, países como Francia, Austria, Luxemburgo o Dinamarca son reacios a la producción de alimentos transgénicos, mientras que Gran Bretaña o Irlanda son partidarios. España defiende el principio de precaución e insiste en la prioridad de información a través del etiquetaje de los productos transgénicos.

El principal problema de los alimentos transgénicos y punto de desacuerdo entre defensores y detractores reside en las dudas que se plantean sobre su inocuidad, por el hecho de que su código genético se haya modificado en un tubo de ensayo de laboratorio. La gran desinformación y la aún poca experiencia en este campo hacen que la población sea recelosa en aceptar estos productos como parte de su alimentación cotidiana.

Los alimentos transgénicos de mayor producción son, actualmente, la soja, el trigo, el maíz, el algodón, la colza y la patata.

Los detractores, muy activos, de este tipo de manipulación argumentan su oposición y desconfianza aludiendo a problemas de alergias, resistencia a ciertos antibióticos, modificación del medio ambiente con posibles repercusiones negativas para algunos ecosistemas, consideraciones éticas o motivos incluso religiosos.

También aducen el hecho de que esta tecnología esté controlada por grandes multinacionales y favorezca aún más la desigualdad entre países del hemisferio norte y sur.

La biotecnología tiene una serie de temas pendientes de resolver, como son la dificultad actual de identificar los alimentos transgénicos, la regularización del etiquetado, el desconocimiento de los posibles riesgos medioambientales y los riesgos potenciales para la salud humana.

La humanidad se dirige inexorablemente hacia una población mundial de 100.000 millones de individuos en un plazo medio de 50 años. En este contexto, todos los recursos tecnológicos disponibles, entre ellos la ingeniería genética, tienen que ser utilizados responsablemente.

La biotecnología no precisa campañas de promoción que puedan dañar más que beneficiar, sino ser explicada y, sobre todo, entendida. Si el consumidor percibe peligro en la biotecnología alimentaria, ésta, sencillamente, no será aceptada.

APLICACIONES DE INTERÉS DE LOS O.M.G.

En agricultura y agronomía: tolerancia a los herbicidas, resistencia a virus, insecticidas, hongos y bacterias. Resistencia al frío, al hielo y a la salinidad.

En alimentación humana y animal: modificaciones de la maduración, conservación, mejoras de la calidad nutricional, organoléptica. Reducción de elementos tóxicos y alergénicos.

En medicina: obtención de proteínas y enzimas para posterior producción de sustancias de interés terapéutico.

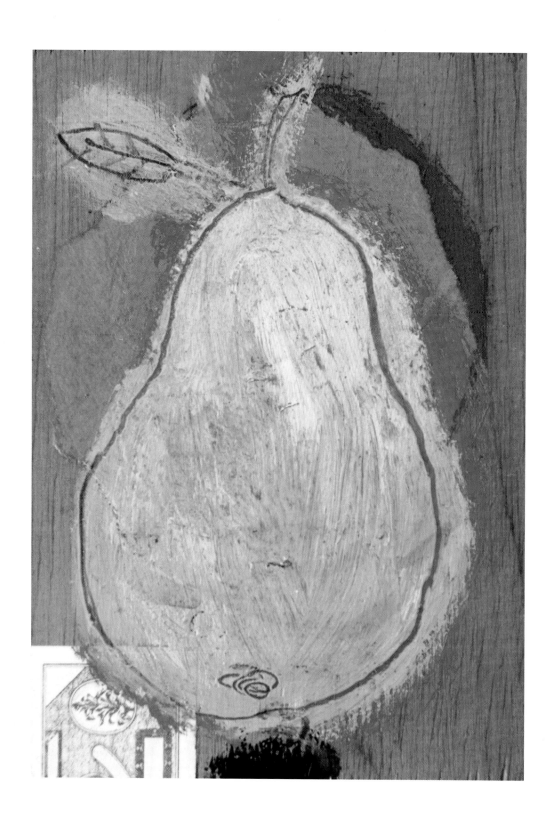

La alternativa vegetariana consiste en la ingesta exclusiva de alimentos de origen vegetal: verduras, hortalizas, legumbres, frutas…

LA ALTERNATIVA VEGETARIANA

¿**Q**ué es la alimentación vegetariana?

La alimentación vegetariana puede definirse como la teoría o la práctica de vivir mediante la ingesta exclusiva de alimentos de origen vegetal: verduras, hortalizas, legumbres, tubérculos, frutas, frutos secos, semillas, cereales y derivados, es decir, una alimentación basada en todo tipo de alimentos de origen vegetal, excluyendo carnes y derivados cárnicos, mariscos, crustáceos y pescados. Existe una gran diversidad entre los vegetarianos en relación al consumo de leche, productos lácteos y huevos.

¿Cuándo aparece esta alternativa alimentaria?

Las distintas propuestas vegetarianas que han ido apareciendo a lo largo de la historia tienen diferentes objetivos, como preservar la salud, responder a tendencias filosóficas, creencias religiosas, fundamentos ecológicos, económicos, éticos, estéticos o dietéticos, o simplemente constituyen la oposición y la protesta a las convenciones establecidas.

El libro del Génesis ofrece a los vegetarianos seguidores de la Biblia una argumentación favorable en relación al seguimiento de una alimentación exclusiva a base de productos de origen vegetal. En esta parte de las Sagradas Escrituras, el Creador se dirige a Adán y a Eva diciendo: «Yo os doy toda planta sementífera sobre toda la superficie de la tierra, y todo árbol que da fruto contenien-do simiente en sí. Ello será vuestra comida». En este mandato no se nombra la carne, con lo que el vegetarianismo se acercaría a la originaria voluntad de Dios.

Pero parece ser que el origen del vegetarianismo se atribuye al budismo y a las antiguas religiones de la India, que prohibían el sacrificio de animales. La prohibición del sacrificio de animales no se basa tan sólo en la bondad y el respeto hacia la vida de los animales, sino que probablemente tiene su origen en los primitivos mitos de la inmortalidad y de la reencarnación en animales inferiores o superiores, en función del comportamiento del individuo a lo largo de la vida. Según esta creencia, el más pequeño de los animales puede poseer un alma que anteriormente fuera humana (doctrina de la inmortalidad o de la transmigración de las almas).

En el siglo VI a.C., el filósofo griego Pitágoras excluyó la carne de su alimentación justificando esta postura como una opción de respeto a la vida, así como un método para mejorar la salud. Durante la Edad Media se detectaron entre el clero algunas tendencias de acercamiento a las propuestas vegetarianas.

El movimiento vegetariano como tal se inició en Inglaterra a comienzos del siglo XX. Algunas personas pertenecientes a círculos intelectuales y religiosos consideraron que la dieta vegetaria-

Los cereales y sus derivados constituyen uno de los pilares de la alimentación vegetariana.

na podía conducir a «la virtud y a la salud». En 1809 un grupo de miembros de la Iglesia Bíblica Cristiana de Inglaterra, liderado por el reverendo William Cowherd, constituyó el primer grupo vegetariano de aquel país. Entre los discípulos de Cowhered que se instalaron en Filadelfia, E.U.A., destacó Silvester Graham, principal representante del vegetarianismo en América y un vigoroso defensor de las harinas integrales. Las galletas Graham, elaboradas con harina integral, son todavía muy populares en E.U.A. Graham legó un gran número de publicaciones en las que afirmaba que «la gran maldad, la atroz violencia y los crímenes de la humanidad que precedieron al diluvio universal son un claro ejemplo del efecto del consumo excesivo de alimentos de origen animal».

En 1840, los Cristianos de la Biblia crearon la Sociedad Vegetariana de Gran Bretaña. En 1850, se constituyó la Sociedad Vegetariana Americana. También, alrededor de 1840, destacó un grupo religioso, Los Adventistas del 7º Día, con gran repercusión en la evolución de esta alternativa alimentaria, el vegetarianismo. El miembro más conocido de este grupo fue el dr. Kellogg, John Harvey Kellogg, director del Balneario de Battle Creek y fundador de la empresa de cereales para desayuno que llevan su nombre.

El antropólogo Marvin Harris, autor de numerosas obras sobre antropología de la alimentación humana, sugiere que con mucha frecuencia, las conductas alimentarias tienen su origen en la adaptación del individuo a las condiciones ambientales y sociales de un determinado momento en la historia y que, más tarde, se instauran e incluyen en los dogmas religiosos, en las costumbres, en los mitos de una determinada población (consumo de vaca en la India, consumo de cerdo en la religión musulmana...).

En la actualidad, se calcula que un importante porcentaje de la población mundial sigue voluntariamente algún tipo de dieta basada principalmente en el consumo de vegetales. Por el contrario, parte de la población de los países pertenecientes al Tercer mundo, con importantes restricciones alimentarias debidas a la falta de recursos y a la pobreza, siguen involuntariamente una alimentación insuficiente basada en la ingesta de algunos alimentos de origen vegetal, que no llegan a cubrir los requerimientos nutricionales básicos.

Tipos de dietas vegetarianas

Vegetarianismo estricto o dieta vegetariana pura

Los vegetarianos estrictos no ingieren ningún tipo de alimento de origen animal, ni alimentos en cuyo proceso pueda añadirse algún ingrediente de origen animal, ni tan sólo miel o derivados lácteos. Los vegetarianos estrictos representan una pequeña proporción entre el colectivo vegetariano.

Dieta frugívora o frugivorismo

Es una propuesta vegetariana extrema. Permite solo la ingestión de frutas, frutos secos y semillas, sin cocción. Contempla también la ingestión de hortalizas como tomates, pimientos, berenjenas, calabacines, etc. Rechaza también el consumo de legumbres.

Dieta crudívora o crudivorismo

Contempla tan sólo el consumo de alimentos crudos: verduras, hortali-

John Harvey Kellogg, miembro del grupo Los Adventistas del 7º Día, fundó la empresa de cereales que lleva su nombre.

zas, frutas, frutos secos, semillas, cereales y legumbres germidadas. Existen grupos que incluyen también el consumo de leche y huevos sin manipulación ni cocción.

La tendencias descritas hasta aquí pueden suponer riesgos debidos a situaciones carenciales, principalmente en etapas en las que determinados requerimientos se ven aumentados, como es el caso de la infancia, la adolescencia, el embarazo, la lactancia…

Higienismo o dieta higienista

Esta propuesta vegetariana se basa en la teoría de la *compatibilidad e incompatibilidad* de los alimentos. Se evitan ciertas combinaciones como la mezcla de alimentos ricos en almidón con alimentos ricos en proteínas, pues se supone que estos alimentos mezclados no pueden ser adecuadamente digeridos. Otro aspecto característico del higienismo es que las frutas deben tomarse fuera de las comidas y sin mezclarse con otros alimentos. Entre los seguidores del higienismo existe una gran diversidad de tendencias, desde los más estrictos y radicales, que no permiten ni la cocción ni la inclusión de productos de origen animal (leche y huevos), hasta las tendencias más permisivas, que incluyen carnes y pescados pero respetando la teoría de las incompatibilidades.

De aquí nacen las conocidas dietas disociadas, frecuentemente utilizadas (en algunos sectores) para el tratamiento de la obesidad.

Esta tendencia puede ser más o menos equilibrada en función de los conocimientos sobre nutrición y dietética que tenga la persona que siga estas pautas, es decir, que requiere una adecuada combinación de los alimentos para llegar a ser sufuciente.

Dieta macrobiótica

Se trata de una forma extrema de vegetarianismo, basada en los conceptos de la filosofía zen, preconizada por George Oshawa. De acuerdo con esta filosofía, los alimentos son clasificados en dos categorías: *Yin* y *Yang*. Los alimentos *Yin* son pasivos, mientras que los alimentos *Yang* son activos. La salud y el bienestar dependen del equilibrio entre el *Yin* y el *Yang*. La manera de cocinar los alimentos es *Yin*, pero la manera lenta de cocinar los alimentos se considera *Yang*. La carpa, la sandía, las almejas, las patatas, las ciruelas, el azúcar, la miel y el ajo son alimentos *Yin*. La carne de caballo, los huevos de gallina y de pato, el cerdo y el caviar son alimentos considerados *Yang*. Los granos de cereales y las verduras y hortalizas juegan un importante papel en el equilibrio entre el *Yin* y el *Yang*. La dieta macrobiótica, además, debe pasar por diez estadios distintos que progresivamente se vuelven más restrictivos en cuanto a la variedad de alimentos, hasta llegar al estadio más avanzado, basado exclusivamente en el consumo de cereales integrales y en una drástica reducción del consumo de agua.

En el año 1966 el Gran Jurado de Nueva Jersey sentenció la peligrosidad del seguimiento de estadios avanzados de la dieta macrobiótica.

¿Qué ventajas pueden destacarse de las dietas vegetarianas?

Diversos estudios epidemiológicos realizados en distintos países coinciden en afirmar que los grupos de población que siguen propuestas de alimentación vegetariana, presentan menor incidencia de ciertas enfermedades de elevada incidencia y prevalencia en los países industrializados, y

Los frutos secos constituyen uno de los alimentos básicos de la dieta crudívora.

171

Los aspectos nutricionales de la dieta vegetariana que pueden intervenir favorablemente en la salud, se resumen en la siguiente tabla:

↓ Volumen calórico total
↑ Ingesta de carbohidratos complejos
↓ Consumo de azúcares refinados
↑ Ingesta de fibra alimentaria
↑ Ingesta de proteínas vegetales
↓ Ingesta de proteínas animales
↓ Ingesta de purinas
↓ Ingesta de grasas saturadas y colesterol
↓ Ingesta de grasas totales
↑ Ingesta de grasas poliinsaturadas
↑ Ingesta de antioxidantes naturales
↓ Consumo de sodio

Entre los vegetarianos se constata un descenso en el consumo de azúcares refinados.

que acostumbra a relacionarse con el consumo abusivo y cotidiano de alimentos, especialmente de origen animal. Así pues, parece ser que las enfermedades cardiovasculares, algunos tipos de cáncer, la diabetes tipo 2, la obesidad, la hipertensión arterial, las dislipemias, los elevados niveles de ácido úrico y el estreñimiento se diagnostican con mayor frecuencia en la población omnívora que entre la población vegetariana.

El consumo de carbohidratos complejos es más elevado entre la población vegetariana, principalmente entre los vegetarianos estrictos. Al mismo tiempo, los vegetarianos ingieren como mínimo los 25-30 g de fibra diarios, recomendados en una alimentación equilibrada, superando ampliamente estas cantidades los vegetarianos estrictos.

Tanto el aumento del consumo de hidratos de carbono complejos como el aumento de fribra son recomendaciones básicas en las estrategias para mejorar los hábitos alimentarios de

la población española, así como en las estrategias de la mayor parte de los países occidentales, en los que el consumo de farináceos, legumbres y alimentos ricos en fibra ha disminuido en los últimos años.

Entre los vegetarianos, se observa también un descenso del consumo de azúcares refinados, principalmente asociados a productos elaborados que, a su vez, incluyen algún ingrediente de origen animal (bollería, pastelería, dulces, helados...).

En relación a las grasas, es evidente que al no incluir carnes ni elaborados cárnicos, este tipo de dieta puede disminuir considerablemente el aporte calórico global, así como el procedente de grasas totales, grasas saturadas, colesterol y sodio (incluido en la elaboración de embutidos y platos preparados), y también el aporte de purinas derivadas del metabolismo proteico. La ingesta de ácidos grasos saturados y colesterol de los vegetarianos estrictos es prácticamente nula.

La población vegetariana acostumbra a incluir en su dieta, con más frecuencia y en mayor cantidad, frutas y frutos secos. El incremento del consumo de frutas favorece la mayor ingesta de fibra y vitaminas hidrosolubles, mientras que el incremento en el consumo de frutos secos (nueces, avellanas, almendras...) aumenta el aporte de grasas poliinsaturadas, proteínas de origen vegetal y fibra. El consumo habitual de frutos secos ha sido considerado por numerosos estudios como un posible agente protector frente a enfermedades cardiovasculares.

Además, entre la población vegetariana, puede destacarse un mayor consumo de antioxidantes (flavonoi-

des, vitamina E, vitamina C, carotenos…), que se encuentran principalmente entre los alimentos vegetales.

Éstos serían, a grandes rasgos, los caracteres nutricionales más favorables de la propuesta alimentaria vegetariana.

Limitaciones nutricionales del vegetarianismo

Las limitaciones nutricionales de la dieta vegetariana se centran principalmente en:

1) La inferior calidad nutritiva de las proteínas vegetales
2) El bajo consumo de vitamina B_{12} en los vegetales
3) La inferior cantidad y disponibilidad de hierro
4) La inferior cantidad y disponibilidad de calcio

1. Inferior calidad nutritiva de las proteínas vegetales

La calidad de una proteína viene determinada principalmente por dos aspectos: su digestibilidad y su contenido en aminoácidos esenciales. La digestibilidad de las proteínas de origen vegetal puede verse alterada por la elevada proporción de fibra de los productos integrales y por la existencia o no de cocción. La digestibilidad de las proteínas mejora con la cocción.

Por otro lado, se determina que 9 de los 20 aminoácidos que nuestro organismo utiliza en la síntesis de proteínas son esenciales, es decir, que nuestro organismo sólo los obtiene a través de los alimentos. Prácticamente ningún alimento de origen vegetal es rico en todos los aminoácidos esenciales, por lo que sus proteínas se consideran de menor calidad que las animales. Entre las proteínas vegeta-

les se consideran de mayor calidad las procedentes de las legumbres (soja, garbanzos, judías, guisantes…) y también las de los frutos secos. La proteína de valor más elevado es la del huevo.

La complementación proteica (imprescindible en la propuesta vegetariana) mejora en gran medida la calidad de las proteínas vegetales a las que les falta algún aminoácido esencial. Por ejemplo, las preparaciones en las que se mezcla arroz con soja, arroz con lentejas, judías con tortitas de maíz, etc., se consideran preparaciones con una elevada calidad proteica que se ha conseguido mediante la complementación de los aminoácidos limitantes de las legumbres y los cereales. Los cereales, en general, son limitantes, es decir, que les falta un aminoácido esencial, la lisina. Asimismo, las legumbres son limitantes en metionina, aminoácido aportado por los cereales.

2. Bajo consumo de vitamina B_{12}

Se cita como fuentes vegetales de vitamina B_{12} a los cereales, las legumbres, las verduras, las algas y los alimentos fermentados (aunque la fuente más importante de vitamina B_{12} se ubica en las carnes y pescados). Pero, al mismo tiempo, se ha demostrado que los vegetales aportan sustancias no activas análogas a la vitamina B_{12}, que evitan que ésta sea nutricionalmente efectiva. Incluso los lactoovovegetarianos presentan niveles séricos bajos de vitamina B_{12}, por lo que la suplementación de ésta está indicada en todas las dietas vegetarianas. La única fuente alimentaria de origen vegetal rica en vitamina B_{12} es la levadura de cerveza. Las necesidades de vitamina B_{12} de nuestro organismo no son elevadas y podrían, en el caso de los vegetarianos, cubrirse

El vegetarianismo, como ya se ha comentado al principio, acostumbra a ser, además de un sistema de alimentación, una manera de vivir o una opción de vida.
Es importante recordar que, aparte de los aspectos puramente nutricionales y en relación con la menor incidencia de algunas enfermedades entre la población de régimen vegetariano, una persona que opte por una alimentación vegetariana responde a un perfil de individuo preocupado por su salud y que, por lo tanto, cuida también con esmero otros hábitos y conductas de vida relacionados con las enfermedades anteriormente mencionadas. Entre otros, el hábito tabáquico, el sedentarismo, el estrés y el consumo abusivo de bebidas alcohólicas se consideran importantes factores de riesgo cardiovascular.

con con una cucharada sopera colmada de levadura, o bien con alimentos vegetales fortificados (cereales de desayuno, leche de soja…).

3. Hierro (Fe)

El principal problema del hierro, en las dietas vegetarianas, es la baja biodisponibilidad que presenta este mineral cuando es de origen vegetal, siendo de mayor biodisponibilidad el hierro de origen animal.

Entre los vegetarianos que incluyen el consumo de huevos, el aporte de hierro es superior, ya que los huevos representan una importante fuente de este mineral. La absorción del hierro en la dieta se relaciona con varios factores dietéticos que es conveniente regular en la propuesta vegetariana:

Para mejorar la absorción de hierro es conveniente realizar una mayor ingesta de vitamina C en las comidas, es decir, combinar los alimentos ricos en hierro con frutas y con vegetales ricos en ácido cítrico.

Puede interferirse la absorción del hierro por la abundancia de taninos, presentes en ciertas frutas, el té, el café, así como por los fitatos de los cereales integrales, de las cutículas de las semillas y de las leguminosas. En este sentido, sería conveniente evitar la adición abundante de estas sustancias en combinación con los alimentos ricos en hierro.

Parece ser que de un 20 a un 30% del contenido en hierro de los vegetales puede pasar al agua de cocción en el proceso de hervido, en relación al contenido inicial en crudo del alimento.

En resumen, para mejorar la absorción del hierro, debería procurarse que la ingesta de alimentos ricos en es-

La ingesta de alimentos ricos en vitamina C favorece la absorción del hierro.

te mineral se realice junto a alimentos ricos en vitamina C directa: frutas cítricas enteras o en zumos (naranjas, mandarinas, limones, fresas, kiwis…), hortalizas ricas en vitaminas (tomates maduros, pimientos…). Al mismo tiempo, debería evitarse la combinación del hierro con los alimentos que no favorecen su absorción.

4. Calcio (Ca)

También en este caso el problema se centra en la biodisponibilidad, según el tipo de dieta vegetariana. Los lactovegetarianos pueden cubrir sus necesidades más fácilmente, ya que incluyen en su dieta los principales alimentos fuente de calcio: la leche y los derivados lácteos.

Puede dificultarse la absorción de calcio debido a:

– el exceso de fosfatos (la relación Calcio/P debería ser 1/1)

– la presencia de oxalatos y fitatos. Acelgas, espinacas, espárragos, chocolates y vino son ricos en oxalatos. El salvado, la cáscara de los cereales, las semillas y las leguminosas, los panes y las galletas integrales son ricos en fitatos.

– elevada ingestión de grasas en la dieta.

– en el caso del calcio de origen vegetal, se calcula que pueden producirse pérdidas de hasta un 30% por el hervido de los alimentos.

Puede mejorarse la absorción de calcio gracias a:

– el aporte de vitamina D, de lactosa (carbohidrato de la leche) y de proteínas suficientes en la dieta.

La vitamina D puede ser insuficiente en la dieta de vegetarianos estrictos que no consumen productos lácteos. La exposición a la luz solar entre 5 y 15 minutos diarios en manos y brazos (conversión de la provitamina de hidrocolesterol) cubre la mayor parte de los requerimientos nutricionales de vitamina D, aunque la mejor absorción y metabolización del calcio se realiza a través de los alimentos fuente. Un recurso importante en estos casos son los alimentos o preparados vegetales fortificados.

Algunos estudios señalan la posibilidad de que grupos de población que realizan ingestas bajas de proteínas (vegetarianos estrictos) y que, además, tienen una actividad física elevada, presenten requerimientos de calcio inferiores al resto de la población que sigue una dieta omnívora.

¿Es mejor seguir una dieta omnívora o una dieta vegetariana?

Para responder a esta cuestión, es necesario especificar a qué tipo de dieta vegetariana u omnívora nos referimos. A lo largo del capítulo hemos destacado las características de algunas tendencias vegetarianas (crudivorismo, frugivorismo o la propuesta macrobiótica), que presentan amplias restricciones que dificultan considerablemente cubrir los requerimientos nutricionales y que, por lo tanto, deberían ser ampliamente suplementadas.

Por el contrario, propuestas vegetarianas como la ovolactovegetariana pueden ser muy saludables y nutricionalmente adecuadas, al mismo tiempo que proporcionan beneficios tanto en la prevención como en el tratamiento de ciertas enfermedades.

En cuanto a la dieta omnívora o tradicional representada por todos los grupos de alimentos, cabe decir que es un sistema alimentario con el que es más fácil cubrir todos los requerimientos nutricionales del ser humano, aunque se producen con frecuencia desequilibrios que a la larga pueden ser perjudiciales para la salud.

Para lograr el equilibrio entre las preferencias, los hábitos y las necesi-

dades es conveniente realizar una planificación individualizada, así como un adecuado proceso de información y educación alimentaria, necesaria tanto para los grupos que desean seguir propuestas alternativas, como para la población que sigue propuestas de alimentación tradicional u omnívora (entre los que se detectan importantes desequilibrios debidos al excesivo consumo de grasas y azúcares refinados, así como al bajo consumo de fibra).

Es una creencia muy arraigada entre los vegetarianos pensar que el consumo de alimentos de origen vegetal conduce a la virtud, la paciencia, la tolerancia, la bondad, la rectitud y la vida contemplativa. La reflexión de algunos autores se centra principalmente en saber si estas virtudes son la consecuencia, o por el contrario, la causa del vegetarianismo, aunque no siempre la historia puede relacionar las tendencias vegetarianas y a los seguidores del vegetarianismo con las virtudes antes mencionadas. Conocidos vegetarianos han mostrado una conducta que no puede calificarse de favorable: Adolf Hitler era un convencido vegetariano que atribuía la decadencia de nuestra civilización al consumo de carne.

Los taninos presentes en el café pueden interferir la correcta absorsión del hierro.

El consumo excesivo de azúcares refinados ocasiona importantes desequilibrios nutricionales.

INTRODUCCIÓN Y JUSTIFICACIÓN DEL RECETARIO

Este recetario no pretende adentrarse en los secretos de la alta cocina ni sumarse a las nuevas modas o tendencias culinarias. Para ello existen publicaciones con sobrado prestigio y seriedad.

Las recetas que se proponen a continuación son una selección de aquellas que permiten compaginar la cocina sabrosa, sencilla, tradicional, variada y saludable con la mesa de cada día, no sólo la de las grandes ocasiones. También se pretende constatar que cualquier restricción dietética que deban seguir las personas que sufran sobrepeso, diabetes, colesterol elevado o hipertensión no tiene por qué estar reñida con el placer de una alimentación variada y sugestiva.

Al mismo tiempo, los ingredientes utilizados, así como el tipo de preparaciones, intentan reflejar los distintos alimentos de cada temporada del año con el fin de aprovechar las ventajas nutricionales, económicas y organolépticas de los mismos.

Siguiendo los criterios de una alimentación equilibrada y saludable se han priorizado los primeros platos frente a los segundos. Entre los segundos, se ha dado más importancia a los pescados que a las carnes, y de estas últimas se han escogido las variedades más magras.

La mayoría de las recetas de los postres se han elaborado a base de fruta fresca de estación, tratando de presentar platos originales y variados con ingredientes poco manipulados.

En cada receta encontrará los siguientes apartados:

Ingredientes.

Preparación.

Una propuesta de menú equilibrado, en la que se incluye la receta sugerida.

Un breve comentario dietético sobre el contenido nutricional del plato, resaltando los nutrientes más destacados.

Un pequeño cuadro donde se menciona la idoneidad de la receta con respecto a distintas patologías. En este cuadro, cuando se hace referencia a la diabetes, se ofrece información en relación al cálculo de hidratos de carbono del plato, mediante el sistema de raciones (expuesto en el capítulo sobre alimentación y diabetes), considerando 1 ración = 10 g de hidratos de carbono.

ARROZ CON CHAMPIÑONES Y ALCACHOFAS

Ingredientes: (4 personas)

250 g de arroz (peso crudo); 4 alcachofas;
200 g de champiñones; 1 cebolla; 3 cucharadas
de aceite de oliva; 2 cucharaditas de queso
parmesano rallado*; 2 vasos de caldo (desgrasado);
1/2 vaso de vino blanco seco, sal* y perejil

1. Desechar las hojas exteriores de las alcachofas y cortarlas en 6 trozos cada una. Limpiar los champiñones, lavarlos y cortarlos a láminas. Picar finamente la cebolla y rehogarla con dos cucharadas de aceite caliente, a fuego moderado. Agregar los trozos de alcachofa y saltear hasta que se doren.
2. Añadir el arroz y dar unas vueltas, sin dejar de remover, para que se tueste ligeramente. Verter el vino y dejar que se evapore. Agregar el caldo hirviendo y cocer durante 18 o 20 minutos (dependiendo del tipo de arroz utilizado).
3. Mientras tanto, saltear en una sartén con una cucharadita de aceite los champiñones sazonados al gusto durante dos o tres minutos. Incorporarlos al arroz un poco antes de que éste termine de cocerse.
4. Retirar el arroz del fuego y añadir el queso rallado y el perejil picado.

PROPUESTA DE MENÚ

Arroz con champiñones y alcachofas
Pollo al horno con tomate y aceitunas
Macedonia con base de yogur

SOBREPESO	A
HIPERTENSIÓN	MA (evitar los ingredientes marcados con *)
COLESTEROL	MA
DIABETES	MA (1/2 ración de verduras + 4 raciones de farináceos)

MA = Muy adecuado; A = Adecuado; D = Desaconsejado

*Siempre que se respeten las cantidades e ingredientes marcados en la receta

COMENTARIO DIETÉTICO

El arroz, junto con el trigo y el maíz, son la base de la alimentación humana en todo el mundo. Estos cereales aportan a la alimentación hidratos de carbono complejos, cuya función principal en el organismo es suministrar energía.

Las verduras que acompañan al arroz le aportan minerales, vitaminas, fibra alimentaria y sabor.

Al no incorporarse alimentos de origen animal (excepto la pequeña cantidad de queso), el contenido del plato en grasas saturadas y en colesterol es muy bajo.

Para reducir su valor energético, puede prepararse con menos cantidad de arroz y más verduras.

PAELLA MIXTA

Ingredientes: (4 personas)

240 g de arroz; 1/2 kg de pollo (troceado); 100 g de costilla de cerdo; 100 g de calamares limpios; 100 g de mejillones; 200 g de gambas; 1 pimiento rojo; 200 g de tomates maduros; 2 dientes de ajo; 1/2 l de caldo de pollo; 4 cucharadas de aceite; azafrán; sal*

1. Cocer los mejillones al vapor hasta que se abran y reservarlos. Trocear el pollo y la costilla de cerdo. Pelar los tomates y sacarles las semillas. Cortar el pimiento a tiras.

2. Dorar el pollo en una cazuela con aceite caliente. Al cabo de 10 minutos, añadir la costilla de cerdo, los calamares y las gambas y dejar cocer 10 minutos más.

3. Retirar las gambas. Incorporar los pimientos y, pasados unos minutos, el tomate y el ajo picado. Esperar a que el tomate espese.

4. Incorporar el arroz, el azafrán y, por último, regar con el caldo. Tapar y cocer durante 15 minutos. Posteriormente, incorporar los mejillones y las gambas. Mantener 10 minutos a fuego lento. Retirar y dejar reposar 4 o 5 minutos antes de servir.

PROPUESTA DE MENÚ

Ensalada variada
Paella mixta
Sorbete de piña

SOBREPESO	A
HIPERTENSIÓN	MA (evitar los ingredientes marcados con *)
COLESTEROL	A
DIABETES	MA (4 raciones de farináceos)

MA = Muy adecuado; **A** = Adecuado; **D** = Desaconsejado

* Siempre que se respeten las cantidades e ingredientes marcados en la receta

COMENTARIO DIETÉTICO

La paella, al estar compuesta de diversos alimentos como el arroz, las verduras, las carnes, los pescados, el aceite..., puede perfectamente ser un completo y nutritivo plato único. Lo acompañaremos de una ensalada u otra preparación a base de alimentos crudos para enriquecer el menú en vitaminas y fibra alimentaria.

Es uno de los platos más representativos del litoral mediterráneo e identifica perfectamente las características de la dieta mediterránea.

En esta receta es difícil reducir la cantidad de arroz sin que el plato pierda su aspecto tradicional, por lo que no puede plantearse una gran restricción energética.

FIDEOS A LA MARINERA

Ingredientes: (4 personas)

250 g de fideos (n°3); 400 g de sepia;
12 gambas o langostinos pequeños; 16 mejillones;
200 g de tomates maduros; 4 alcachofas; 2 pimientos
verdes; 1 cebolla; 2 dientes de ajo;
4 cucharadas de aceite; caldo de pescado; sal*

1. Pelar y rallar los tomates y cortar en trozos pequeños la cebolla, el ajo y los pimientos.
2. En una cazuela con un poco de aceite, freír la sepia troceada y las gambas o langostinos. Añadir los fideos y dorarlos un poco. Retirar.
3. En la misma cazuela, freír la cebolla. Añadir los tomates, el ajo, los pimientos y las alcachofas. Dejar cocer entre 5 y 7 minutos tapado.
4. Incorporar los fideos, añadir el caldo de pescado y dejar cocer unos 15 minutos. En el último momento, incorporar la sepia, las gambas o langostinos y los mejillones (abiertos al vapor y sin las conchas).

PROPUESTA DE MENÚ

Crema de verduras
Fideos a la marinera
Zumo de frutas

COMENTARIO DIETÉTICO

SOBREPESO	A
HIPERTENSIÓN	MA (evitar los ingredientes marcados con *)
COLESTEROL	MA
DIABETES	MA (4 raciones de farináceos)

MA = Muy adecuado; **A** = Adecuado; **D** = Desaconsejado

* Siempre que se respeten las cantidades e ingredientes marcados en la receta

Es una receta que, por sus ingredientes, puede presentarse como un completo plato único, al igual que la paella, el arroz a la cazuela, los potajes o los estofados de patata, verduras y carne. Todos ellos son platos muy equilibrados, típicos de la gastronomía mediterránea. Esta preparación no aporta prácticamente grasa de origen animal, ya que la sepia y/o el calamar son alimentos con muy poca cantidad de grasa y con bajo contenido energético. Tanto las gambas como los mejillones son una fuente importante de hierro.
Este es un plato con muy buena aceptación, adecuado para todas las edades.

MACARRONES DE LA ABUELA

Ingredientes: (4 personas)

250 g de macarrones; 100 g de carne picada; 50 g de picadillo de jamón*; 200 g de setas variadas; 500 g de tomates maduros; 1 cebolla grande; 4 cucharadas de aceite; sal*; 40 g de queso rallado*; una nuez de mantequilla

1. Precalentar el horno.
2. En una olla poner 3 litros de agua a hervir. Salar y añadir la pasta. Dejarla cocer removiendo de vez en cuando, hasta que esté «al dente». Escurrir y reservar.
3. Pelar y picar finamente la cebolla y las setas. En una sartén poner las setas picadas sin nada de aceite. Cuando hayan reducido toda el agua, retirar del fuego y reservar.
4. Calentar un poco el aceite y añadir la cebolla. Cuando esté dorada, añadir la carne picada y el jamón finamente trinchado y dar un par de vueltas.
5. Añadir las setas al sofrito de cebolla y carne. Dejar cocer unos minutos y añadir el tomate triturado, pelado y sin semillas. Cuando la salsa haya espesado, mezclarla con los macarrones hervidos.
6. Poner la pasta en una bandeja de horno. Espolvorear con el queso rallado y distribuir unos trocitos de mantequilla por encima.
7. Meter la bandeja en el horno, gratinar y servir.

PROPUESTA DE MENÚ

Ensalada Niçoise
Macarrones de la abuela
Helado de fresa

COMENTARIO DIETÉTICO

SOBREPESO	A
HIPERTENSIÓN	MA (evitar los ingredientes marcados con *)
COLESTEROL	MA
DIABETES	MA (1/2 ración de verduras + 4 raciones de farináceos)

MA = Muy adecuado; **A** = Adecuado; **D** = Desaconsejado

*Siempre que se respeten las cantidades e ingredientes marcados en la receta

Esta versión de un plato tan tradicional, como son los macarrones, permite a toda la familia disfrutar de ella, incluso a los que deban controlar algún parámetro dietético.

El picadillo de setas puede sustituir a una parte de la carne picada y, de esta manera original y sabrosa, rebajar la energía, el colesterol y las grasas saturadas del menú. Las setas son alimentos ricos en agua, en minerales y en fibra y, por otro lado, son pobres en energía.

La cantidad de pasta, en este caso macarrones, puede variar en función de las necesidades de la dieta. En caso de reducirse la cantidad, puede incrementarse la cantidad de setas (con escaso contenido energético) y de salsa de tomate.

TALLARINES CON SETAS Y ESPÁRRAGOS TRIGUEROS

Ingredientes: (4 personas)

250 g de tallarines; 400 g de setas frescas variadas (según la temporada); 400 g de espárragos trigueros; 2 dientes de ajo; perejil; sal* y pimienta; 4 cucharadas soperas de aceite de oliva; 1 cucharadita de zumo de limón; queso rallado* (tipo parmesano)

1. Limpiar las setas y cortarlas en trozos no demasiado pequeños. Limpiar los espárragos y trocearlos a un tamaño similar al de las setas.
2. Poner aceite en una cazuela y sofreír los ajos enteros aplastados. Retirarlos cuando empiecen a dorarse.
3. Añadir los espárragos y las setas. Sazonar con sal, pimienta y la cucharadita de zumo de limón. Añadir un par de cucharadas de agua, tapar y dejar cocer a fuego lento durante unos 15 minutos.
4. En una olla con abundante agua ligeramente salada, cocer la pasta «al dente». Escurrirla muy bien, verterla en una fuente de servir y condimentarla con la preparación anterior.
5. Servir muy caliente, espolvoreada con queso parmesano y perejil picado.

PROPUESTA DE MENÚ

Tallarines con setas y espárragos trigueros
Pescado al horno
Macedonia de fruta fresca con moscatel

COMENTARIO DIETÉTICO

SOBREPESO	A
HIPERTENSIÓN	MA (evitar los ingredientes marcados con *)
COLESTEROL	MA
DIABETES	MA (4 raciones de farináceos + 1 ración de verduras)

MA = Muy adecuado; A = Adecuado; D = Desaconsejado

* Siempre que se respeten las cantidades e ingredientes marcados en la receta

Salvo la pequeña cantidad de queso rallado, esta receta no contiene ningún componente de origen animal. Por este motivo, este plato no tiene, prácticamente, ni colesterol ni grasas saturadas. Las setas y los espárragos son alimentos ricos en minerales, fibra y vitaminas, con un bajo contenido en calorías. Los tallarines son muy ricos en hidratos de carbono complejos. Para las personas que deban controlar la sal, recomendamos moderar la cantidad de queso, ya que es un alimento rico en sodio. La cantidad de pasta puede ajustarse a las necesidades de cada dieta. Para aquellas dietas que requieran menos energía, puede reducirse la cantidad de pasta y aceite, aumentando la proporción de verduras. Si a esta receta se le añaden unas colitas de gamba o bien un huevo revuelto, puede convertirse en un excelente plato único.

CANELONES DE FIESTA

Ingredientes: (4 personas)

2 cucharadas de salsa bechamel espesa; 12 obleas de canelón; 400 g de verduras variadas (puerro, apio, judías verdes...); 1 cucharada de salsa de tomate; 300 g de colas de gamba (peso neto); 1/2 cucharada de harina; 1/2 vaso de leche desnatada; 1/2 vaso de caldo de hervir las verduras; 10 g de mantequilla; 2 cucharadas de queso rallado tipo emental*; 1 chorrito de coñac

1. Limpiar, trocear y cocer al vapor las verduras. Hervir en abundante agua las obleas de canelón. Escurrirlas y reservarlas.
2. Saltear unos minutos las colas de gamba y picarlas. Reservar.
3. Mezclar las verduras, finamente troceadas, con las dos cucharadas de bechamel y añadir las gambas. Rellenar cada uno de los canelones con la mezcla anterior.
4. Preparar una salsa bechamel clarita (mitad leche, mitad caldo de verduras). Añadirle una cucharadita de salsa de tomate y el coñac. Dejar cocer unos minutos.
5. Poner los canelones en una fuente apta para el horno y cubrirlos con la salsa bechamel. Espolvorear con el queso rallado y gratinar en el horno unos minutos.

PROPUESTA DE MENÚ

Canelones de fiesta
Redondo de ternera agridulce
Piña natural

SOBREPESO	A
HIPERTENSIÓN	MA (evitar los ingredientes marcados con *)
COLESTEROL	A
DIABETES	M.A (2 raciones de farináceos + 1/2 ración de verduras)

MA = Muy adecuado; A = Adecuado; D = Desaconsejado

*Siempre que se respeten las cantidades e ingredientes marcados en la receta

COMENTARIO DIETÉTICO

Los canelones son un plato muy tradicional que en ocasiones evitamos por miedo a transgredir la dieta. Esta versión es baja en calorías, alta en fibra y puede adaptarse fácilmente a la mayoría de las restricciones dietéticas. Es muy recomendable para toda la familia, ya que sus ingredientes los hacen nutritivos y de fácil digestión. Puede ser una buena manera de incorporar verduras en los menús de niños y adolescentes, con frecuencia reacios al consumo de vegetales.

En caso de omitir la sal, como sería conveniente para el hipertenso, se puede potenciar el sabor con un poco de nuez moscada que se incorporará en el momento de hacer la bechamel.

ENSALADA DE JUDÍAS VERDES CON TOMATE AL PERFUME DE AJO

Ingredientes: (4 personas)

800 g de judías verdes finas (tipo Boby);
4 tomates maduros;
aceite de oliva;
2 dientes de ajo;
sal*

1. Cocer las judías verdes, preferiblemente al vapor, e intentar que queden crujientes. Reservar calientes.
2. Rallar el tomate y aliñarlo con un poco de sal y aceite de oliva.
3. Frotar el plato donde se vayan a servir las judías con un ajo crudo. Disponer en él las judías calientes y cubrirlas con el tomate. Aderezar con un chorrito de aceite de oliva crudo.

PROPUESTA DE MENÚ

Judías verdes con tomate al perfume de ajo
Conejo al horno con patatas panadera
Lonchas de plátano con chocolate negro

COMENTARIO DIETÉTICO

SOBREPESO	MA
HIPERTENSIÓN	MA (evitar los ingredientes marcados con *)
COLESTEROL	MA
DIABETES	MA (I ración de verduras)

MA = Muy adecuado; **A** = Adecuado; **D** = Desaconsejado

* Siempre que se respeten las cantidades e ingredientes marcados en la receta

Este plato se caracteriza por su riqueza en minerales, vitaminas y fibra. Como el período de cocción es muy breve y algunos de los ingredientes están crudos, se conservan prácticamente todos sus nutrientes.

Al no contener alimentos de origen animal, no tiene colesterol y apenas posee grasas. El aceite de oliva con el que se aderreza el plato es un alimento muy rico en ácidos grasos monoinsaturados, saludables y muy recomendables para la prevención de las enfermedades cardiovasculares.

Es un plato de verdura con muy bajo aporte energético, pero más sabroso y con una mejor presentación que los tradicionales platos de judías verdes.

ENSALADA DE ESCAROLA, BERROS Y GROSELLA O GRANADA

> *Ingredientes: (4 personas)*
>
> 300 g de escarola y berros;
> 200 g de champiñones frescos;
> 200 g de grosellas o granada (peso neto);
> aceite de oliva; sal* y pimienta;
> vinagre (de baja acidez);
> 1/2 taza de vino tinto;
> unos cuantos piñones (20-25 g);
> unas gotas de zumo de limón

1. Lavar y cortar la escarola y los berros.
2. Lavar las grosellas (o desgranar la granada) y ponerlas a macerar con el aceite, el vinagre, el vino, la sal y la pimienta (bien mezclado, durante 1 hora aproximadamente). Añadir los piñones.
3. Lavar y cortar a láminas finas los champiñones y aliñarlos con el zumo de limón.
4. Disponer en un plato la escarola, los berros y los champiñones.
5. Aliñar todo con las grosellas (o la granada) maceradas y los piñones.

PROPUESTA DE MENÚ

Ensalada de escarola, berros y grosella o granada
Revoltillo de setas
Requesón con miel

COMENTARIO DIETÉTICO

SOBREPESO	MA
HIPERTENSIÓN	MA (evitar los ingredientes marcados con *)
COLESTEROL	MA
DIABETES	MA (l/2 ración de fruta + l/2 ración de verduras)

MA = Muy adecuado; **A** = Adecuado; **D** = Desaconsejado

* Siempre que se respeten las cantidades e ingredientes marcados en la receta

Los ingredientes de este plato son especialmente ricos en vitaminas y minerales. La granada contiene vitamina C y carotenos, y las verduras de hoja son ricas en ácido fólico. Al tratarse de ingredientes crudos, los minerales se conservan y no hay pérdida de solutos. No hay que olvidar la fibra alimentaria, que favorece el tránsito intestinal, evitando el estreñimiento, dando sensación de saciedad y ralentizando el ritmo de absorción de otros nutrientes, tales como los carbohidratos, lo que puede ser muy interesante en el caso de las personas que padecen diabetes. El valor energético del plato es escaso, pudiéndose equiparar a cualquier otra verdura.

ALCACHOFAS RELLENAS DE MARISCO

Ingredientes: (4 personas)

8 alcachofas medianas; 24 colas de gamba o langostino (pueden ser congeladas); 100 g de cebolla; fumet o caldo de pescado; vino blanco; una cucharadita de harina; queso rallado*; limón; aceite, sal*, pimienta negra

1. Preparar los corazones de las alcachofas. Rociarlos con un poco de limón y cocerlos al vapor. Deben quedar cocidos, pero a la vez firmes. Enfriar y reservar.
2. Poner en una sartén unas gotas de aceite y saltear las colas de gamba hasta que pierdan su característica transparencia. Salpimentar y reservar.
3. En el mismo aceite, brasear la cebolla finamente picada hasta que esté caramelizada. Añadir un chorrito de vino blanco seco y dejar reducir.
4. Incorporar la harina, tostarla durante un minuto y añadir el fumet de pescado, dejándolo cocer durante 5 minutos.
5. Incorporar las colas de las gambas. Homogeneizar toda la mezcla. Salpimentar.
6. Rellenar los corazones de las alcachofas con esta preparación y espolvorear cada una de ellas con un poco de queso rallado. Colocarlas en el horno a temperatura media durante unos minutos para que se calienten y se funda el queso.

PROPUESTA DE MENÚ

Alcachofas rellenas de marisco
Escalopa de ternera a la mostaza con arroz pilaf
Naranja con queso fresco y frutos secos

SOBREPESO	MA
HIPERTENSIÓN	MA (evitar los ingredientes marcados con *)
COLESTEROL	MA
DIABETES	MA (1 ración de verduras)

MA = Muy adecuado; **A** = Adecuado; **D** = Desaconsejado

*Siempre que se respeten las cantidades e ingredientes marcados en la receta

COMENTARIO DIFTÉTICO

Las alcachofas pertenecen al grupo de las verduras que tienen una importante cantidad de fibra y sales minerales.

El valor calórico de esta receta es moderado, ya que contiene muy poca cantidad de grasa.

El marisco, las gambas o los langostinos, frescos o congelados, son ricos en proteínas de muy buena calidad y bajos en grasas.

La combinación de los diferentes ingredientes hace que esta receta resulte muy sabrosa, incluso en los casos en los que deba suprimirse la sal.

Si se cambia la harina de trigo por la de maíz o de arroz, se convierte en una receta muy adecuada para los celíacos.

ENSALADA MEDITERRÁNEA

Ingredientes: (4 personas)

300 g de judías verdes finas; *ejoteo*
400 g de patatas;
2 tomates de 150 g cada uno;
1 cucharada de alcaparras*;
1/2 vaso de aceitunas variadas, sin hueso*;
100 g de atún en conserva*;
2 filetes de anchoa*;
20 g de piñones;
1 cucharada de vinagre;
2 cucharadas de aceite de oliva;
sal* y pimienta negra

1. Cocer al vapor las judías y las patatas, estas últimas enteras y con piel. Trocear las judías y pelar y cortar las patatas en rodajas medianas.
2. Colocar en una ensaladera las alcaparras, el atún desmenuzado y las aceitunas junto con los tomates cortados a gajos.
3. Aliñar con el aceite, la sal, la pimienta y el vinagre. Adornar con los filetes de anchoa y poner los piñones.

PROPUESTA DE MENÚ

Ensalada mediterránea
Filetes de sardina rebozados
Melocotón de viña

COMENTARIO DIETÉTICO

SOBREPESO	A	
HIPERTENSIÓN	D	(evitar los ingredientes marcados con *)
COLESTEROL	MA	
DIABETES	MA	(1 ración de verduras + 1 ración de farináceos)

MA = Muy adecuado; **A** = Adecuado; **D** = Desaconsejado

*Siempre que se respeten las cantidades e ingredientes marcados en la receta

El atún y las anchoas son alimentos ricos en proteínas y en minerales. El atún es, junto con el resto de los pescados azules, la mejor fuente de ácidos grasos n3, muy importantes para el cuidado y prevención de los trastornos circulatorios. Las patatas que incluye esta receta son la principal fuente de hidratos de carbono. Las aceitunas y los frutos secos tienen en su composición grasas mono y poliinsaturadas, respectivamente. En el caso de los hipertensos se recomienda sustituir los alimentos marcados con* por otros menos salados. Se trata de una receta muy refrescante y completa, apropiada para todas las edades. En dietas de bajo contenido energético puede disminuirse la cantidad de patatas e incrementarse la de judías verdes y tomate.

TRONQUITOS DE CALABACÍN

> ### Ingredientes: (4 personas)
>
> 4 calabacines medianos; 1 cebolla pequeña;
> 1 tallo de apio blanco; 200 g de champiñones frescos;
> 50 g de jamón serrano*; 1 huevo pequeño;
> 2 cucharadas de aceite de oliva; nuez moscada;
> perejil; pimienta; queso rallado (emental)*; sal*

1. Hervir el huevo.
2. Limpiar el apio y los champiñones, cortarlos a daditos pequeños y reservar.
3. Limpiar los calabacines, cortarlos en tres trozos iguales (cada uno) y ponerlos a hervir durante 5 o 7 minutos, debiendo quedar fuertes. Dejarlos enfriar y vaciarlos, dejando una cavidad para el relleno. Reservar el calabacín extraído.
4. En una sartén con el aceite rehogar la cebolla, el apio y los champiñones. Al cabo de 5 minutos añadir el jamón picadito, un poco de perejil y cocer durante unos minutos. Sazonar con la sal, la pimienta y la nuez moscada.
5. Añadir el resto de calabacín reservado y el huevo duro muy picado. Mezclar bien y rellenar los tronquitos de calabacín. Espolvorear con el queso rallado y gratinar en el horno unos 10 minutos

> ### PROPUESTA DE MENÚ
>
> **Tronquitos de calabacín**
> Chuletas a la riojana
> Sorbete de kiwi

COMENTARIO DIETÉTICO

SOBREPESO	MA
HIPERTENSIÓN	MA (evitar los ingredientes marcados con *)
COLESTEROL	MA
DIABETES	MA (1 ración de verduras)

MA = Muy adecuado; **A** = Adecuado; **D** = Desaconsejado

*Siempre que se respeten las cantidades e ingredientes marcados en la receta

El jamón, tanto cocido (dulce o de York) como serrano, es un alimento muy rico en sodio, al igual que los embutidos en general, ya que la sal se utiliza como conservante de la carne. Las proteínas que contiene son de alta calidad, ya que provienen del reino animal. Las calorías de este alimento varían en función de la cantidad de grasa que contenga.

En las dietas en las que se recomiende la reducción de sal deberían utilizarse las especias y las hierbas aromáticas para realzar los sabores. Esta receta proporciona un bajo aporte de calorías ya que la mayor parte de sus ingredientes son las verduras, y tiene una presentación que puede resultar atractiva para las personas que no son muy amantes de éstas.

SOPA DE PESCADO CASERA

Ingredientes: (4 personas)

cabeza de rape; 1/2 kg de pescado de roca variado; 1/2 kg de mejillones; 1/2 kg de chirlas; 2 rodajas de congrio o merluza; 1/2 kg de tomates maduros; 2 ajos; 1 cebolla; 1 cucharadita de harina; 2 o 3 almendras; 2 rebanaditas de pan tostado; sal*; laurel, perejil; aceite de oliva

1. Abrir al vapor los mejillones y las chirlas. Colar el agua que han soltado y sacar las conchas. Reservar.
2. En una olla con 2 litros de agua, poner todos los pescados menos las rodajas de merluza o congrio, así como ½ cebolla, el laurel, el perejil y la sal. Dejar hervir, tapado, por espacio de unos ¾ de hora.
3. Pelar y picar la media cebolla restante. Dorar a fuego lento y añadir la cucharadita de harina. Incorporar los tomates pelados y triturados.
4. En un mortero hacer una picada con el pan, el ajo y las almendras.
5. Cinco minutos antes de retirar el caldo, incorporar las rodajas de merluza o de congrio. Cuando estén cocidas, colar el caldo y desmenuzar la carne del pescado.
6. Añadirle las chirlas y los mejillones. Incorporar el sofrito de tomate, el agua de hervir los mejillones y la picada.
7. Rectificar de sal y dejar cocer unos 10 minutos. Servir con unas rebanaditas finas de pan untadas con un ajo crudo (opcional).

> **PROPUESTA DE MENÚ**
> **Sopa de pescado casera**
> Canelones gratinados
> Sorbete de naranja

SOBREPESO	MA
HIPERTENSIÓN	MA (evitar los ingredientes marcados con *)
COLESTEROL	MA
DIABETES	MA (cantidad de hidratos de carbono no valorable)

MA = Muy adecuado; **A** = Adecuado; **D** = Desaconsejado

*Siempre que se respeten las cantidades e ingredientes marcados en la receta

COMENTARIO DIETÉTICO

Dietéticamente, en esta sopa de pescado, casera y tradicional, destacan las proteínas del pescado, de excelente calidad. El pescado contiene una proporción de grasa muy baja, en especial el pescado blanco de esta preparación, que no llega al 5 %, frente al 20 % de grasa que contienen la media de las carnes. Los mejillones y las chirlas destacan por su riqueza en hierro y otros importantes minerales. Los productos del mar, además, son la mejor y más abundante fuente de yodo (mineral relacionado con el buen funcionamiento de las glándulas tiroides). Se puede incorporar a esta sopa una copita de jerez o de vermut seco, incluso de absenta, pero la frescura y el destacado sabor de sus ingredientes no lo hace imprescindible.

OLLA DE PASTOR

Ingredientes: (4 personas)

1,5 l de caldo;
200 g de verduras variadas (peso neto);
200 g de patatas cortadas a tacos pequeños;
100 g de carne magra de cerdo picada;
100 g de carne de ternera picada;
1 chorrito de leche;
1 cucharada de harina;
sal*; pimienta

1. Elaborar un caldo de manera tradicional, a base de verduras y carnes. Dejar enfriar y retirar cuidadosamente la grasa.
2. Con la carne picada de cerdo y de ternera, la sal, la pimienta y la leche mezcladas, formar unas bolitas y enharinarlas ligeramente.
3. Poner a hervir el caldo y añadir las verduras troceadas muy pequeñas y las patatas cortadas en forma de dados.
4. Al cabo de 15 minutos, añadir las bolitas de carne y dejar cocer todo por espacio de 10 minutos más.

PROPUESTA DE MENÚ

Olla de pastor
Redondo de pavo con ensalada de tomate
Manzana asada

COMENTARIO DIETÉTICO

SOBREPESO	MA
HIPERTENSIÓN	MA (evitar los ingredientes marcados con *)
COLESTEROL	MA
DIABETES	MA (1 ración de farináceos)

MA = Muy adecuado; **A** = Adecuado; **D** = Desaconsejado

*Siempre que se respeten las cantidades e ingredientes marcados en la receta

Esta sopa contiene, en pequeñas cantidades, la mayoría de los alimentos que forman el patrón de la alimentación equilibrada. Las verduras aportan minerales y vitaminas, así como fibra. Las patatas suministran los hidratos de carbono, y la carne, las proteínas de calidad. Es muy importante desgrasar muy bien el caldo en frío, para que este plato mantenga su equilibrio nutricional. De esta manera podemos utilizar caldos sabrosos evitando una cantidad importante de grasas saturadas.

SOPA DE AJO CON ALMEJAS

Ingredientes: (4 personas)

150 g de pan seco;
4 dientes de ajo;
4 cucharadas de aceite de oliva;
1 cucharadita de pimentón dulce;
sal*; 250 g de almejas (peso bruto);
1,5 l de agua

1. Poner las almejas en remojo con sal para que suelten la posible arena.
2. En una cazuela de fondo grueso, dorar los ajos laminados e incorporar el pan seco, cortado a rebanadas finas. Rehogar y añadir el pimentón.
3. Agregar cl agua, rectificar de sal y dejar cocer durante 20 minutos.
4. Añadir las almejas y cocer 15 minutos más.

PROPUESTA DE MENÚ

Sopa de ajo con almejas
Chuletas de cordero al horno con ensalada
Manzanas con frutos secos

COMENTARIO DIETÉTICO

SOBREPESO	A
HIPERTENSIÓN	MA (evitar los ingredientes marcados con *)
COLESTEROL	MA
DIABETES	MA (1,5 raciones de farináceos)

MA = Muy adecuado; **A** = Adecuado; **D** = Desaconsejado

*Siempre que se respeten las cantidades e ingredientes marcados en la receta

La sopa de ajo es una de las preparaciones más antiguas de nuestro recetario popular. La sencillez de sus ingredientes, así como de la técnica culinaria empleada, hacen de este plato una propuesta muy baja en energía, en grasas y en colesterol.

Al ajo se le atribuyen efectos beneficiosos en relación al sistema circulatorio y al buen funcionamiento renal. Las almejas son un alimento rico en proteínas de calidad y en minerales, entre ellos el yodo. El pan, rico en hidratos de carbono de absorción lenta, otorga al plato cuerpo y textura.

Es una sopa con muy bajo aporte energético.

GRATINADO DE VERDURAS
CON PURÉ DE GARBANZOS

Ingredientes: (4 personas)

300 g de zanahorias; 300 g de nabos; 300 g de brócoli; 300 g de espinacas; 3 puerros; 1/2 cebolla; 3 dientes de ajo; 200 g de garbanzos (peso crudo); 4 claras de huevo; queso rallado; un ramito de hierbas aromáticas; salvia; 20 g de mantequilla, 20 g de harina y 400 ml de leche descremada; aceite, vinagre, sal*, pimienta, nuez moscada; caldo de verduras

1. Poner los garbanzos en remojo el día anterior con la cebolla, los dientes de ajo y la salvia. Una vez cocidos, pasarlos por el pasapurés. Reservar.
2. Limpiar las verduras y cortar a rodajas los puerros, las zanahorias y los nabos. Rehogar las verduras con las hierbas aromáticas. Salpimentar, añadir el caldo y dejar cocer unos minutos.
3. Cocer por separado las espinacas y el brócoli. Escurrir, reservar y añadirlos a las verduras anteriores. Dejarlas cocer unos minutos más.
4. Hacer una bechamel clarita y mezclarla con el puré de garbanzos, el queso rallado y nuez moscada. Salpimentar.
5. Montar las claras a punto de nieve e incorporarlas a la crema de garbanzos.
6. Colocar las verduras en una fuente, cubrir con la crema de garbanzos, espolvorear con queso rallado y mantequilla. Meter en el horno 15 minutos a 200 °C.

PROPUESTA DE MENÚ
Gratinado de verduras con puré de garbanzos
Costillitas de cordero a la brasa con ensalada verde
Brocheta de frutos de mar
Macedonia de piña natural y granada

SOBREPESO	A
HIPERTENSIÓN	MA (evitar los ingredientes marcados con *)
COLESTEROL	MA
DIABETES	MA (1 ración de verduras + 3 raciones de farináceos [garbanzos y bechamel])

MA = Muy adecuado; **A** = Adecuado; **D** = Desaconsejado

*Siempre que se respeten las cantidades e ingredientes marcados en la receta

COMENTARIO DIETÉTICO

Los garbanzos son legumbres con características nutricionales muy interesantes. Son ricos en hidratos de carbono complejos, no contienen grasas, presentan un elevado contenido en fibra y minerales y, sobre todo, en calcio y potasio. Sus proteínas son de muy buena calidad, especialmente cuando se mezclan con verduras o cereales. Este plato, por la combinación de sus diferentes ingredientes, es muy rico en fibra y en minerales, y puede constituir perfectamente un plato único. Esta preparación puede ser una buena opción para incorporar verduras y legumbres en la alimentación de niños y adolescentes.

ALUBIAS CON ALCACHOFAS Y ALMEJAS

Ingredientes: (4 personas)

8 corazones de alcachofa;
600 g de alubias blancas cocidas (250 g en crudo);
300 g de almejas (peso bruto);
1 copita de vino blanco;
ajo y perejil; aceite de oliva;
sal y pimienta;
una cucharadita de harina;
unas gotas de zumo de limón

1. Limpiar las alcachofas, rociarlas con unas gotas de zumo de limón (para que no ennegrezcan) y ponerlas a hervir en agua ligeramente salada. Cortarlas en 4 o 6 trozos cada una y reservar.
2. Lavar las almejas y cocerlas al vapor. Reservar.
3. Picar el ajo muy fino y saltearlo en una cazuela, sin dejar que tome color. Añadir la cucharadita de harina y las alcachofas. Regarlo todo con el vino blanco y dejar que se evapore durante unos minutos. Cubrir con agua (preferentemente la de cocer las almejas y las alubias, previamente colada).
4. Añadir las alubias y las almejas, dejarlo cocer todo unos minutos y rectificar de sal y pimienta. Adornar el plato con perejil picado.

PROPUESTA DE MENÚ

Consomé al jerez
Alubias con alcachofas y almejas
Ruedas de naranja con miel y piñones

COMENTARIO DIETÉTICO

SOBREPESO	A
HIPERTENSIÓN	MA (evitar los ingredientes marcados con *)
COLESTEROL	MA
DIABETES	MA (1 ración de verduras + 3 raciones de farináceos)

MA = Muy adecuado; **A** = Adecuado; **D** = Desaconsejado

*Siempre que se respeten las cantidades e ingredientes marcados en la receta

Esta combinación de alimentos constituye un plato de moderado contenido calórico pero que tiene, a la vez, un importante volumen, gracias a las alcachofas y las almejas. Es una preparación muy pobre en grasas, lo que la hace muy adecuada para ciertas restricciones dietéticas. Las proteínas vienen proporcionadas por las legumbres y por las almejas, así como por los carbohidratos, procedentes en su mayoría de las legumbres, que destacan por su elevado contenido en fibra. Las alcachofas aportan minerales y fibra alimentaria. En este plato, las almejas pueden sustituirse por mejillones (sin las conchas). Para reducir el valor energético del plato, se puede disminuir la proporción de legumbres y aumentar la cantidad de alcachofas.

COCIDO LIGERO / ESCUDELLA LIGERA

Ingredientes: (4 personas)

1/2 kg de falda o costilla de ternera;
2 cuartos de pollo;
un choricito de jabugo* (jabuguito);
1 punta magra de jamón* (100g);
200 g de garbanzos (crudos);
60 g de pasta;
2 patatas (300 g aprox);
1 trozo grande de col;
2 puerros;
2 zanahorias; sal*

1. Poner en remojo los garbanzos la noche anterior.
2. En una olla, poner 3 litros de agua, los garbanzos, las patatas peladas y enteras, la ternera, el jamón, el chorizo y el pollo. Media hora después, añadir las verduras y dejar cocer media hora más.
3. Colar el caldo, dejarlo enfriar y desgrasarlo cuidadosamente. Reservar las carnes, los garbanzos y las verduras. Con el caldo desgrasado y la pasta hacer una sopa.
4. Servir acompañada de las carnes, los garbanzos y las verduras. Puede ser plato único.

PROPUESTA DE MENÚ

Sopa de cocido
Cocido (carnes, verduras y garbanzos)
Zumo de naranja

COMENTARIO DIETÉTICO

SOBREPESO	A
HIPERTENSIÓN	A (evitar los ingredientes marcados con *)
COLESTEROL	A
DIABETES	A (1/2 ración de verduras + 5 raciones de farináceos)

MA = Muy adecuado; **A** = Adecuado; **D** = Desaconsejado

*Siempre que se respeten las cantidades e ingredientes marcados en la receta

El cocido o la escudella es uno de los platos más tradicionales y característicos de nuestra cocina. El tipo de ingredientes que lo componen hace que las personas con alguna restricción dietética se abstengan de tomarlo. Sin embargo, la receta propuesta se adapta a estas restricciones y permite que prácticamente todos los comensales disfruten de un plato tan sabroso.

Los obesos y los dislipémicos (colesterol elevado) deberán aumentar la cantidad de verdura y reducir la de carnes. En todos los casos, el caldo deberá desgrasarse.

ENSALADA DE LENTEJAS
CON SALMÓN MARINADO

Ingredientes: (4 personas)

250 g de lentejas pardinas o de Salamanca;
1 puerro grande; 2 zanahorias medianas;
100 g de escarola; 120 g de salmón fresco;
1 bouquet de hierbas aromáticas;
2 cucharadas de aceite de oliva;
limón; sal* y pimienta

Para la vinagreta:
una cebolla pequeña
4 cucharadas de aceite de oliva
1 cucharada de vinagre de vino (con baja acidez)
zumo de limón; sal* y pimienta.

1. Cocer las lentejas con un bouquet de hierbas aromáticas (si se trata de lentejas pardinas o de cocción rápida no necesitarán remojo previo). Enfriar y reservar.
2. Cortar las verduras en juliana muy fina.
3. Cortar el salmón a láminas finas y marinarlo con limón, sal, pimienta y un poco de aceite.
4. Montar la ensalada al gusto, aliñarla con dos cucharadas de vinagreta, previamente preparada, y servir.

PROPUESTA DE MENÚ

Ensalada de lentejas con salmón marinado
Huevos al nido
Láminas de pera con caramelo líquido

SOBREPESO	A
HIPERTENSIÓN	MA (evitar los ingredientes marcados con *)
COLESTEROL	MA
DIABETES	MA (3 raciones de farináceos)

MA = Muy adecuado; A = Adecuado; D = Desaconsejado

*Siempre que se respeten las cantidades e ingredientes marcados en la receta

COMENTARIO DIETÉTICO

Éste es un plato rápido, sabroso y muy nutritivo. La combinación de lentejas y salmón hace de esta preparación una fuente de proteínas de calidad y, al mismo tiempo, tiene un perfil lipídico muy interesante: es bajo en colesterol y en grasas saturadas.

El salmón, como todos los pescados grasos, proporciona grasas del tipo n3. Este tipo de grasas, a diferencia de las saturadas (procedentes principalmente de otros productos animales), protege contra las enfermedades cardiovasculares. Los expertos en nutrición recomiendan incrementar el consumo de legumbres y de pescado azul. En el caso de personas con problemas de sobrepeso, esta receta permite reducir la cantidad de lentejas y dar más volumen al plato con las verduras.

PATATAS EN SALSA VERDE

Ingredientes: (4 personas)

1 kg de patatas (peso bruto);
1 diente de ajo;
un manojo de perejil;
una hoja de laurel;
un chorrito de vino blanco;
2 cucharadas de aceite de oliva;
sal* y pimienta

1. Pelar, lavar y cortar las patatas en ruedas iguales.
2. Pelar y picar finamente el diente de ajo y el perejil. Calentar un poco de aceite en la cazuela y dorar el ajo; cuando tome color, añadir las patatas y rehogarlas removiendo con cuidado; incorporar el vino y dejarlo evaporar. Agregar el perejil y cubrir con agua.
3. En cuanto empiece a hervir, reducir el fuego y añadir una hojita de laurel. Tapar la cazuela y dejar cocer a fuego lento unos 40 minutos. El tiempo exacto de cocción depende de la calidad y del tamaño de las patatas.
4. Una vez cocidas las patatas, sazonar con sal y pimienta y servir.

PROPUESTA DE MENÚ

Patatas en salsa verde
Filetes de ternera con ensalada
Flan de café

COMENTARIO DIETÉTICO

SOBREPESO	D
HIPERTENSIÓN	MA (evitar los ingredientes marcados con *)
COLESTEROL	MA
DIABETES	A (4 raciones de farinaceos)

MA = Muy adecuado; A = Adecuado; D = Desaconsejado

*Siempre que se respeten las cantidades e ingredientes marcados en la receta

Las patatas son tubérculos, que pertenecen al grupo de los farináceos por su contenido en hidratos de carbono. La diferencia respecto a otros farináceos es que son mucho más ricas en agua y, por consiguiente, menos calóricas. La patata es uno de los alimentos más ricos en potasio, un mineral imprescindible, entre otras muchas cosas, para el buen funcionamiento de la contracción muscular. Éste es uno de los motivos por el que los deportistas y las personas muy activas deberían introducir habitualmente este alimento en su dieta. Es un producto muy versátil que combina bien con casi todos los alimentos. Esta receta no es muy adecuada para las dietas de tratamiento del sobrepeso, ya que la patata es el ingrediente principal y si se reduce su cantidad, el plato puede resultar escaso.

PATATAS RELLENAS

> *Ingredientes: (4 personas)*
>
> 4 patatas medianas (aprox. 150 g c/u);
> 2 cebollas;
> 100 g de jamón serrano magro*;
> 1 huevo; 1 rebanada de pan;
> vino blanco; leche;
> 1/2 l de caldo;
> 1 cucharada de aceite de oliva;
> sal*

1. Pelar, picar y rehogar las cebollas en un poco de aceite hasta que se doren.
2. Añadir el jamón troceado y freír durante un par de minutos aproximadamente.
3. Quitar la corteza del pan y remojar en un poco de leche; escurrir bien, desmenuzar y mezclar con el huevo, las cebollas y el jamón serrano.
   Pelar las patatas, cortar el tercio superior, vaciarlas y rellenarlas con la preparación anterior. Ponerlas en una fuente de modo que queden bien juntas y apretadas.
4. Verter medio litro de caldo sobre las patatas, añadir un chorrito de vino y cocer a fuego lento hasta que estén tiernas; servir en el mismo recipiente.

PROPUESTA DE MENÚ

Patatas rellenas
Lenguado a la plancha con ensalada de apio
Fresones con moscatel

COMENTARIO DIETÉTICO

SOBREPESO	D
HIPERTENSIÓN	MA (evitar los ingredientes marcados con *)
COLESTEROL	A
DIABETES	MA (3 raciones de farináceos)

MA = Muy adecuado; **A** = Adecuado; **D** = Desaconsejado

*Siempre que se respeten las cantidades e ingredientes marcados en la receta

Este primer plato es de fácil masticación y digestión, por lo que se recomienda tanto para los mayores como para los niños. Las patatas son alimentos que proporcionan, principalmente, hidratos de carbono complejos (un 20 % aproximadamente) pero, al mismo tiempo, al contener mucha agua, tienen poca energía y permiten las más diversas preparaciones. El jamón magro tiene una importante cantidad de proteínas de calidad. Es muy apreciado por la mayoría de los comensales y, al ser tan sabroso, una pequeña cantidad es suficiente para realzar cualquier plato. El jamón contiene gran cantidad de sal, por lo que la persona que deba controlar la sal en su alimentación podría sustituirlo por un trocito de panceta fresca.

PASTA CON VERDURAS ASADAS Y ATÚN

Ingredientes: (4 personas)

250 g de pasta (tallarines o cintas);
2 pimientos rojos; 2 berenjenas;
2 cebollas medianas;
2 tomates medianos de piel gruesa; aceitunas negras;
una lata de atún en aceite* (puede sustituirse
por huevo duro o trocitos de pollo asado);
sal*; pimienta;
orégano; aceite de oliva

1. En el horno, previamente calentado a 200 ºC, asar las verduras. Mientras se cuecen, hervir la pasta en abundante agua salada hasta que esté en su punto.

2. Una vez asadas las verduras, pelarlas y trocearlas en tiras finas, reservando el jugo.

3. Mezclar con cuidado las verduras con su jugo y la pasta. Aliñar con tres cucharadas de aceite de oliva y salpimentar.

4. Añadir unas aceitunas negras troceadas, el atún desmenuzado y el orégano.

5. Cubrir la fuente y dejarla reposar en la nevera durante un buen rato. Si se desea servir el plato caliente, el atún deberá añadirse en el último momento.

PROPUESTA DE MENÚ

Pasta con veduras asadas y atún
Muslitos de pollo al cava
Macedonia de kiwi y naranja

SOBREPESO	A	(moderar la cantidad de aceite y de pasta)
HIPERTENSIÓN	A	(evitar los ingredientes marcados con *)
COLESTEROL	MA	
DIABETES	MA	(1 ración de verduras + 4 raciones de farináceos)

MA = Muy adecuado; **A** = Adecuado; **D** = Desaconsejado

*Siempre que se respeten las cantidades e ingredientes marcados en la receta

COMENTARIO DIETÉTICO

Este plato, muy completo y no excesivamente calórico, es de fácil masticación y disgestión, por lo que es adecuado para todos los miembros de la familia. Su contenido en hidratos de carbono y fibra es muy alto. El tipo de grasa que contiene (aceite de oliva, aceitunas y atún) es fácil de controlar y puede dosificarse según las necesidades, sin variar ni empobrecer el plato. Este tipo de grasas, de origen vegetal y marino, se consideran las más recomendables para la salud y la prevención de enfermedades cardiovasculares.

En caso de enfermedad celíaca (intolerancia al gluten), será necesario utilizar pasta sin gluten.

CONEJO A LA VINAGRETA

Ingredientes: (4 personas)

1 conejo mediano cortado a trozos pequeños;
6 u 8 dientes de ajo;
aceite de oliva;
un vasito pequeño de buen vinagre
(vinagre de Módena)

1. En una cazuela, preferiblemente de barro, poner un fondo de aceite y sofreír poco a poco los ajos pelados y aplastados. Cuando estén dorados, retirarlos del aceite y reservar.

2. En el mismo aceite, dorar el conejo troceado. Retirarlo, esperar un momento hasta que la grasa adquiera una temperatura más baja y añadir un vasito pequeño (tamaño de café) de vinagre de calidad.

3. Pasar los ajos por la batidora y reducirlos a puré. Añadirlos a la vinagreta e incorporar el conejo. Si hiciera falta, añadir un vasito de caldo. Dejar cocer unos 5 o 6 minutos para que todo se mezcle bien. Servir.

PROPUESTA DE MENÚ

Ensalada de pasta
Conejo a la vinagreta
Macedonia de melón y sandía

COMENTARIO DIETÉTICO

Los nutrientes más destacados del conejo son las proteínas (al igual que en el resto de las carnes). La carne de conejo es una carne blanca, muy magra, melosa y digestiva. La principal diferencia entre el conejo de granja y el de bosque es que este último suele ser de mayor tamaño, con la carne más roja y más sabrosa, pero a la vez más seca. Este plato es muy bajo en grasa y adecuado para cualquier propuesta dietética.

SOBREPESO	MA
HIPERTENSIÓN	MA (evitar los ingredientes marcados con *)
COLESTEROL	MA
DIABETES	MA (contenido en azúcares no valorable)

MA = Muy adecuado; **A** = Adecuado; **D** = Desaconsejado

*Siempre que se respeten las cantidades e ingredientes marcados en la receta

FILETE DE PAVO CON ACEITUNAS

> ## *Ingredientes: (4 personas)*
>
> 4 filetes de pavo (100 g cada uno);
> 100 g de aceitunas verdes sin hueso*; 1 cebolla;
> 1 diente de ajo; 1/2 vaso de vino blanco seco;
> 1 cucharada de harina;
> 4 cucharadas de aceite de oliva; sal*

1. Enharinar los filetes de pavo y pasarlos por la sartén con dos cucharadas de aceite. Retirarlos del fuego y mantenerlos calientes.
2. Picar la cebolla y el ajo y dorarlos ligeramente en la misma sartén, a fuego moderado, con el aceite restante.
3. Poner de nuevo en la sartén los filetes de pavo, rociarlos con el vino y dejar que éste se evapore casi completamente, a fuego vivo.
4. Incorporar las aceitunas (la mitad de ellas troceadas y el resto enteras) y continuar la cocción tapada y a fuego moderado durante cinco o diez minutos más. Se puede añadir un chorrito de caldo o de agua si los filetes quedan demasiado secos.

> ## PROPUESTA DE MENÚ
>
> Patatas viudas
> **Filetes de pavo con aceitunas**
> Fresones con zumo

COMENTARIO DIETÉTICO

SOBREPESO	A	
HIPERTENSIÓN	D	(las aceitunas contienen mucha sal)
COLESTEROL	MA	
DIABETES	MA	(contenido en azúcares no valorable)

MA = Muy adecuado; A = Adecuado; D = Desaconsejado

*Siempre que se respeten las cantidades e ingredientes marcados en la receta

La carne de pavo es muy magra. Las proteínas que contiene son de muy buena calidad, similares a las del pollo o la ternera. Las aceitunas son un alimento energético por su contenido en aceite, aunque menos de lo que comúnmente se cree: 100 g aportan unas 150 Kcal. Además, contienen vitaminas (A, E) y grasas monoinsaturadas. Por lo tanto, no tienen que excluirse de la alimentación, aunque no se debe abusar si se desea seguir una dieta equilibrada y ligera. Las aceitunas y los encurtidos en general no son muy adecuados si se padece hipertensión arterial, dado su elevado contenido en sal, utilizada para su maceración.

LOMO A LA SAL CON COMPOTA DE MANZANA

Ingredientes: (4 personas)

1 kg de lomo de cerdo en una pieza; 2 kg de sal gruesa* especial para cocinar; 3 manzanas tipo golden; nuez moscada; pimienta blanca; mantequilla

1. Poner toda la sal en un recipiente y mojarla ligeramente. Formar un lecho de sal en una bandeja apta para el horno y de tamaño y forma similar a la caña del lomo.
2. Poner encima el lomo y cubrir completamente con el resto de la sal. Introducirlo en el horno, a una temperatura de 180 ºC, durante aproximadamente 3/4 de hora.
3. Retirar la sal y cortar el lomo en filetes muy finos.

Compota de manzana:

Poner a cocer en un cazo pequeño las manzanas peladas y troceadas, junto con medio vaso de agua, una punta de mantequilla, un poco de nuez moscada y un poco de pimienta. Cuando las manzanas estén bien cocidas, pasar por la batidora hasta formar un puré homogéneo.

Servir la compota acompañando al lomo junto con unos berros aliñados.

PROPUESTA DE MENÚ

Arroz de verduras
Lomo a la sal con compota de manzana
Cuajada con miel

SOBREPESO	A
HIPERTENSIÓN	D
COLESTEROL	A
DIABETES	MA (1 ración de fruta)

MA = Muy adecuado; A = Adecuado; D = Desaconsejado

*Siempre que se respeten las cantidades e ingredientes marcados en la receta

COMENTARIO DIETÉTICO

Esta sencilla receta es muy sabrosa, aporta proteínas de muy buena calidad y tiene un bajo contenido en grasas. La carne de cerdo tiene la injusta fama de ser poco saludable, ya que se le atribuye mucha grasa. En realidad, la cantidad de grasa depende principalmente de la pieza seleccionada.

Una ración media de este plato aporta unas calorías moderadas. Para los hipertensos, esta receta no es adecuada. En este caso, se podría tomar la carne cocinada en forma de rustido, asada y/o rellena, al horno, a la plancha, etc., beneficiándose de la riqueza nutritiva de este alimento pero evitando la sal.

MEDALLONES DE TERNERA
A LA PROVENZAL

Ingredientes: (4 personas)

4 filetes de ternera (500 g aprox.); 3 tomates maduros;
1 diente de ajo; 1 vaso de vino rosado; 2 cucharadas de
aceite de oliva; 2 cucharadas de hierbas provenzales
(mejorana, tomillo, albahaca, salvia); sal*; pimienta

1. Triturar las hierbas provenzales y reservarlas.
2. Escaldar los tomates, pelarlos, cortarlos en dados y escurrirlos en un colador.
3. Limpiar los filetes para eliminar cualquier resto de grasa.
4. Saltear el ajo con el aceite caliente y dorar los filetes por ambos lados; retirarlos y mantenerlos calientes, cubiertos entre dos platos.
5. Retirar la grasa de la sartén, verter en ella el vino y dejarlo evaporar un poco a fuego vivo. Agregar los tomates, salpimentarlos y cocerlos 5 minutos.
6. Poner de nuevo los filetes, removerlos para que absorban el sabor del jugo y espolvorearlos con las hierbas provenzales. Salpimentarlos y dejarlos 5 minutos.
7. Disponer los medallones en la fuente de servir, verter encima la salsa de tomate y las hierbas y servir inmediatamente.

PROPUESTA DE MENÚ

Arroz a la milanesa
Medallones de ternera a la provenzal
Tarta de manzana

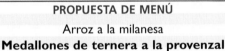

SOBREPESO	MA
HIPERTENSIÓN	MA (evitar los ingredientes marcados con *)
COLESTEROL	A
DIABETES	MA (contenido en azúcares no valorable)

MA = Muy adecuado; **A** = Adecuado; **D** = Desaconsejado

*Siempre que se respeten las cantidades e ingredientes marcados en la receta

COMENTARIO DIETÉTICO

El filete de ternera es un alimento sabroso, con pocas grasas y muy apreciado desde el punto de vista gastronómico. Su valor nutritivo es similar al de otras partes menos apreciadas del animal. De hecho, según se trate de una pieza u otra (filete, costilla, solomillo, etc.) la cantidad de grasa y tejido conjuntivo varía, pero el valor proteico es muy similar. Las carnes de ternera y de buey son, además, una gran fuente de hierro.

TERRINA DE POLLO

Ingredientes: (4 personas)

1 pollo (de aprox. 1,5 kg); 1 cebolla; 1 diente de ajo; 2 hojas de gelatina; 75 g de jamón cocido*; 75 g de jamón curado*; 1/2 litro de vino blanco seco; 1 cucharada de vinagre de vino; romero, perejil y tomillo; pimienta en grano; sal*

1. Pelar la cebolla y trocearla.
2. Deshuesar y trocear el pollo. Colocarlo en un cuenco con la cebolla, el diente de ajo troceado, romero, tomillo, perejil picado, pimienta y la sal.
3. Cubrir el pollo con el vino y dejarlo marinar 12 horas en el frigorífico.
4. Cubrir el fondo de un molde de plum-cake con las lonchas de jamón, alternando el cocido y el curado.
5. Retirar de la maceración los trozos de pollo y colocarlos en el molde formando capas, espolvoreando entre ellas un poco de perejil y tomillo.
6. Remojar la gelatina unos minutos y disolver la mitad en medio vaso de salsa de la maceración, previamente calentada. Mezclarla con el resto de la maceración después de haberla colado y añadirla al pollo.
7. Cubrir la terrina con papel de aluminio y cocer en el horno al baño María, a 165 ºC, durante una hora.
8. Apagar el horno y dejar la terrina dentro. Verter el líquido que quede en un tazón y mezclarlo removiendo con el vinagre y la gelatina restantes
9. Verter la mezcla en la terrina e introducirla en el frigorífico. Servir la terrina fría y cortada en lonchas.

PROPUESTA DE MENÚ

Ensalada de lentejas
Terrina de pollo con endibias
Yogur con frutas y nueces

COMENTARIO DIETÉTICO

SOBREPESO	A
HIPERTENSIÓN	MA (evitar los ingredientes marcados con *)
COLESTEROL	A
DIABETES	MA (contenido en azúcares no valorable)

MA = Muy adecuado; **A** = Adecuado; **D** = Desaconsejado

*Siempre que se respeten las cantidades e ingredientes marcados en la receta

El pollo es un alimento del grupo de los cárnicos. Este grupo se caracteriza por suministrar al organismo proteínas de elevada calidad. Éstas tienen como función principal formar y mantener las estructuras del organismo.

El pollo es una carne blanca, magra (con poca grasa) y de muy fácil digestión, aunque la cantidad de hierro que contiene es menor que la de las carnes rojas como el buey o el caballo. Nutricionalmente, se recomienda ingerir diferentes alimentos para, de este modo, cubrir todas las necesidades alimenticias.

ESPINACAS A LA CREMA CON HUEVO POCHÉ

> ## Ingredientes: (4 personas)
>
> 4 huevos; 800 g de espinacas congeladas; 1 vaso
> de leche desnatada; 1 cucharada de harina; 1 cucharadita
> de mantequilla; 1 cucharada de queso rallado*;
> nuez moscada; vinagre; aceite; sal*;
> pimienta; pan de molde tostado

1. Descongelar las espinacas, picarlas y saltearlas en una sartén con un poco de aceite.
2. En un cazo, preparar una bechamel. Para ello, derretir la mantequilla y dorar la harina. Verter la leche poco a poco y seguir removiendo. Sazonar la salsa con sal, pimienta y nuez moscada.
3. Colocar las espinacas en una fuente, agregar la bechamel y espolvorearlas con el queso rallado. Gratinarlos.
4. Para los huevos poché, hervir agua en una cacerola poco honda y añadir un chorrito de vinagre. Bajar el fuego, verter los huevos y escalfarlos uno tras otro durante tres minutos.
5. Retirarlos y dejarlos escurrir (para que los huevos queden bien compactos deben ser muy frescos).
6. Colocarlos encima de la crema de espinacas y adornar con unos triángulos tostados de pan de molde.

> **PROPUESTA DE MENÚ**
>
> Caldo con fideos
> **Espinacas a la crema con huevo poché**
> Macedonia de cítricos

SOBREPESO	A
HIPERTENSIÓN	MA (evitar los ingredientes marcados con *)
COLESTEROL	A
DIABETES	MA (1/2 ración de verduras)

MA = Muy adecuado; **A** = Adecuado; **D** = Desaconsejado

*Siempre que se respeten las cantidades e ingredientes marcados en la receta

COMENTARIO DIETÉTICO

Las espinacas son ricas en ácido fólico. Aunque tienen un importante contenido en hierro, su biodisponibilidad (capacidad de ser absorbido en nuestro organismo) es muy baja. El interés de este alimento radica principalmente en su riqueza en ácido fólico, en carotenos, así como en fibra alimentaria, componente imprescindible en la prevención y tratamiento de los trastornos de estreñimiento.

Estudios recientes acerca del consumo de huevos indican que su consumo habitual no altera negativamente los valores lipídicos en la sangre. El huevo contiene la proteína de mayor valor de entre las de origen animal.

HUEVOS CON GAMBAS, AJOS TIERNOS Y ESPÁRRAGOS TRIGUEROS

> *Ingredientes: (4 personas)*
>
> 5 huevos; 120 g de colitas de gambas; 200 g de espárragos trigueros; 100 g de ajos tiernos; 1 cucharadita de mantequilla; 2 cucharadas de aceite de oliva; sal*; pimienta; nuez moscada

1. En una cazuela de fondo grueso, rehogar con el aceite durante 8 minutos las puntas de los espárragos y los ajos tiernos, ambos cortados a un tamaño similar, hasta que queden cocidos pero crujientes. Reservar.
2. Batir los huevos.
3. Rehogar las colitas de las gambas en la misma cazuela con un poco de mantequilla hasta que pierdan el aspecto traslúcido.
4. Añadir las verduras. Dejar que la mezcla alcance temperatura y añadir los huevos hasta que cuajen de una forma irregular.
5. Sazonar con la sal, la pimienta y la nuez moscada. Se pueden servir acompañados de unos bastoncitos de pan.

> **PROPUESTA DE MENÚ**
>
> Sopa de pescado con arroz
> **Huevos con gambas, ajos tiernos y espárragos trigueros**
> Piña natural con caramelo

SOBREPESO	A
HIPERTENSIÓN	MA (evitar los ingredientes marcados con *)
COLESTEROL	A
DIABETES	MA (cantidad de carbohidratos no valorable)

MA = Muy adecuado; **A** = Adecuado; **D** = Desaconsejado

*Siempre que se respeten las cantidades e ingredientes marcados en la receta

COMENTARIO DIETÉTICO

Los ajos tiernos y los espárragos trigueros son unas verduras típicamente primaverales que, junto con las cebollas tiernas, las habas o los guisantes anuncian el final del invierno y preludian una estación que, nutricionalmente hablando, es rica en alimentos con grandes fuentes de vitaminas y minerales. Las frutas y las verduras, maduradas al sol y no de invernadero, que se consumen poco elaboradas, crudas o al vapor, aseguran un correcto aporte de vitaminas y minerales. El huevo y las gambas se encargan de proporcionar al plato unas proteínas de excelente calidad.

REVOLTILLO CON APIO

> *Ingredientes: (4 personas)*
>
> 4 huevos; 4 tallos de apio;
> 2 cucharaditas de mantequilla;
> 1/2 vaso de leche;
> sal*; pimienta

1. Dejar la mantequilla a temperatura ambiente para que se ablande.
2. Limpiar los tallos de apio, eliminando sus filamentos, las hojas y las partes más duras. Cortarlos en bastoncitos, lavarlos, sazonarlos y cocerlos al vapor durante unos 10 minutos hasta que estén tiernos, pero firmes.
3. En un cuenco, batir los huevos hasta que queden espumosos, añadir la leche y una pizca de sal y pimienta.
4. Ponerlos a fuego muy lento en una sartén o cazo anti-adherente (incluso mejor al baño María para evitar que se peguen) y, sin dejar de remover, permitir que cuajen poco a poco. Tienen que quedar muy esponjosos.
5. Retirarlos del fuego y mezclarles la mantequilla.
6. Colocar los bastoncitos de apio en una fuente de servir y distribuir encima el revoltillo. Servir inmediatamente.

PROPUESTA DE MENÚ

Huevos revueltos con apio
Salmonetes en papillote
Pera laminada con caramelo líquido

COMENTARIO DIETÉTICO

SOBREPESO	A	
HIPERTENSIÓN	MA	(evitar los ingredientes marcados con *)
COLESTEROL	A	(respetando las indicaciones del especialista)
DIABETES	MA	(cantidad de hidratos de carbono no valorable)

MA = Muy adecuado; **A** = Adecuado; **D** = Desaconsejado

*Siempre que se respeten las cantidades e ingredientes marcados en la receta

El valor nutritivo y la digestibilidad de los huevos varía en función de cómo estén preparados: hervidos o al horno aportan menos energía y son más fáciles de digerir que fritos o revueltos con mantequilla, rellenos o en tortilla.

Esta misma receta, sin la mantequilla y con leche descremada, es bastante más ligera y adecuada para una dieta en la que se quieran controlar las calorías.

El apio es una verdura muy sabrosa que puede aportar sabor y realzar el plato al que no se ha añadido sal.

TORTILLA DE VERDURAS AL PIMENTÓN

> *Ingredientes: (4 personas)*
>
> 5 huevos; 4 cebollitas tiernas; 1 pimiento rojo;
> 1 pimiento verde; 2 alcachofas;
> 1 cucharadita de pimentón dulce
> 2 cucharadas de aceite de oliva
> sal*; pimienta

1. Limpiar, lavar y cortar a rodajitas las cebollitas tiernas, incluidos el tallo y la ramita verde. Hacer lo mismo con los dos tipos de pimiento y cortar la parte más tierna del corazón de las alcachofas a láminas finas.
2. Saltear todas las verduras con las dos cucharadas de aceite de oliva hasta que empiecen a estar blandas. Para ello, es conveniente tapar la sartén y bajar el fuego.
3. Batir los huevos y sazonar con un poco de sal, pimienta y una cucharadita de pimentón dulce. Añadir las verduras y dejarlas reposar para que todo se mezcle bien.
4. Calentar una sartén grande, a ser posible antiadherente, poner unas gotas de aceite y verter la mezcla. Cuando esté cuajada por un lado, darle la vuelta con la ayuda de una tapa o de un plato. Servir muy caliente.

> **PROPUESTA DE MENÚ**
>
> Cintas al pesto
> **Tortilla de verduras con pimentón**
> Sandía

SOBREPESO	A
HIPERTENSIÓN	MA (evitar los ingredientes marcados con *)
COLESTEROL	A (respetando las indicaciones del especialista)
DIABETES	MA (cantidad de hidratos de carbono no valorable)

MA = Muy adecuado; **A** = Adecuado; **D** = Desaconsejado

*Siempre que se respeten las cantidades e ingredientes marcados en la receta

COMENTARIO DIETÉTICO

El pimiento es una verdura con un alto contenido en vitamina C. Para mucha gente su digestión es algo difícil. Este hecho se puede evitar si se consume asado.

El huevo es un alimento básicamente proteico. La proteína que contiene se denomina patrón, es decir, la más completa y de mejor asimilación. Ello hace que los huevos sean muy nutritivos.

CHIPIRONES CON CEBOLLA Y CERVEZA

Ingredientes: (4 personas)

1 kg de chipirones (peso bruto); 1 kg de cebollas;
1 botellín de cerveza negra;
una hoja de laurel; perejil;
aceite, sal* y pimienta

1. Limpiar bien los chipirones separando los tentáculos de las bolsas. Saltearlos en una sartén y, cuando hayan soltado el agua, añadir un chorrito de aceite. Retirarlos y reservar.
2. En la misma sartén, freír la cebolla cortada en juliana con la hoja de laurel a fuego muy lento, hasta que quede transparente.
3. Rociar con la cerveza, salpimentar, tapar y dejar cocer unos minutos.
4. Añadir los chipirones y, si es preciso, un poco de agua. Dejarlo cocer todo de 10 a 15 minutos.
5. Servir los chipirones bien calientes espolvoreados con el perejil picado.

PROPUESTA DE MENÚ

Menestra de verduras al vapor
Chipirones con cebolla y cerveza
Macedonia de plátano con mandarina

COMENTARIO DIETÉTICO

SOBREPESO	MA
HIPERTENSIÓN	MA (evitar los ingredientes marcados con *)
COLESTEROL	MA
DIABETES	MA (I ración de verdura)

MA = Muy adecuado; **A** = Adecuado; **D** = Desaconsejado

*Siempre que se respeten las cantidades e ingredientes marcados en la receta

Este plato es sabroso y original y puede ser muy adecuado para toda la familia. La combinación de los chipirones y la cebolla suministra una serie de nutrientes básicos para el correcto funcionamiento del organismo. La digestión de este plato no es pesada, ya que es bajo en grasa (nutriente que precisa más tiempo para ser digerido). Las proteínas del pescado son de excelente calidad y el plato contiene muy poca cantidad de grasa.

FILETES DE ANCHOA GRATINADOS

Ingredientes: (4 personas)

600 g de anchoas frescas;
3 cucharadas de pan rallado;
3 dientes de ajo;
abundante perejil;
3 cucharadas de aceite de oliva;
sal*;
pimienta

1. Limpiar las anchoas y cortarlas a filetes. Secarlas.
2. Hacer una picada con el pan rallado, los ajos y el perejil.
3. Poner un poco de aceite en el fondo de una fuente apta para el horno. Disponer los filetes a capas, con la parte abierta hacia arriba, salpimentando e intercalando la picada entre capa y capa. Terminar con una capa de picada.
4. Precalentar el horno a 200 °C. Poner la fuente con las anchoas y dejar cocer unos 15 minutos.

PROPUESTA DE MENÚ

Lazos a la napolitana
Filetes de anchoa gratinados
Melón sorpresa

SOBREPESO	MA
HIPERTENSIÓN	MA (evitar los ingredientes marcados con *)
COLESTEROL	MA
DIABETES	MA

MA = Muy adecuado; A = Adecuado; D = Desaconsejado

*Siempre que se respeten las cantidades e ingredientes marcados en la receta

COMENTARIO DIETÉTICO

Las anchoas forman parte del grupo de los pescados azules. La diferencia entre este tipo de pescado y el blanco reside en la cantidad de grasa. Mientras que el pescado blanco tiene como máximo un 5 % de grasa, el pescado azul puede llegar a contener más del 15 %. El tipo de grasa de este grupo de alimentos es muy rica en ácidos grasos n3, que se consideran agentes protectores de los trastornos circulatorios. Los expertos en nutrición recomiendan incrementar el consumo de pescado azul.

PESCADO EN PAPILLOTE

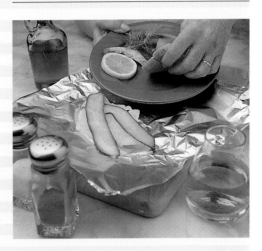

Ingredientes: (por persona)

80 g de merluza en un filete; 80 g de salmón en un filete; una gamba o un langostino; 50 g de calabacín en rodajas finitas; 50 g de cebolla en rodajas muy finas; 1 rodaja grande y fina de limón; una cucharadita de aceite de oliva; hinojo; vino blanco; sal*; pimienta

1. Cortar un trozo grande de papel de aluminio y untarlo con unas gotas de aceite de oliva.
2. Sobre el papel engrasado, disponer en este orden los ingredientes: las rodajas finas de cebolla, encima el filete de merluza, las rodajas finas de calabacín, el filete de salmón y la cola pelada de la gamba o del langostino (si se desea poner la gamba entera, es conveniente cortarle los bigotes para que no agujereen el papel de aluminio).
3. Encima, colocar la rodaja de limón, un poco de sal*, pimienta, un poco de hinojo y unas gotas de vino blanco.
4. Doblar el papel de aluminio lo más herméticamente posible y colocar el papillote en el horno, previamente calentado a 200 °C, durante aproximadamente 12 o 15 minutos, o bien hasta que se observe que el papel se empieza a hinchar.
5. Servir cerrado para que cada comensal abra su papillote y reciba todo el aroma de la preparación.

PROPUESTA DE MENÚ

Pastel de patatas
Pescado en papillote
Helado de naranja

SOBREPESO	MA
HIPERTENSIÓN	MA (evitar los ingredientes marcados con *)
COLESTEROL	MA
DIABETES	MA (cantidad de hidratos de carbono no valorable)

MA = Muy adecuado; **A** = Adecuado; **D** = Desaconsejado

*Siempre que se respeten las cantidades e ingredientes marcados en la receta

COMENTARIO DIETÉTICO

Este plato tiene una preparación muy fácil y es sabroso, suave y digestivo.

Al cocer los alimentos en su propio jugo no se producen prácticamente pérdidas nutricionales. Los minerales, sodio, potasio y fósforo, principalmente, se mantienen intactos. La pérdida de vitaminas es mínima.

El pescado aporta una cantidad importante de proteínas de alta calidad. Este plato no contiene prácticamente grasa.

Asimismo, tiene un bajo contenido calórico. En el caso de ser recomendable suprimir la sal, la combinación de sus ingredientes hace que la preparación resulte igualmente muy sabrosa.

PINCHITOS DE MAR CON ENSALADA DE NARANJA

Ingredientes: (4 personas)

400 g de sepias pequeñas; 400 g de gambas
o langostinos; 1 limón; tomillo y mejorana; perejil;
2 cucharadas de aceite de oliva; sal* y pimienta

Ensalada de naranja:
4 naranjas; 20-25 aceitunas negras; 30-40 g
de piñones; sal*; 3 cucharadas de aceite;
1 cucharada de vinagre (muy suave)

1. Lavar las gambas o los langostinos y retirarles la cabeza y la piel. Lavar también las sepias.
2. Colocar el marisco en un recipiente y dejarlo marinar una hora en una mezcla de aceite, el zumo de un limón grande, tomillo, mejorana y perejil.
3. En unas brochetas medianas montar ocho pinchitos.
4. Colocarlos sobre la parrilla muy caliente y asarlos. Salpimentarlos después de darles la primera vuelta.
5. Pelar y cortar las naranjas. Aliñar con sal, aceite y vinagre y decorar con aceitunas y piñones.
6. Servir las brochetas con la ensalada de naranja.

PROPUESTA DE MENÚ

Canelones de verduras
Pinchitos de mar con ensalada de naranja
Flan

COMENTARIO DIETÉTICO

SOBREPESO	MA
HIPERTENSIÓN	MA (evitar los ingredientes marcados con *)
COLESTEROL	MA
DIABETES	MA (1 ración de fruta)

MA = Muy adecuado; **A** = Adecuado; **D** = Desaconsejado

*Siempre que se respeten las cantidades e ingredientes marcados en la receta

Los pinchitos de mar pueden elaborarse a base de muy distintos tipos de pescado y marisco. Para aprovechar al máximo los nutrientes de la carne o del pescado, lo mejor es que estos alimentos estén cocinados «al punto», evitando que queden quemados, ya que este hecho, además de disminuir sus propiedades nutritivas y organolépticas, puede provocar que contengan sustancias nocivas para la salud. Esta preparación aporta proteínas de excelente calidad y nada de grasa. Es una receta con un aporte energético muy bajo. La ensalada de naranja, además de dar una nota de color y alegrar el plato, proporciona un contraste de sabor muy apropiado.

BROCHETAS DE FRUTA FRESCA

Ingredientes: (por persona)

200 g de frutas variadas: plátano, mango, uva blanca y negra, kiwi, manzana, mandarina;
zumo de limón;
hojas de menta fresca;
cacao negro en polvo

1. Pelar y cortar las diferentes frutas a dados o rodajas de similar tamaño y disponerlas en un bol. Rociarlas con unas gotas de limón para que no se oxiden ni oscurezcan.
2. Insertar los diferentes trozos de fruta, combinando los colores, sabores y texturas, en un par de brochetas de madera, empezando y acabando con unas hojas de menta fresca.
3. Colocarlas en un plato de postre grande y espolvorear con cacao negro en polvo.

PROPUESTA DE MENÚ

Espárragos a la brasa
Paella mixta
Brochetas de fruta fresca

SOBREPESO	MA
HIPERTENSIÓN	MA
COLESTEROL	MA
DIABETES	MA (2 raciones de fruta)

MA = Muy adecuado; **A** = Adecuado; **D** = Desaconsejado

*Siempre que se respeten las cantidades e ingredientes marcados en la receta

COMENTARIO DIETÉTICO

Las frutas frescas y, sobre todo, las frutas de estación, maduras, son el medio principal de suministro de vitaminas y minerales. Una alimentación en la que se incluyan de dos a tres piezas de fruta fresca al día, junto con un adecuado consumo de verduras y hortalizas, cumple con una buena parte de los requerimientos vitamínicos que el organismo precisa. Una carencia de vitaminas puede ocasionar problemas de salud, desde malestar y fatiga, a trastornos mucho más serios. La fruta fresca tomada como postre es una de las opciones más correctas para todos los miembros de la familia.

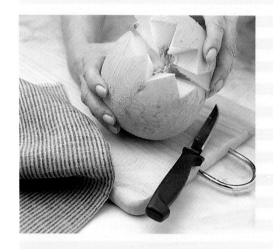

CESTILLO DE MELÓN Y FRUTA ROJA AL CAVA BRUT

> *Ingredientes: (por persona)*
>
> medio melón pequeño (tamaño individual);
> 100 g (peso neto) de fruta roja
> (fresas, cerezas, frambuesas, etc.);
> 1/2 copa de cava brut; unas hojitas de menta fresca

1. Cortar el melón por la mitad. Vaciarlo, formando bolitas con el utensilio adecuado o, en su defecto, con la ayuda de una cucharilla, evitando estropear la piel del melón. Una vez vaciado, dar a la cáscara una forma artística, ya sea en los bordes o formando un asa.
2. Limpiar las frutas rojas y reservarlas enteras. Mezclarlas cuidadosamente con las bolitas de melón y rociarlas con el cava brut.
3. Dejar reposar todo durante unos diez minutos en la nevera.
4. Rellenar el cestillo de melón y decorar con las hojas de menta fresca. Servir muy frío.

> **PROPUESTA DE MENÚ**
>
> Ensalada de pasta tricolor
> Lomo rustido al horno con ensalada de berros
> **Cestillo de melón y fruta roja al cava brut**

COMENTARIO DIETÉTICO

SOBREPESO	MA
HIPERTENSIÓN	MA
COLESTEROL	MA
DIABETES	MA (1,5 raciones de fruta fresca)

MA = Muy adecuado; **A** = Adecuado; **D** = Desaconsejado

*Siempre que se respeten las cantidades e ingredientes marcados en la receta

El melón, a diferencia de lo que mucha gente cree, es una de las frutas con menor contenido en azúcar. Éste es uno de los motivos por los que es muy recomendable, tanto para las personas que quieren controlar el peso como para las que padecen diabetes. La gran cantidad de agua que contiene hace que sea una fruta muy refrescante y diurética. En esta ocasión se utiliza un cava brut, que no aporta prácticamente azúcar, en lugar de un zumo de frutas o un licor.

CREPS DE FRUTA Y MERMELADA

Ingredientes: (4 personas)

100 g de harina; 2 huevos; 200 ml de leche;
2 cucharaditas de mantequilla;
1/2 vaso pequeño de ron; una pizca de sal;
Para el relleno:
1kiwi; 1 plátano; mermelada; cacao en polvo

1. En un recipiente, batir los huevos y añadir poco a poco la harina, la leche y la pizca de sal.
2. Agregar luego la mantequilla fundida y el ron, removiendo hasta que quede una crema muy fina.
3. Dejar reposar la masa ½ hora aproximadamente.
4. Poner al fuego una sartén antiadherente (20 cm de diámetro) ligeramente engrasada, y cuando esté caliente añadir un cucharón de pasta de crep, la cantidad justa para cubrir la superficie de la sartén formando una capa muy fina. Dar la vuelta y retirar (la cocción es muy rápida). Repertir esta operación hasta terminar la masa. Se obtienen unas 12 bases de crep.
5. Rellenar la mitad de las creps con mermelada (de naranja, ciruela, albaricoque...) y el resto con unas rodajitas finas de kiwi y plátano.
6. Servir en un plato de postre grande una crep de fruta y otra de mermelada espolvoreadas con cacao.

PROPUESTA DE MENÚ

Sopa de cebolla
Brochetas de carne y verduras
Creps de fruta y mermelada

SOBREPESO	A
HIPERTENSIÓN	A
COLESTEROL	A
DIABETES	A (1,5 raciones, si se utiliza mermelada baja en azúcares)

MA = Muy adecuado; **A** = Adecuado; **D** = Desaconsejado

*Siempre que se respeten las cantidades e ingredientes marcados en la receta

COMENTARIO DIETÉTICO

Las *creps* pueden rellenarse con ingredientes muy distintos: para *creps* saladas se puede añadir jamón, queso, vegetales diversos, huevo duro, atún, etc. Para creps dulces se utilizan mermeladas, compotas, frutas, miel, chocolate, nata, frutos secos, etc.

La pasta de base es realmente muy fina y si se hace en una sartén de 20 cm no supone un aporte energético excesivo. En esta ocasión hemos realizado el relleno a base de fruta y mermelada (puede utilizarse una mermelada con bajo contenido en azúcar). Es una propuesta adecuada y muy bien aceptada por comensales de todas las edades.

MANZANAS CON NATA

Ingredientes: (4 personas)

4 manzanas medianas;
1 copita de moscatel;
4 cucharaditas pequeñas de miel (o edulcorante);
canela en polvo;
4 cucharadas soperas de nata

1. Precalentar el horno a 200 ºC.
2. Lavar y secar las manzanas y cortar horizontalmente la parte superior, como si fuera una tapadera. Vaciar los corazones de las manzanas, procurando no agujerearlas por debajo, y colocarlas en una fuente apta para el horno.
3. Mezclar la miel con la copita de moscatel y la canela, y verter en los huecos de las manzanas.
4. Añadir 2 vasos de agua en la fuente y poner la tapa en cada manzana. Meter en el horno y dejar cocer aproximadamente durante ½ hora.
5. Servir cada manzana en un plato de postre, destaparla, añadir una cucharada de nata (sin azúcar) y volver a tapar. Rociar con el almíbar que quede en la fuente.

PROPUESTA DE MENÚ

Lasaña de verduras al gratén
Filete de salmón en papillote
Manzana con nata

COMENTARIO DIETÉTICO

SOBREPESO	A (disminuye el aporte energético si no se añade ni miel ni nata)
HIPERTENSIÓN	MA
COLESTEROL	A (en este caso es más recomendable sin nata)
DIABETES	MA (1,5 a 2 raciones)

MA = Muy adecuado; **A** = Adecuado; **D** = Desaconsejado

*Siempre que se respeten las cantidades e ingredientes marcados en la receta

Las manzanas al horno constituyen un postre clásico y de gran aceptación, tanto por la sencillez de su preparación como por su fácil digestión. De hecho, la manzana al horno se aconseja (sin nata ni azúcar añadido) en menús de protección gástrica y menús blandos, tanto para niños como para personas ancianas con dificultad de masticación. Aunque no se añada azúcar a las manzanas, la propia caramelización de los azúcares de éstas durante la cocción hace que esta preparación sea un postre dulce y suave.

MOUSSE DE FRESAS

Ingredientes: (4 personas)

200 g de fresas;
2 yogures naturales desnatados;
2 claras de huevo a punto de nieve;
la piel de 1/2 limón;
5 cucharaditas de azúcar (o edulcorante)

1. Poner a macerar las fresas cortadas con la piel de limón y el azúcar. Triturarlas y añadir los yogures, mezclando hasta conseguir una crema muy fina.
2. Montar las claras a punto de nieve e incorporarlas cuidadosamente a la crema de fresas y yogur.
3. Poner a enfriar en la nevera y, unos 15 minutos antes de servirla, introducirla en el congelador.
4. Distribuir en copas individuales y decorar con unas finas láminas de fresas.

PROPUESTA DE MENÚ

Guisantes salteados con jamón
Filetes de anchoa al horno con patatas y tomate
Mousse de fresas

SOBREPESO	A	(se reduce el contenido energético al sustituir el azúcar por edulcorante)
HIPERTENSIÓN	MA	
COLESTEROL	MA	
DIABETES	MA	(aconsejable sustituir el azúcar por edulcorante, 1/2 ración)

MA = Muy adecuado; **A** = Adecuado; **D** = Desaconsejado

*Siempre que se respeten las cantidades e ingredientes marcados en la receta

COMENTARIO DIETÉTICO

Ésta es una mousse suave y refrescante cuyos principales ingredientes son las fresas y el yogur. El aporte energético es muy bajo, ya que las fresas tienen poco contenido en azúcares y se utiliza yogur descremado y claras montadas en lugar de nata (ingrediente típico de la mousse). Además, si se desea, puede sustituirse el azúcar por edulcorante.

NARANJAS SORPRESA

Ingredientes: (4 personas)

2 naranjas grandes; 100 g de kiwi; 100 g de plátano; 100 g de pera; 2 claras de huevo; 1 cucharadita de azúcar lustre; 2 cucharadas de azúcar o edulcorante

1. Partir por la mitad las dos naranjas y extraer toda su pulpa con cuidado de no cortar la piel. Con un cuchillo afilado recortar el borde de la piel para que, al quedar dentado, resulte más decorativo.
2. Poner los cuatro cuencos de piel de naranja en el frigorífico.
3. Eliminar los restos de piel blanca de la pulpa de las naranjas y cortarla en dados pequeños. Mezclarlos con una cucharada de azúcar hasta que éste se disuelva totalmente, y luego añadir el resto de las frutas peladas y cortadas.
4. Retirar del frigorífico los cuencos hechos con la piel de las naranjas y rellenarlos con la mezcla de frutas.
5. Montar las claras a punto de nieve, añadiéndoles la otra cucharada de azúcar. Ponerlas en una manga pastelera y repartirlas de forma armoniosa sobre los cuatro cuencos de frutas.
6. Espolvorear el azúcar lustre por la superficie y colocar las medias naranjas en el horno, previamente calentado a temperatura alta, en la posición de gratinar. Dejarlas unos minutos hasta que se doren ligeramente y retirarlas del horno. Pueden decorarse con una pizca de cacao en polvo.

PROPUESTA DE MENÚ

Consomé al jerez con piñones;
Canelones; **Naranjas sorpresa**

COMENTARIO DIETÉTICO

SOBREPESO	MA
HIPERTENSIÓN	MA
COLESTEROL	MA
DIABETES	MA (2 raciones)

MA = Muy adecuado; A = Adecuado; D = Desaconsejado

*Siempre que se respeten las cantidades e ingredientes marcados en la receta

Estas naranjas sorpresa constituyen un postre algo más elaborado que otros a base de fruta fresca, y pueden reservarse para celebraciones. Su aspecto es muy vistoso y están recomendadas para todos los miembros de la familia. Recuerde que el azúcar puede sustituirse por edulcorante, disminuyendo de esta forma el valor energético y también el contenido en azúcares. Recordamos, de nuevo, la importancia del consumo de fruta fresca para el equilibrio de nuestra alimentación.

PERAS AL VINO

Ingredientes: *(4 personas)*

4 peras blanquillas;
vino tinto de baja acidez para cubrir las peras
(3 vasos aproximadamente); 1 copa de jerez seco;
1 rama de canela; 1 palito de vainilla;
1 cucharada sopera de mermelada de arándanos;
1 cucharadita de azúcar o de edulcorante artificial
(opcional)

1. Pelar las peras, partirlas por la mitad y quitarles el corazón. Ponerlas en una cazuela junto con el vino tinto, la copita de jerez, la canela, la vainilla y, en caso de desearlo, el azúcar o edulcorante (no es imprescindible si las peras están maduras y dulces).

2. Cocerlas a fuego moderado durante 20 minutos aproximadamente. Una vez cocidas, retirarlas y dejarlas enfriar.

3. Añadir la mermelada al vino de la cocción y dejar reducir durante 5 minutos.

4. Verter la salsa sobre las peras, decorar con la ramita de canela y servir.

PROPUESTA DE MENÚ

Ensalada de escarola, granada y queso fresco
Conejo con patatas
Peras al vino

COMENTARIO DIETÉTICO

SOBREPESO	MA
HIPERTENSIÓN	MA
COLESTEROL	MA
DIABETES	MA (1 ración de frutas)

MA = Muy adecuado; **A** = Adecuado; **D** = Desaconsejado

*Siempre que se respeten las cantidades e ingredientes
marcados en la receta

Este postre a base de peras cocidas es muy apropiado para el otoño. De fácil preparación y de aspecto apetitoso, puede incluirse como postre en cualquiera de las dietas indicadas, sustituyendo, si se desea, el azúcar por edulcorante y la mermelada de arándanos por una mermelada baja en azúcares. Es apropiado para toda la familia, excepto para los niños (por su contenido en alcohol).

SOPA DE FRUTAS

> *Ingredientes: (4 personas)*
>
> 2 melocotones duros; 1/2 vaso de arándanos
> 1/2 vaso de grosellas
> (pueden ser congeladas)
> 1/2 vaso de frambuesas
> 2 cucharadas de azúcar
> 1 limón; 1 naranja; 1 palito de vainilla
> 1 ramito de menta; canela en polvo

1. Llevar a ebullición ½ l de agua con la piel de la naranja y del limón, el azúcar, la vainilla troceada y unas hojitas de menta. Cuando comience a hervir, apagar el fuego y dejar los ingredientes reposar durante toda la noche en el refrigerador.

2. Lavar toda la fruta.

3. Pelar y cortar a láminas los melocotones.

4. Poner a hervir todas las frutas en el almíbar reservado. Cuando estén tiernas, retirarlas y dejarlas enfriar.

5. Ponerla en cuencos o platos de sopa y servirla fría y decorada con unas hojitas de menta y canela en polvo.

> **PROPUESTA DE MENÚ**
>
> Ensalada de pasta
> Lomo a la sal con salsa de mostaza
> **Sopa de frutas**

COMENTARIO DIETÉTICO

SOBREPESO	A
HIPERTENSIÓN	MA
COLESTEROL	MA
DIABETES	A (1,5 a 2 raciones de fruta)

MA = Muy adecuado; **A** = Adecuado; **D** = Desaconsejado

*Siempre que se respeten las cantidades e ingredientes marcados en la receta

Las frutas son los principales alimentos fuente de vitaminas. Éstas son unas sustancias llamadas «esenciales» ya que el organismo no es capaz de sintetizarlas. Se obtienen a través de la alimentación. Los alimentos crudos, las frutas y las verduras no pueden faltar en la dieta diaria. Se deben escoger productos de temporada, maduros y variados, para asegurar el aporte vitamínico adecuado.

SORBETE DE KIWI

> *Ingredientes: (4 personas)*
>
> 4 kiwis;
> 2 cucharaditas de miel (o edulcorante);
> 2 claras de huevo; 1 limón

1. Calentar en un cazo a fuego lento la miel con un vaso de agua y dos cucharaditas de zumo de limón. Dejar hervir unos minutos hasta que adquiera la consistencia de un jarabe. Retirar el cazo del fuego y dejar enfriar.
2. Pelar los kiwis, cortarlos en trozos pequeños y rociarlos con un chorrito de zumo de limón. Pasar a continuación por el pasapurés.
3. Agregar el jarabe frío, remover y añadir de forma muy suave las claras de huevo a punto de nieve.
4. Verter la preparación en un recipiente grande sin llenarlo. Taparlo y dejarlo en el congelador unos 15-20 minutos.
5. Cuando se comience a congelar, remover la preparación con una cuchara de madera, volver a meterla en el congelador y repetir la misma operación varias veces.
6. Servir cuando adquiera la consistencia homogénea de sorbete.

> **PROPUESTA DE MENÚ**
>
> Espinacas con garbanzos
> Alitas de pollo al ajillo
> **Sorbete de kiwi**

SOBREPESO	A	(se reduce el contenido energético al sustituir la miel por edulcorante)
HIPERTENSIÓN	MA	
COLESTEROL	MA	
DIABETES	MA	(1,5 raciones si se sustituye la miel por edulcorante)

MA = Muy adecuado; **A** = Adecuado; **D** = Desaconsejado

*Siempre que se respeten las cantidades e ingredientes marcados en la receta

COMENTARIO DIETÉTICO

El sorbete de kiwi es un postre muy refrescante y ligero, ideal para finalizar una comida abundante. El contenido energético es realmente bajo así como el de azúcares. Esta misma receta puede elaborarse cambiando el ingrediente principal por cualquier otra fruta (melón, fresas, melocotón...), en función de la época del año.

TARTALETA FINA DE MANZANA

Ingredientes: (por persona)

una pieza de pasta de hojaldre preparada; 1 cucharada pequeña de compota de manzana (sin azúcar añadido); 1/2 manzana; 1 cucharadita pequeña de mermelada de albaricoque; 1 cucharada de brandy; zumo de limón

1. Pelar y cortar en láminas muy finas la ½ manzana y ponerla a macerar con unas gotas de limón, la cucharada de brandy y un poco de agua.
2. En una superficie, extender la masa de hojaldre formando una capa muy fina. Con un vaso o un plato de café marcar una ración individual y moldear un pequeño reborde en el perímetro.
3. Pinchar la masa con un tenedor y cubrir con una cucharadita de compota de manzana natural (sin azúcar añadido).
4. Colocar las láminas de manzana en la tartaleta en forma de espiral.
5. Cocer en el horno precalentado entre 180-200 ºC, durante unos 15-20 minutos.
6. Sacar del horno y esparcir una cucharadita de mermelada de albaricoque por encima de la tartaleta.
7. Volver a poner en el horno, pero esta vez en el gratinador, el tiempo justo para caramelizar suavemente la mermelada.

PROPUESTA DE MENÚ

Pencas con almejas
Carpaccio de buey con parmesano
Tartaleta fina de manzana

SOBREPESO	A (se reduce el contenido energético al utilizar mermelada de albaricoque light)
HIPERTENSIÓN	MA
COLESTEROL	A (postre reservado para ocasiones especiales)
DIABETES	A (1,5 raciones si la mermelada es light)

MA = Muy adecuado; **A** = Adecuado; **D** = Desaconsejado
*Siempre que se respeten las cantidades e ingredientes marcados en la receta

COMENTARIO DIETÉTICO

Esta tartaleta de manzana es quizás una de las opciones más ligeras dentro de los postres de pastelería. Con bajo aporte energético debido a los ingredientes y también al tamaño, es una elección adecuada para las comidas festivas. La pasta de hojaldre tiene como ingredientes principales la harina y la manteca o mantequilla, pero en esta ocasión se utiliza una pequeña cantidad, cubierta de compota y manzana.

TABLA DE COMPOSICIÓN DE ALIMENTOS

La composición de los alimentos encierra gran cantidad de secretos esenciales para una correcta preparación de todo tipo de menús.

TABLA DE COMPOSICIÓN DE ALIMENTOS

	Composición por 100 g										
	Energía (Kcal)	Agua (g)	Proteínas (g)	Hidratos de carbono (g)	Fibra (g)	Lípidos (g)	Ácidos grasos saturados (g)	Ácidos grasos monoinsaturados (g)	Ácidos grasos poliinsaturados (g)	Colesterol (mg)	
Lácteos									•		
Crema de leche o nata sin azúcar	316,00 –	59,30 –	2,30 –	1,70 –	0,00 –	33,40 –	21,14 –	11,26 –	0,97 –	110,00 –	
Queso fresco o cuajada	100,00 –	80,90 –	8,10 –	3,80 –	0,00 –	5,90 –	3,73 –	1,69 –	0,18 –	20,00 –	
Quesos curados	405,00 –	36,00 –	26,00 –	0,00 –	0,00 –	33,50 –	21,32 –	9,49 –	0,95 –	110,00 –	
Quesos semicurados (de bola, manchego...)	327,00 –	42,60 –	24,70 –	0,00 –	0,00 –	25,40 –	16,02 –	7,41 –	0,62 –	80,00 –	
Quesos tiernos (de bola, manchego...)	314,00 –	47,90 –	22,60 –	0,10 –	0,00 –	24,80 –	15,69 –	7,25 –	0,61 –	70,00 –	
Helados cremosos	173,00 –	63,40 –	3,70 –	24,80 –	0,00 –	6,60 –	3,90 –	2,10 –	0,18 –	21,00 –	
Yogur natural entero	64,00 –	85,70 –	4,20 –	4,10 –	0,00 –	3,50 –	2,22 –	0,99 –	0,09 –	13,00 –	
Yogur con sabor de frutas	85,00 –	79,90 –	5,00 –	14,00 –	0,00 –	1,10 –	0,70 –	0,31 –	0,03 –	4,00 –	
Yogur desnatado	38,00 –	88,30 –	4,50 –	4,40 –	0,00 –	0,30 –	0,00 –	0,00 –	0,00–	1,00 –	
Leche desnatada	33,00 –	91,00 –	3,30 –	4,50 –	0,00 –	0,20 –	0,00 –	0,00 –	0,00 –	2,00 –	
Leche semidesnatada	45,00 –	89,60 –	3,20 –	4,50 –	0,00 –	1,60 –	0,95 –	0,48 –	0,05 –	7,00 –	
Leche entera	62,00 –	87,80 –	3,20 –	4,50 –	0,00 –	3,50 –	2,15 –	1,09 –	0,11 –	14,00 –	
Petit Suisse con sabores de frutas	180,00 –	64,00 –	6,00 –	20,00 –	0,00 –	8,50 –	5,38 –	2,42 –	0,27 –	20,00 –	
Cereales											
Arroz blanco crudo	378,00 –	12,00 –	6,70 –	86,70 –	1,40 –	0,60 –	0,13 –	0,15 –	0,21 –	0,00 –	
Biscotes	392,00 –	8,50 –	10,00 –	78,50 –	4,00 –	4,30 –	0,65 –	0,40 –	2,10 –	0,00 –	2
Cereales azucarados	397,00 –	2,50 –	5,70	89,10 –	1,50 –	2,00 –	0,29 –	0,23 –	0,91 –	0,00 –	6
Palomitas	534,00 –	1,90 –	8,40 –	57,20 –	2,20 –	30,20 –	3,72 –	4,71 –	20,38 –	0,00 –	
Croissant o ensaimada	413,00 –	14,70 –	7,50 –	57,20 –	2,00 –	17,20 –	9,90 –	5,50 –	0,75 –	50,60 –	49
Donut	397,00 –	28,00 –	6,10 –	41,90 –	1,00 –	22,80 –	12,40 –	8,10 –	0,90 –	203,00 –	8
Harina blanca	365,00 –	13,00 –	10,00 –	78,60 –	3,20 –	1,20 –	0,16 –	0,13 –	0,53 –	0,00 –	
Galletas de diversos tipos	397,00 –	3,00 –	6,70 –	74,30 –	2,20 –	8,20 –	4,50 –	2,60 –	0,60 –	23,00 –	25
Magdalena	397,00 –	28,00 –	6,10 –	41,90 –	1,00 –	22,80 –	12,40 –	8,10 –	0,90 –	203,00 –	8
Muesli	396,00 –	7,60 –	9,20 –	70,00 –	7,10 –	8,80 –	1,50 –	3,20 –	3,50 –	0,00 –	38
Pan blanco	274,00 –	31,00 –	8,40 –	58,00 –	3,50 –	1,00 –	0,23 –	0,14 –	0,40 –	0,00 –	65
Pan de molde	271,00 –	36,00 –	8,00 –	53,60 –	3,10 –	2,80 –	0,67 –	0,41 –	1,08 –	0,00 –	57
Pan integral	244,00 –	35,20 –	8,50 –	48,90 –	8,50 –	1,60 –	0,31 –	0,23 –	0,71 –	0,00 –	70
Pasta italiana	355,00 –	9,00 –	12,50 –	73,60 –	4,00 –	1,20 –	0,16 –	0,13 –	0,54 –	8,00 –	
Pasteles (manzana, músico, frutas, queso, etc.)	294,00 –	48,00 –	5,90 –	29,60 –	1,00 –	16,90 –	6,90 –	6,80 –	1,90 –	60,00 –	250
Churros	427,11 –	15,76 –	7,66 –	55,15 –	1,96 –	19,57 –	3,79 –	11,85 –	2,72 –	49,19 –	229
Pescados y mariscos											
Anchoas en conserva	206,00 –	55,30 –	21,70 –	0,30 –	0,00 –	13,20 –	3,28 –	4,24 –	2,80 –	75,00 –	3700
Bacalao salado	138,00 –	65,00 –	32,50 –	0,00 –	0,00 –	0,90 –	0,20 –	0,10 –	0,40 –	45,00 –	400
Calamares, pulpo y sepia	83,00 –	79,40 –	16,00 –	2,30 –	0,00 –	1,10 –	0,30 –	0,20 –	0,30 –	150,00 –	104
Almejas, berberechos, ostras	106,00 –	73,80 –	23,40 –	0,00 –	0,00 –	1,40 –	0,34 –	0,14 –	0,33 –	90,00 –	270

TABLA DE COMPOSICIÓN DE ALIMENTOS

mposición por 100 g								Composición por 100 g					
io)	Fósforo (mg)	Calcio (mg)	Hierro (g)	Retinol (µg)	Carotenos (µg)	Tiamina (mg)	Riboflavina (mg)	Vitamina B_6 (mg)	Vitamina B_{12} (µg)	Vitamina C (mg)	Vitamina D (µg)	Vitamina E (mg)
0 –	58,00 –	63,00 –	0,20 –	300,00 –	260,00 –	0,01 –	0,10 –	0,01 –	0,00 –	0,00 –	0,20 –	0,80 –
0 –	60,00 –	115,00 –	0,40 –	58,00 –	70,00 –	0,03 –	0,25 –	0,08 –	0,80 –	1,10 –	0,10 –	0,15 –
0 –	470,00 –	740,00 –	0,40 –	310,00 –	205,00	0,04 –	0,30 –	0,08 –	1,50 –	0,00 –	0,26 –	0,80 –
0 –	450,00 –	900,00 –	0,30 –	215,00 –	135,00 –	0,04 –	0,40 –	0,08 –	1,47 –	0,00 –	0,18 –	0,80 –
0 –	443,00 –	659,00 –	0,30 –	200,00 –	110,00 –	0,04 –	0,30 –	0,07 –	1,50 –	0,00 –	0,20 –	0,50 –
00 –	117,00 –	140,00 –	0,20 –	14,00 –	0,00 –	0,04 –	0,18 –	0,02 –	0,01 –	0,00 –	0,01 –	0,06 –
00 –	112,00 –	151,00 –	0,10 –	30,00 –	16,00 –	0,04 –	0,18 –	0,04 –	0,00 –	1,00 –	0,04 –	0,09 –
00 –	133,00 –	170,00 –	0,20 –	10,00 –	5,00 –	0,05 –	0,25 –	0,04 –	0,00 –	1,00 –	0,02 –	0,04 –
00 –	116,00 –	148,00 –	0,10 –	0,00 –	0,00 –	0,04 –	0,17 –	0,07 –	0,40 –	1,00 –	0,01 –	0,03 –
00 –	88,00 –	112,00 –	0,10 –	0,00 –	0,00 –	0,05 –	0,16 –	0,02 –	0,22 –	1,00 –	0,01 –	0,01 –
00 –	85,00 –	114,00 –	0,10 –	18,00 –	10,00 –	0,05 –	0,17 –	0,02 –	0,23 –	1,10 –	0,01 –	0,08 –
00 –	86,00 –	119,00 –	0,10 –	39,00 –	18,00 –	0,05 –	0,17 –	0,02 –	0,18 –	0,60 –	0,03 –	0,07 –
00 –	60,00 –	100,00 –	0,30 –	90,00 –	60,00 –	0,03 –	0,30 –	0,05 –	0,60 –	0,80 –	0,20 –	0,15 –
00 –	100,00 –	10,00 –	0,60 –	0,00 –	0,00 –	0,07 –	0,03 –	0,20 –	0,00 –	0,00 –	0,00 –	0,10 –
00 –	120,00 –	42,00 –	1,30 –	0,00 –	0,00 –	0,05 –	0,06 –	0,09 –	0,00 –	0,00 –	0,00 –	0,50 –
00 –	90,00 –	20,00 –	8,50 –	0,00 –	0,00 –	1,30 –	1,50 –	2,00 –	4,00 –	0,01 –	2,80 –	0,00 –
00 –	205,00 –	10,00 –	1,90 –	0,00 –	0,00 –	0,25 –	0,11 –	0,20 –	0,00 –	0,00 –	0,00 –	11,00 –
00 –	124,00 –	42,00 –	1,20 –	21,00 –	10,00 –	0,30 –	0,20 –	0,30 –	0,00 –	0,04 –	0,13 –	0,06 –
00 –	96,00 –	22,00 –	1,00 –	190,00 –	260,00 –	0,05 –	0,10 –	0,10 –	0,00 –	0,04 –	0,00 –	0,70 –
00 –	120,00 –	16,00 –	1,20 –	0,00 –	0,00 –	0,10 –	0,05 –	0,20 –	0,00 –	0,00 –	0,00 –	0,30 –
00 –	97,00 –	23,00 –	0,90 –	50,00 –	30,00 –	0,11 –	0,09 –	0,16 –	0,00 –	0,07 –	1,38 –	1,40 –
00 –	96,00 –	22,00 –	1,00 –	190,00 –	260,00 –	0,05 –	0,10 –	0,10 –	0,00 –	0,04 –	0,00 –	0,70 –
00 –	280,00 –	120,00 –	5,60 –	0,01 –	0,00 –	0,50 –	0,70 –	1,60 –	0,00 –	0,00 –	0,00 –	3,20 –
00 –	100,00 –	24,00 –	1,30 –	0,00 –	0,00 –	0,09 –	0,05 –	0,12 –	0,00 –	0,00 –	0,00 –	0,18 –
00 –	93,00 –	80,00 –	1,30 –	0,00 –	0,00 –	0,18 –	0,03 –	0,04 –	0,00 –	0,00 –	0,00 –	0,30 –
00 –	195,00 –	58,00 –	2,00 –	0,00 –	0,00 –	0,10 –	0,14 –	0,21 –	0,00 –	0,00 –	0,00 –	1,00 –
00 –	150,00 –	23,00 –	1,30 –	0,00 –	0,00 –	0,10 –	0,05 –	0,15 –	0,00 –	0,00 –	0,00 –	0,01 –
00 –	100,00 –	110,00 –	1,00 –	102,00 –	10,00 –	0,10 –	0,11 –	0,06 –	0,00 –	0,00 –	0,78 –	0,80 –
1,26	118,25 –	40,92 –	1,01 –	27,15 –	7,71 –	0,06 –	0,11 –	0,09 –	0,23 –	0,04 –	0,16 –	2,34 –
0,00 –	230,00 –	210,00 –	2,80 –	200,00 –	0,00 –	0,04 –	0,27 –	0,19 –	2,00 –	0,00 –	14,00 –	0,90 –
0,00 –	160,00 –	20,00 –	1,80 –	0,01 –	0,01 –	0,01 –	0,01 –	0,03 –	0,01 –	0,00 –	0,01 –	2,10 –
6,00 –	221,00 –	22,00 –	0,70 –	75,00 –	0,01 –	0,02 –	0,41 –	0,06 –	1,30 –	4,70 –	5,00 –	0,85 –
30,00 –	340,00 –	120,00 –	3,00 –	75,00 –	0,01 –	0,03 –	0,08 –	0,11 –	1,40 –	0,01 –	0,01 –	0,85 –

TABLA DE COMPOSICIÓN DE ALIMENTOS

	Composición por 100 g										
	Energía (Kcal)	Agua (g)	Proteínas (g)	Hidratos de carbono	Fibra (g)	Lípidos (g)	Ácidos grasos saturados (g)	Ácidos grasos monoinsaturados (g)	Ácidos grasos poliinsaturados (g)	Colesterol (mg)	
Gambas y langostinos	116,00 –	70,00 –	23,80 –	0,00 –	0,00 –	2,40 –	0,36 –	0,51 –	0,77 –	180,00 –	
Mejillones	118,00 –	71,40 –	20,20 –	3,10 –	0,00 –	2,80 –	0,48 –	0,52 –	0,76 –	50,00 –	
Pescado blanco	200,00 –	62,00 –	18,00 –	5,00 –	0,00 –	12,00 –	1,70 –	3,50 –	3,10 –	65,00 –	
Salmón ahumado	146,00 –	67,30 –	21,70 –	0,00 –	0,00 –	6,60 –	1,30 –	2,50 –	2,20 –	56,00 –	1.?
Pescado azul (sardinas, atún)	197,00 –	64,80 –	21,70 –	0,00 –	0,00 –	12,30 –	2,78 –	5,08 –	2,91 –	80,00 –	
Atún en conserva de aceite	284,00 –	54,20 –	24,10 –	0,00 –	0,00 –	20,90 –	5,73 –	4,46 –	7,55 –	60,00 –	4
Carnes											
Buey o ternera	240,00 –	56,50 –	28,50 –	0,00 –	0,00 –	14,00 –	5,88 –	6,64 –	0,56 –	65,00 –	
Cerdo	320,00 –	50,00 –	23,70 –	0,00 –	0,00 –	25,10 –	9,14 –	11,45 –	2,59 –	95,00 –	
Cordero	234,00 –	60,60 –	22,60 –	0,00 –	0,00 –	16,00 –	7,80 –	6,06 –	0,75 –	83,00 –	
Embutidos											
Embutidos tipo *Chopped*	324,00 –	51,70 –	12,30 –	5,00 –	0,00 –	28,40 –	10,83 –	13,15 –	2,42 –	70,00 –	1.1
Fuet o longaniza	479,00 –	26,50 –	25,70 –	1,60 –	0,00 –	41,20 –	15,59 –	18,93 –	3,79 –	40,00 –	2.1
Jamón cocido	169,00 –	66,70 –	20,70 –	0,70 –	0,00 –	9,30 –	3,27 –	4,31 –	1,07 –	70,00 –	9
Jamón del país o serrano	206,00 –	59,70 –	22,50 –	0,40 –	0,00 –	12,80 –	4,73 –	5,91 –	1,25 –	67,00 –	1.4
Salchichas de Frankfurt	283,00 –	55,80 –	14,30 –	2,00 –	0,00 –	24,30 –	9,03 –	11,37 –	2,20 –	70,00 –	9
Chorizo	459,00 –	32,70 –	18,50 –	1,80 –	0,00 –	42,00 –	16,40 –	19,10 –	3,60 –	80,00 –	1.80
Bacon	388,00 –	37,80 –	26,50 –	0,30 –	0,00 –	31,20 –	10,90 –	15,00 –	3,10 –	80,00 –	1.70
Aves y caza											
Conejo	193,00 –	61,90 –	28,30 –	0,00 –	0,00 –	8,90 –	3,48 –	2,84 –	2,04 –	90,00 –	3
Pavo	150,00 –	66,40 –	29,10 –	0,00 –	0,00 –	3,80 –	1,32 –	0,97 –	1,25 –	75,00 –	6
Pollo	161,00 –	66,20 –	26,40 –	0,00 –	0,00 –	6,20 –	1,95 –	2,65 –	1,23 –	90,00 –	8
Aceites y grasas											
Huevos											
Mantequilla	751,00 –	15,50 –	0,70 –	0,40 –	0,00 –	83,00 –	52,60 –	23,50 –	2,00 –	250,00 –	2
Margarina	753,00 –	19,15 –	0,00 –	0,40 –	0,00 –	82,50 –	21,97 –	38,62 –	17,59 –	0,00 –	11
Aceite de girasol	899,00 –	0,20 –	0,00 –	0,00 –	0,00 –	99,90 –	11,60 –	22,50 –	61,40 –	0,01 –	
Aceite de oliva	899,00 –	0,20 –	0,00 –	0,00 –	0,00 –	99,90 –	17,10 –	65,04 –	13,40 –	0,02 –	
Huevo	153,00 –	74,90 –	12,50 –	1,00 –	0,00 –	11,10 –	3,20 –	4,60 –	1,30 –	500,00 –	13
Legumbres secas y féculas											
Garbanzos cocidos	143,00 –	60,20 –	8,00 –	22,00 –	6,00 –	2,60 –	0,30 –	0,60 –	1,20 –	0,00 –	850
Habas cocidas	50,00 –	83,70 –	4,10 –	7,10 –	4,20 –	0,60 –	0,00 –	0,00 –	0,00 –	0,00 –	20
Lentejas cocidas	102,00 –	72,10 –	7,60 –	17,00 –	3,70 –	0,50 –	0,00 –	0,00 –	0,00 –	0,00 –	12
Alubias cocidas	100,00 –	66,00 –	6,50 –	17,50 –	8,00 –	0,50 –	0,10 –	0,00 –	0,30 –	0,00 –	7
Patatas	84,00 –	80,50 –	1,20 –	19,70 –	1,00 –	0,10 –	0,00 –	0,00 –	0,00 –	0,00 –	3
Patatas fritas	270,00 –	46,10 –	3,80 –	33,00 –	2,70 –	13,70 –	2,30 –	8,90 –	1,80 –	0,00 –	69

TABLA DE COMPOSICIÓN DE ALIMENTOS

	Composición por 100 g							Composición por 100 g				
sio (;)	Fósforo (mg)	Calcio (mg)	Hierro (g)	Retinol (µg)	Carotenos (µg)	Tiamina (mg)	Riboflavina (mg)	Vitamina B$_6$ (mg)	Vitamina B$_{12}$ (µg)	Vitamina C (mg)	Vitamina D (µg)	Vitamina E (mg)
)0 –	137,00 –	39,00 –	1,80 –	0,01 –	0,01 –	0,03 –	0,03 –	0,10 –	1,00 –	0,01 –	0,01 –	2,90 –
)0 –	250,00 –	96,00 –	7,30 –	84,00 –	0,01 –	0,01 –	0,11 –	0,08 –	10,20 –	0,01 –	0,01 –	2,40 –
)0 –	200,00 –	40,00 –	1,00 –	0,01 –	0,01 –	0,14 –	0,10 –	0,08 –	1,50 –	0,01 –	0,01 –	1,20 –
)0 –	227,00 –	15,00 –	0,70 –	15,00 –	0,01 –	0,14 –	0,12 –	0,60 –	4,10 –	0,10 –	5,00 –	1,30 –
00 –	272,00 –	54,00 –	1,20 –	49,00 –	0,01 –	0,10 –	0,24 –	0,46 –	12,00 –	0,50 –	25,00 –	0,30 –
00 –	272,00 –	8,00 –	1,20 –	370,00 –	0,01 –	0,04 –	0,08 –	0,34 –	7,00 –	2,00 –	4,80 –	3,80 –
00 –	170,00 –	17,00 –	3,40 –	0,00 –	0,00 –	0,04 –	0,30 –	0,30 –	1,90 –	0,00 –	0,00 –	0,30 –
00 –	207,00 –	9,00 –	1,20 –	0,01 –	0,01 –	0,64 –	0,30 –	0,36 –	0,90 –	0,20 –	0,01 –	0,03 –
00 –	177,00 –	9,00 –	2,50 –	0,00 –	0,00 –	0,10 –	0,21 –	0,20 –	1,70 –	0,00 –	0,00 –	0,12 –
,00 –	150,00 –	28,00 –	1,50 –	0,01 –	0,01 –	0,14 –	0,17 –	0,14 –	2,60 –	0,00 –	0,50 –	0,12 –
,00 –	200,00 –	11,00 –	1,10 –	0,01 –	0,01 –	0,57 –	0,28 –	0,35 –	1,90 –	0,00 –	0,01 –	0,28 –
,00 –	180,00 –	10,00 –	2,10 –	0,01 –	0,01 –	0,63 –	0,25 –	0,36 –	0,60 –	0,00 –	0,30 –	0,54 –
,00 –	190,00 –	7,00 –	1,00 –	0,00 –	0,00 –	0,75 –	0,23 –	0,40 –	0,60 –	0,00 –	0,60 –	0,10 –
,00 –	133,00 –	19,00 –	1,80 –	15,00 –	0,01 –	0,16 –	0,17 –	0,12 –	1,20 –	0,01 –	0,20 –	0,15 –
,00 –	208,00 –	17,00 –	2,20 –	0,01 –	0,01 –	0,29 –	0,20 –	0,25 –	1,50 –	0,00 –	0,70 –	0,11 –
),00 –	245,00–	11,00 –	1,30 –	0,01 –	0,01 –	0,60 –	0,21 –	0,32 –	0,80 –	0,00 –	0,01 –	0,23 –
),00 –	200,00 –	16,00 –	1,90 –	0,00 –	0,00 –	0,07 –	0,28 –	0,50 –	12,00 –	0,00 –	0,00 –	0,00 –
5,00 –	217,00–	17,00 –	1,30 –	0,01 –	0,01 –	0,07 –	0,20 –	0,40 –	1,20 –	0,00 –	0,01 –	0,01 –
),00 –	200,00 –	12,00 –	1,30 –	7,00 –	0,01 –	0,07 –	0,17 –	0,44 –	0,30 –	0,00 –	0,20 –	0,20 –
2,00 –	15,00 –	15,00 –	0,20 –	708,00 –	505,00 –	0,01 –	0,02 –	0,01 –	0,01 –	0,00 –	1,30 –	1,50
5,00 –	12,00 –	10,00 –	0,00 –	900,00 –	570,00 –	0,01 –	0,01 –	0,00 –	0,01 –	0,00 –	8,00 –	10,00 –
0,00 –	0,00 –	0,00 –	0,00 –	0,00 –	0,00 –	0,00 –	0,00 –	0,00 –	0,00 –	0,00 –	0,00 –	56,00 –
0,00 –	0,00 –	0,00 –	0,00 –	0,00 –	0,01 –	0,00 –	0,00 –	0,00 –	0,00 –	0,00 –	0,00 –	12,00 –
0,00 –	200,00 –	56,00 –	2,00 –	200,00 –	40,00 –	0,07 –	0,32 –	0,12 –	1,20 –	0,00 –	1,70 –	1,20 –
0,00 –	130,00 –	64,00 –	3,10 –	0,00 –	210,00 –	0,14 –	0,05 –	0,14 –	0,00 –	3,00 –	0,00 –	0,30 –
30,00 –	99,00 –	21,00 –	1,00 –	0,00 –	250,00 –	0,10 –	0,04 –	0,07 –	0,00 –	15,00 –	0,00 –	0,00 –
0,00 –	77,00 –	13,00 –	2,40 –	0,00 –	20,00 –	0,11 –	0,04 –	0,11 –	0,00 –	0,00 –	0,00 –	0,30 –
0,00 –	140,00 –	60,00 –	2,60 –	0,00 –	5,00 –	0,13 –	0,05 –	0,15 –	0,00 –	0,00 –	0,00 –	0,30 –
30,00 –	29,00 –	4,00 –	0,30 –	0,00 –	0,00 –	0,08 –	0,03 –	0,18 –	0,00 –	9,00 –	0,00 –	0,10 –
00,00 –	73,00 –	15,00 –	0,90 –	0,00 –	0,01 –	0,12 –	0,04 –	0,19 –	0,00 –	12,00 –	0,00 –	0,70 –

TABLA DE COMPOSICIÓN DE ALIMENTOS

	Composición por 100 g									
	Energía (Kcal)	Agua (g)	Proteínas (g)	Hidratos de carbono	Fibra (g)	Lípidos (g)	Ácidos grasos saturados (g)	Ácidos grasos monoinsaturados (g)	Ácidos grasos poliinsaturados (g)	Colesterol (mg)
Frutos secos										
Fruta										
Almendras y otros frutos secos	575,00 –	5,00 –	19,00 –	4,50 –	15,00 –	53,50 –	4,20 –	—	10,00 –	0,00 –
Albaricoque	44,00 –	86,60 –	0,80 –	10,00 –	2,10 –	0,10 –	0,00 –	0,00 –	0,00 –	0,00 –
Aguacate	220,00 –	69,00 –	1,90 –	3,40 –	2,00 –	22,20 –	2,61 –	16,68 –	1,93 –	0,00 –
Conservas y frutas en almíbar	102,00 –	71,10 –	0,30 –	25,00 –	1,10 –	0,10 –	0,00 –	0,00 –	0,00 –	0,00 –
Cerezas	77,00 –	81,50 –	1,20 –	17,00 –	1,70 –	0,50 –	0,00 –	0,00 –	0,00 –	0,00 –
Kiwi	57,00 –	83,40 –	1,00 –	12,10 –	1,50 –	0,54 –	0,00 –	0,00 –	0,00 –	0,00 –
Limones	32,00 –	89,00 –	1,00 –	8,00 –	1,00 –	0,40 –	0,00 –	0,00 –	0,00 –	0,00 –
Fresas	36,00 –	88,90 –	0,70 –	7,00 –	2,20 –	0,60 –	0,00 –	0,00 –	0,00 –	0,00 –
Mandarina	47,00 –	88,00 –	0,70 –	10,60 –	1,90 –	0,30 –	0,00 –	0,00 –	0,00 –	0,00 –
Mango	64,00 –	82,00 –	0,50 –	15,30 –	1,50 –	0,10 –	0,00 –	0,00 –	0,00 –	0,00 –
Melón	27,00 –	90,00 –	1,00 –	5,30 –	0,90 –	0,20 –	0,00 –	0,00 –	0,00 –	0,00 –
Aceitunas negras	294,00 –	52,00 –	2,00 –	4,00 –	3,50 –	30,00 –	4,20 –	20,90 –	3,40 –	0,00 – 3,28
Aceitunas verdes	117,00 –	76,00 –	1,30 –	0,00 –	4,00 –	12,50 –	1,75 –	8,70 –	1,40 –	0,00 – 2,10
Pera	55,00 –	85,00 –	0,40 –	12,80 –	2,30 –	0,30 –	0,00 –	0,00 –	0,00 –	0,00 –
Piña	52,00 –	84,30 –	0,50 –	11,60 –	1,20 –	0,40 –	0,00 –	0,00 –	0,00 –	0,00 –
Plátano	83,00 –	73,50 –	1,00 –	19,00 –	3,40 –	0,40 –	0,00 –	0,00 –	0,00 –	0,00 –
Manzana	51,00 –	85,00 –	0,30 –	11,90 –	2,00 –	0,30 –	0,00 –	0,00 –	0,00 –	0,00 –
Melocotón	50,00 –	86,00 –	0,50 –	12,00 –	1,40 –	0,10 –	0,00 –	0,00 –	0,00 –	0,00 –
Ciruelas o caquis	52,00 –	84,00 –	0,70 –	12,00 –	2,50 –	0,20 –	0,00 –	0,00 –	0,00 –	0,00 –
Uva	73,00 –	79,30 –	0,60 –	16,10 –	0,90 –	0,70 –	0,00 –	0,00 –	0,00 –	0,00 –
Sandía	30,00 –	92,00 –	0,40 –	6,70 –	0,30 –	0,20 –	0,00 –	0,00 –	0,00 –	0,00 –
Zumos de frutas naturales	47,00 –	87,50 –	0,60 –	10,00 –	0,10 –	0,60 –	0,00 –	0,00 –	0,00 –	0,00 –
Naranja	39,00 –	86,00 –	0,80 –	8,50 –	2,00 –	0,20 –	0,00 –	0,00 –	0,00 –	0,00 –
Verduras y hortalizas										
Berenjena cocida	18,00 –	93,30 –	1,00 –	3,20 –	1,00 –	0,20 –	0,00 –	0,00 –	0,00 –	0,00 –	3
Acelgas cocidas	21,00 –	93,20 –	1,80 –	3,20 –	0,90 –	0,14 –	0,00 –	0,00 –	0,00 –	0,00 –	130
Calabacín cocido	11,00 –	95,90 –	0,60 –	2,00 –	0,90 –	0,10 –	0,00 –	0,00 –	0,00 –	0,00 –	2
Alcachofas cocidas	37,00 –	85,10 –	2,10 –	6,80 –	0,90 –	0,20 –	0,00 –	0,00 –	0,00 –	0,00 –	4
Cebolla cruda	34,00 –	89,60 –	1,30 –	6,80 –	1,40 –	0,20 –	0,00 –	0,00 –	0,00 –	0,00 –	6
Pepino crudo	14,00 –	95,00 –	0,80 –	2,50 –	0,70 –	0,10 –	0,00 –	0,00 –	0,00 –	0,00 –	6
Coliflor cocida	19,00 –	92,70 –	2,40 –	1,60 –	0,20 –	0,00 –	0,00 –	0,00 –	0,00 –	0,00 –	4
Lechuga	15,00 –	94,50 –	1,20 –	1,90 –	1,10 –	0,30 –	0,00 –	0,00 –	0,00 –	0,00 –	8
Espárragos cocidos	25,00 –	92,50 –	2,70 –	3,00 –	1,30 –	0,30 –	0,00 –	0,00 –	0,00 –	0,00 –	3
Judías verdes	23,00 –	91,50 –	3,80 –	1,80 –	0,20 –	0,00 –	0,00 –	0,00 –	0,00 –	0,00 –	3
Zanahoria cruda	35,00 –	88,30 –	1,00 –	7,20 –	2,40 –	0,30 –	0,00 –	0,00 –	0,00 –	0,00 –	54
Pimiento crudo	21,00 –	92,80 –	3,50 –	1,40 –	0,30 –	0,00 –	0,00 –	0,00 –	0,00 –	0,00 –	5

TABLA DE COMPOSICIÓN DE ALIMENTOS

Composición por 100 g   **Composición por 100 g**

...sio (...)	Fósforo (mg)	Calcio (mg)	Hierro (g)	Retinol (µg)	Carotenos (µg)	Tiamina (mg)	Riboflavina (mg)	Vitamina B_6 (mg)	Vitamina B_{12} (µg)	Vitamina C (mg)	Vitamina D (µg)	Vitamina E (mg)
00 –	470,00 –	250,00 –	4,20 –	0,00 –	0,00 –	0,23 –	0,75 –	0,08 –	0,00 –	0,00 –	0,00 –	24,00 –
00 –	21,00 –	15,00 –	0,40 –	0,00 –	1500,00 –	0,04 –	0,05 –	0,07 –	0,00 –	7,00 –	0,00 –	0,70 –
00 –	31,00 –	10,00 –	0,60 –	0,00 –	54,00 –	0,10 –	0,10 –	0,53 –	0,00 –	15,00 –	0,00 –	3,20 –
00 –	10,00 –	8,00 –	1,00 –	0,00 –	100,00 –	0,02 –	0,01 –	0,01 –	0,00 –	3,00 –	0,00 –	0,00 –
00 –	17,00 –	18,00 –	0,40 –	0,00 –	100,00 –	0,05 –	0,07 –	0,05 –	0,00 –	5,00 –	0,00 –	0,10 –
00 –	35,00 –	32,00 –	0,60 –	0,00 –	240,00 –	0,02 –	0,05 –	0,06 –	0,00 –	94,00 –	0,00 –	0,24 –
00 –	21,00 –	30,00 –	0,40 –	0,00 –	2,00 –	0,05 –	0,04 –	0,11 –	0,00 –	80,00 –	0,00 –	0,50 –
00 –	26,00 –	30,00 –	0,70 –	0,00 –	48,00 –	0,02 –	0,03 –	0,06 –	0,00 –	60,00 –	0,00 –	0,20 –
00 –	20,00 –	33,00 –	0,30 –	0,00 –	100,00 –	0,04 –	0,02 –	0,07 –	0,00 –	30,00 –	0,00 –	0,22 –
00 –	13,00 –	10,00 –	1,80 –	0,00 –	1910,00 –	0,03 –	0,04 –	0,13 –	0,00 –	30,00 –	0,00 –	0,98 –
00 –	30,00 –	19,00 –	0,80 –	0,00 –	2000,00 –	0,05 –	0,03 –	0,07 –	0,00 –	25,00 –	0,00 –	0,10 –
00 –	29,00 –	61,00 –	1,50 –	0,00 –	40,00 –	0,01 –	0,01 –	0,02 –	0,00 –	0,00 –	0,00 –	3,60 –
00 –	17,00 –	61,00 –	2,00 –	0,00 –	200,00 –	0,02 –	0,08 –	0,02 –	0,00 –	0,00 –	0,00 –	3,60 –
00 –	15,00 –	10,00 –	0,30 –	0,00 –	30,00 –	0,03 –	0,03 –	0,02 –	0,00 –	3,00 –	0,00 –	0,50 –
0,00 –	11,00 –	12,00 –	0,40 –	0,00 –	32,00 –	0,08 –	0,02 –	0,09 –	0,00 –	25,00 –	0,00 –	0,10 –
00 –	28,00 –	9,00 –	0,40 –	0,00 –	150,00 –	0,04 –	0,07 –	0,42 –	0,00 –	10,00 –	0,00 –	0,40 –
0,00 –	11,00 –	6,00 –	0,40 –	0,00 –	43,00 –	0,04 –	0,02 –	0,05 –	0,00 –	12,00 –	0,00 –	0,20 –
0,00 –	19,00 –	10,00 –	0,40 –	0,00 –	405,00 –	0,02 –	0,05 –	0,02 –	0,00 –	8,00 –	0,00 –	0,50 –
0,00 –	23,00 –	17,00 –	0,40 –	0,00 –	180,00 –	0,05 –	0,03–	0,05 –	0,00 –	3,00 –	0,00 –	0,70 –
0,00 –	22,00 –	19,00 –	0,30 –	0,00 –	26,00 –	0,04 –	0,02 –	0,10 –	0,00 –	4,00 –	0,00 –	0,70 –
3,00 –	8,00 –	11,00 –	0,20 –	0,00 –	20,00 –	0,05 –	0,02 –	0,07 –	0,00 –	7,00 –	0,00 –	0,10 –
5,00 –	18,00 –	13,00 –	0,20 –	0,00 –	60,00 –	0,09 –	0,03 –	0,04 –	0,00 –	50,00 –	0,00 –	0,02 –
0,00 –	24,00 –	41,00 –	0,30 –	0,00 –	50,00 –	0,10 –	0,03 –	0,06 –	0,00 –	50,00 –	0,00 –	0,24 –
0,00 –	18,00 –	8,00 –	0,30 –	0,00 –	26,00 –	0,06 –	0,03 –	0,08 –	0,00 –	1,50 –	0,00 –	0,03 –
0,00 –	33,00 –	80,00 –	2,30 –	0,00 –	6000,00 –	0,03 –	0,09 –	0,21 –	0,00 –	18,00 –	0,00 –	2,00 –
0,00 –	26,00 –	16,00 –	0,30 –	0,00 –	30,00 –	0,04 –	0,03 –	0,05 –	0,00 –	3,00 –	0,00 –	0,01 –
0,00 –	50,00 –	44,00 –	1,00 –	0,00 –	40,00 –	0,04 –	0,03 –	0,08 –	0,00 –	5,00 –	0,00 –	0,20 –
0,00 –	36,00 –	30,00 –	0,40 –	0,00 –	20,00 –	0,05 –	0,03 –	0,13 –	0,00 –	12,00 –	0,00 –	0,05 –
0,00 –	24,00 –	20,00 –	0,40 –	0,00 –	200,00 –	0,03 –	0,03 –	0,06 –	0,00 –	7,00 –	0,00 –	0,10 –
0,00 –	33,00 –	24,00 –	0,40 –	0,00 –	23,00 –	0,06 –	0,05 –	0,16 –	0,00 –	38,00 –	0,00 –	0,10 –
66,00 –	27,00 –	54,00 –	1,20 –	0,00 –	1100,00 –	0,06 –	0,09 –	0,10 –	0,00 –	16,00 –	0,00 –	0,50 –
87,00 –	66,00 –	23,00 –	0,70 –	0,00 –	500,00 –	0,10	0,12	0,09	0,00	24,00	0,00 –	1,50 –
12,00 –	28,00 –	40,00 –	0,90 –	0,00 –	400,00 –	0,06 –	0,08 –	0,05 –	0,00 –	9,00 –	0,00 –	0,20 –
00,00 –	33,00 –	34,00 –	0,50 –	0,00 –	11500,00 –	0,08 –	0,05 –	0,15 –	0,00 –	8,00 –	0,00 –	0,50 –
05,00 –	26,00 –	9,00 –	0,70 –	0,00 –	750,00 –	0,06 –	0,05 –	0,26 –	0,00 –	126,00 –	0,00 –	1,40 –

TABLA DE COMPOSICIÓN DE ALIMENTOS

	Energía (Kcal)	Agua (g)	Proteínas (g)	Hidratos de carbono	Fibra (g)	Lípidos (g)	Ácidos grasos saturados (g)	Ácidos grasos monoinsaturados (g)	Ácidos grasos poliinsaturados (g)	Colesterol (mg)
Composición por 100 g										
Guisantes cocidos	59,00 –	80,10 –	5,10 –	8,80 –	6,10 –	0,40 –	0,00 –	0,00 –	0,00 –	0,00 –
Tomate crudo	18,00 –	93,30 –	0,90 –	3,20 –	1,30 –	0,20 –	0,00 –	0,00 –	0,00 –	0,00 –
Champiñones o níscalos cocidos	24,00 –	91,00 –	2,70 –	3,00 –	0,60 –	0,20–	0,00 –	0,00 –	0,00 –	0,00 –
Azúcares y derivados										
Caramelos	398,00 –	4,00 –	0,80 –	98,70 –	0,00 –	0,10 –	0,00 –	0,00 –	0,00 –	0,00 –
Confituras y mermeladas	278,00 –	30,00 –	0,50 –	69,00 –	1,00 –	0,00 –	0,00 –	0,00 –	0,00 –	0,00 –
Miel	307'00 –	23,00 –	0,40 –	76,40 –	0,00 –	0,00 –	0,00 –	0,00–	0,00 –	0,00 –
Pastelería industrial	226,00 –	57,50 –	6,30 –	23,00 –	0,50 –	12,10 –	6,60 –	4,70 –	0,70 –	170,00 –
Cacao en polvo instantáneo	398,00 –	3,00 –	6,00 –	80,00 –	0,80 –	6,00 –	3,50 –	2,00 –	0,20 –	0,00 –
Polos	112,00 –	71,00 –	0,50 –	26,50 –	0,00 –	0,50 –	0,00 –	0,00 –	0,00 –	0,00 –
Azúcar refinado	420,00 –	0,10 –	0,00 –	105,00 –	0,00 –	0,00 –	0,00 –	0,00 –	0,00 –	0,00 –
Chocolate con leche	557,00 –	1,40 –	8,00 –	59,30 –	0,80 –	32,00 –	18,40 –	10,10 –	1,00 –	10,00 –
Chocolate negro	550,00 –	1,00 –	5,00 –	65,00 –	0,80 –	30,00 –	17,80 –	9,60 –	0,90 –	0,00 –
Salsas y condimentos										
Ketchup	108,00 –	68,60 –	2,10 –	24,00 –	0,50 –	0,40 –	0,00 –	0,00 –	0,00 –	0,00 –
Mayonesa	710,00 –	19,40 –	1,30 –	0,70 –	0,00 –	78,00 –	13,30 –	50,80 –	10,50 –	165,00 –
Mostaza	103,00 –	80,00 –	5,50 –	5,40 –	1,30 –	5,00 –	0,66 –	2,40 –	0,91 –	0,00 –
Salsa de tomate comercial	77,00 –	86,00 –	1,70 –	7,20 –	1,90 –	4,60 –	1,10 –	1,90 –	1,40 –	0,00 –
Bebidas										
Agua del grifo	0,00 –	100,00 –	0,00 –	0,00 –	0,00 –	0,00 –	0,00 –	0,00 –	0,00 –	0,00 –
Agua mineral con gas	0,00 –	100,00 –	0,00 –	0,00 –	0,00 –	0,00 –	0,00 –	0,00 –	0,00 –	0,00 –
Bebidas refrescantes carbonatadas sin alcohol	42,00 –	89,00 –	0,00 –	10,50 –	0,00 –	0,00 –	0,00 –	0,00 –	0,00 –	0,00 –
Bebidas light y gaseosas	1,00 –	99,50 –	0,01 –	0,07 –	0,00 –	0,10 –	0,00 –	0,00 –	0,00 –	0,00 –
Café	2,00 –	99,30 –	0,20 –	0,30 –	0,00 –	0,00 –	0,00 –	0,00 –	0,00 –	0,00 –
Cava	73,00 –	91,00 –	0,30 –	1,40 –	0,00 –	0,01 –	0,00 –	0,00 –	0,00 –	0,00 –
Cerveza con alcohol	32,00 –	94,00 –	0,30 –	2,60 –	0,00 –	0,01 –	0,00 –	0,00 –	0,00 –	0,00 –
Cerveza sin alcohol	11,04 –	94,00 –	0,30 –	2,60 –	0,00 –	0,01 –	0,00 –	0,00 –	0,00 –	0,00 –
Coñac	252,00 –	64,00 –	0,00 –	0,01 –	0,00 –	0,00 –	0,00 –	0,00 –	0,00 –	0,00 –
Ginebra	265,00 –	62,10 –	0,00 –	0,00 –	0,00 –	0,00 –	0,00 –	0,00 –	0,00 –	0,00 –
Licores (crema de whisky…)	263,00 –	46,00 –	0,10 –	29,40 –	0,00 –	0,10 –	0,00 –	0,00 –	0,00 –	0,00 –
Zumos de frutas comerciales	48,00 –	87,80 –	0,50 –	10,40 –	0,10 –	0,50 –	0,00 –	0,00 –	0,00 –	0,00 –
Vino blanco	70,00 –	88,40 –	0,10 –	2,00 –	0,00 –	0,00 –	0,00 –	0,00 –	0,00 –	0,00 –
Vino tinto	69,00 –	92,00 –	0,20 –	0,30 –	0,00 –	0,00 –	0,00 –	0,00 –	0,00 –	0,00 –
Whisky	252,00 –	61,90 –	0,00 –	0,10 –	0,00 –	0,00 –	0,00 –	0,00 –	0,00 –	0,00 –
Infusiones	0,00 –	100,00 –	0,00 –	0,00 –	0,00 –	0,00 –	0,00 –	0,00 –	0,00 –	0,00 –
Caldo desgrasado	2,43 –	98,56 –	0,36 –	0,13 –	0,00 –	0,05 –	0,03 –	0,02 –	0,00 –	0,04 –
Horchata de chufa	97,00 –	77,80 –	2,70 –	17,40 –	0,11 –	2,70 –	0,39 –	2,00 –	0,22 –	0,00 –

TABLA DE COMPOSICIÓN DE ALIMENTOS

posición por 100 g								Composición por 100 g				
io	Fósforo (mg)	Calcio (mg)	Hierro (g)	Retinol (µg)	Carotenos (µg)	Tiamina (mg)	Riboflavina (mg)	Vitamina B_6 (mg)	Vitamina B_{12} (µg)	Vitamina C (mg)	Vitamina D (µg)	Vitamina E (mg)
)0 –	95,00 –	25,00 –	1,50 –	0,00 –	300,00 –	0,25 –	0,11 –	0,09 –	0,00 –	13,00 –	0,00 –	0,01 –
)0 –	25,00 –	10,00 –	0,40 –	0,00 –	600,00 –	0,06 –	0,04 –	0,09 –	0,00 –	18,00 –	0,00 –	1,00 –
)0 –	83,00 –	13,00 –	0,80 –	0,00 –	0,00 –	0,02 –	0,25 –	0,06 –	0,00 –	2,00 –	0,00 –	0,00 –
)0 –	12,00 –	5,00 –	0,40 –	0,00 –	0,00 –	0,00 –	0,00 –	0,00 –	0,00 –	0,00 –	0,00 –	0,00 –
UU –	14,00 –	12,00 –	1,00 –	0,00 –	0,00 –	0,00 –	0,00 –	0,00 –	0,00 –	5,00 –	0,00 –	0,00 –
00 –	17,00 –	5,00 –	0,40 –	0,00 –	0,00 –	0,00 –	0,05 –	0,30 –	0,00 –	0,00 –	0,00 –	0,00 –
00 –	110,00 –	65,00 –	1,00 –	120,00 –	200,00 –	0,05 –	0,15 –	0,07 –	0,00 –	0,50 –	0,91 –	0,45 –
00 –	210,00 –	40,00 –	3,70 –	0,00 –	38,00 –	0,04 –	0,04 –	0,03 –	0,00 –	0,00 –	0,00 –	0,13 –
00 –	26,00 –	15,00 –	0,40 –	0,00 –	0,00 –	0,02 –	0,05 –	0,02 –	0,00 –	2,00 –	0,00 –	1,20 –
,00 –	0,10 –	0,40 –	0,06 –	0,00 –	0,00 –	0,00 –	0,00 –	0,00 –	0,00 –	0,00 –	0,00 –	0,00 –
00 –	255,00 –	220,00 –	1,80 –	0,00 –	40,00 –	0,10 –	0,35 –	0,07 –	0,00 –	0,00 –	0,00 –	0,40 –
,00 –	213,00 –	67,00 –	2,70 –	0,00 –	38,00 –	0,05 –	0,13 –	0,04 –	0,00 –	0,00 –	0,00 –	0,25 –
,00 –	40,00 –	22,00 –	0,90 –	0,00 –	600,00 –	0,04 –	0,05 –	0,13 –	0,00 –	15,00 –	0,00 –	1,50 –
,00 –	46,00 –	15,00 –	0,60 –	64,00 –	50,00 –	0,02 –	0,05 –	0,03 –	0,70 –	0,00 –	0,50 –	17,00 –
,00 –	40,00 –	22,00 –	1,80 –	0,00 –	0,00 –	0,10 –	0,20 –	0,00 –	0,00 –	75,00 –	0,00 –	0,00 –
),00 –	33,00 –	17,00 –	0,70 –	30,00 –	1000,00 –	0,06 –	0,05 –	0,00 –	0,00 –	11,00 –	0,20 –	1,00 –
),50 –	0,00 –	6,30 –	0,01 –	0,00 –	0,00 –	0,00 –	0,00 –	0,00 –	0,00 –	0,00 –	0,00 –	0,00 –
),30 –	0,00 –	8,00 –	0,00 –	0,00 –	0,00 –	0,00 –	0,00 –	0,00 –	0,00 –	0,00 –	0,00 –	0,00 –
,00 –	10,00 –	5,00 –	0,01 –	0,00 –	0,00 –	0,00 –	0,00 –	0,00 –	0,00 –	0,00 –	0,00 –	0,00 –
3,00 –	8,00 –	9,00 –	0,03 –	.0,00 –	0,00 –	0,01 –	0,01 –	0,00 –	0,00 –	0,00 –	0,00 –	0,00 –
6,00 –	2,00 –	2,00 –	0,00 –	0,00 –	0,00 –	0,00 –	0,01 –	0,00 –	0,00 –	0,00 –	0,00 –	0,00 –
8,00 –	7,00 –	7,00 –	0,50 –	0,00 –	0,00 –	0,01 –	0,01 –	0,02 –	0,00 –	0,00 –	0,00 –	0,00 –
0,00 –	13,00 –	6,00 –	0,03 –	0,00 –	0,00 –	0,01 –	0,02 –	0,04 –	0,05 –	0,00 –	0,00 –	0,00 –
0,00 –	13,00 –	6,00 –	0,03 –	0,00 –	0,00 –	0,01 –	0,02 –	0,04 –	0,05 –	0,00 –	0,00 –	0,00 –
2,00 –	0,00 –	0,00 –	0,00 –	0,00 –	0,00 –	0,00 –	0,00 –	0,00 –	0,00 –	0,00 –	0,00 –	0,00 –
0,00 –	0,00 –	0,00 –	0,10 –	0,00 –	0,00 –	0,00 –	0,00 –	0,00 –	0,00 –	0,00 –	0,00 –	0,00 –
5,00 –	20,00 –	6,00 –	0,07 –	0,00 –	0,01 –	0,01 –	0,02 –	0,04 –	0,00 –	0,00 –	0,00 –	0,01 –
45,00 –	15,00 –	9,00 –	0,30 –	0,00 –	80,00 –	0,07 –	0,02 –	0,05 –	0,00 –	34,00 –	0,00 –	0,07 –
5,00 –	10,00 –	10,00 –	0,90 –	0,00 –	0,00 –	0,01 –	0,01 –	0,02 –	0,00 –	0,00 –	0,00 –	0,00 –
)0,00 –	20,00 –	7,00 –	0,90 –	0,00 –	0,00 –	0,01 –	0,02 –	0,02 –	0,00 –	0,00 –	0,00 –	0,00 –
2,50 –	5,00 –	0,90 –	0,02 –	0,00 –	0,00 –	0,01 –	0,01 –	0,00 –	0,00 –	0,00 –	0,00 –	0,00 –
0,50 –	0,00 –	6,30 –	0,01 –	0,00 –	0,00 –	0,00 –	0,00 –	0,00 –	0,00 –	0,00 –	0,00 –	0,00 –
6,97 –	5,69 –	9,04 –	0,07 –	0,00 –	0,00 –	0,00 –	0,00 –	0,00 –	0,00 –	0,00 –	0,00 –	0,00 –
48,00 –	0,00 –	32,00 –	1,33 –	0,00 –	0,00 –	0,02 –	0,00 –	0,00 –	0,00 –	0,00 –	0,00 –	0,00 –

Fuente: *Llibre Blanc: Avaluació de l'estat nutricional de la població catalana, 1992-1993.* Departament de Sanitat i Seguretat Social de la Generalitat de Catalunya. Barcelona, marzo de 1996. 229

GLOSARIO DE TÉRMINOS

abdomen Parte del cuerpo situada entre la zona inferior de las costillas y la cadera. En el abdomen se encuentran el estómago, el hígado, los riñones y los intestinos, entre otros órganos.

absorción Proceso por el cual los nutrientes contenidos en los alimentos aportados por la dieta pasan del aparato digestivo al torrente sanguíneo.

ácido graso Constituyente de las grasas formado por cadenas de carbono e hidrógeno. Los ácidos grasos pueden ser saturados e insaturados.

ácido fólico Vitamina del grupo B (B$_9$). Una carencia de esta vitamina durante los primeros meses de embarazo puede favorecer la incidencia de malformaciones en el tubo neural del feto.

ácido láctico Producto resultante de una intensa actividad muscular que llega a ser excretado por la orina.

aditivo Sustancia que se añade a los alimentos para conservarlos o mejorar sus características organolépticas (colorearlos, darles sabor o textura, aromatizarlos, etc.).

adobar Introducir alimentos crudos en un aliño antes de cocinarlos.

albúmina Proteína presente en muchos tejidos animales y vegetales, soluble en agua y coagulable por la acción del calor.

alimento funcional Alimento con demostrado efecto beneficioso para la salud.

alimento procesado Alimento que ha sido tratado o modificado mediante algún proceso con el fin de conservarlo o para mejorar alguna cualidad organoléptica (color, sabor, etc.).

alimento refinado Alimento que ha sido tratado para eliminar alguna parte o componente. Este proceso puede provocar que se pierdan sustancias tales como la fibra y algunas vitaminas, reduciendo así la calidad nutricional del alimento.

amasar Trabajar con las manos o a máquina una preparación culinaria para homogeneizar los ingredientes.

aminoácido Unidad estructural fundamental de las proteínas. La calidad de la proteína dependerá de los diferentes aminoácidos que la componen, así como de la cantidad y secuencia de los mismos. Existen 8 aminoácidos esenciales en el adulto y 10 en el niño, que el organismo no es capaz de sintetizar y deben ser aportados por la alimentación.

anabolismo Conjunto de procesos de síntesis o formación de sustancias y componentes del organismo.

antibiótico Sustancia capaz de inhibir o eliminar el crecimiento de otros microorganismos.

anticuerpo Proteína producida por el organismo humano para combatir los microorganismos extraños que puedan amenazar la salud.

antioxidante Sustancia que evita la oxidación de otras sustancias, a través de su propia oxidación. Se consideran sustancias antioxidantes las vitaminas A, C y E, el zinc, el selenio…

aromatizar Añadir vino, licores y/o especias y hierbas aromáticas a una preparación.

arteria Vaso sanguíneo que lleva sangre del corazón a órganos y tejidos.

articulación Punto de unión de dos o más huesos, rodeados de tejidos protectores y conectados mediante ligamentos.

artrosis Inflamación dolorosa y rigidez de las articulaciones que puede provocar deformaciones.

arteriosclerosis Endurecimiento y pérdida de elasticidad de las arterias.

ateroesclerosis Proceso de endurecimiento y rigidez que se caracteriza por el depósito de placas de ateroma en las paredes de las arterias.

bacteria Microorganismo que se puede encontrar en el aire, en el suelo y en el agua. Algunas pueden provocar enfermedades, pero otras son muy útiles y beneficiosas, como las que se encuentran en el intestino y contribuyen al proceso de digestión.

bactericida Sustancia de origen natural o sintetizada químicamente que es capaz de destruir bacterias

baño maría Cocción de una preparación en un recipiente sumergido dentro de otro que contiene agua caliente. Cocción indirecta.

bazo Órgano situado en la parte superior izquierda del abdomen. Produce linfocitos (tipo de glóbulos blancos) y controla la calidad de los glóbulos rojos de la sangre.

bebida isotónica Preparado con una concentración determinada de sales minerales, vitaminas y en algún caso azúcares, destinado a reponer los líquidos y solutos perdidos a través de la sudoración intensa.

beneficio ponderal Ganancia de peso.

bilis Líquido amarillo verdoso que se forma en el hígado. Se almacena en la vesícula biliar y contribuye a la digestión de las grasas.

blanquear Dar un ligero hervor a las verduras, pescados o carnes para ablandarlos o suavizar su color o sabor. Acción previa a ciertos procesos de conservación y congelación.

cafeína Sustancia de origen natural con acción estimulante. Se encuentra principalmente en el café, el té y en los refrescos de cola.

caloría Unidad de medida de la energía en nutrición.

capilares Vasos sanguíneos de diámetro muy pequeño y paredes finas que comunican las arterias pequeñas (arteriolas) con las venas, permitiendo que los nutrientes y el oxígeno pasen a los tejidos y recogiendo los productos de desecho.

carbohidrato Compuesto químico formado por carbono, hidrógeno y oxígeno. Están presentes en los alimentos en diferentes formas y porcentajes: carbohidratos complejos (cereales, legumbres, patata, etc.) y carbohidratos simples o azúcares (miel, fruta, leche, etc.). Proporcionan energía al organismo.

carbo loading Superalmacenamiento de carbohidratos en el organismo con el fin de aumentar las reservas de glucógeno.

carcinógeno Sustancia o agente capaz de desarrollar células cancerígenas.

cardiovascular Relativo al corazón y al sistema circulatorio.

cartílago Tejido resistente y elástico que recubre y protege los extremos de los huesos y las articulaciones.

catabolismo Conjunto de procesos de destrucción o disgregación de componentes químicos del organismo.

célula Unidad estructural y funcional de todos los seres vivos.

cetogénesis Utilización masiva de las grasas de reserva como sustrato energético que implica una importante producción de cuerpos cetónicos.

cobertura Baño de chocolate, yema, clara batida con azúcar, etc., de cierta consistencia, que se utiliza para cubrir diferentes preparaciones: tartas, pasteles, etc.

cocer Someter un alimento o preparación a cocción durante un tiempo determinado para su posterior consumo.

colágeno Proteína que mantiene unidas las células y tejidos. Es un componente muy importante de huesos, cartílagos y piel.

colesterol Tipo de grasa que se sintetiza, principalmente, en el hígado y puede también ingerirse a través de la alimentación. Se encuentra exclusivamente en los alimentos de origen animal.

colitis Inflamación del colon que provoca diarrea y, algunas veces, dolores de estómago y fiebre.

colon Intestino grueso.

condimentar Añadir sal, especias, hierbas aromáticas, vino o licor a un alimento para darle sabor, color y aroma.

crudívoro Persona cuya alimentación excluye cualquier alimento que no sea ingerido en crudo. Generalmente es vegetariano.

cuajar Coagular o espesar preparaciones por acción del calor o del frío.

cuerpos cetónicos Derivados de los ácidos grasos, producidos en el hígado en caso de ayuno prolongado o de dietas muy pobres en carbohidratos.

desalar Sumergir un alimento en agua para que pierda total o parcialmente su contenido en sal.

desgrasar Retirar total o parcialmente la grasa de un caldo u otra preparación culinaria.

deshidratación Proceso por el cual se reduce el agua de un producto. Pérdida o falta de agua del organismo.

desnutrición Mal estado de salud provocado por la falta de uno o más nutrientes.

diabetes Enfermedad provocada por el déficit de insulina. Se produce una incapacidad del organismo para utilizar los hidratos de carbono como fuente de energía.

digestión Proceso de transformación de los nutrientes aportados por los alimentos para que puedan ser absorbidos e incorporados al organismo.

diurético Sustancia capaz de incrementar la cantidad de líquido excretado por el organismo.

dorar Cocinar un alimento hasta que se forma una costra dorada alrededor que evita que salgan los jugos del interior durante la cocción.

ejercicio físico anaeróbico Ejercicio físico que exige gran esfuerzo muscular en breve espacio de tiempo. Al tratarse de ejercicio muy intenso, el músculo no tiene tiempo de utilizar el oxígeno y se vale de otras vías metabólicas para obtener energía.

ejercicio físico aeróbico Ejercicio físico de larga duración y resistencia. La obtención de energía se realiza a partir de la utilización de oxígeno para quemar la glucosa .

embridar Atar carnes o aves para que conserven una determinada forma durante la cocción.

empanar Rebozar un alimento en huevo y pan rallado antes de freírlo en aceite.

encamisar Forrar las paredes interiores de un molde con pasta, gelatina, tocino o verduras, dejando el centro para rellenar con una farsa.

encurtidos Alimentos vegetales conservados en vinagre.

endorfina Grupo de polipéptidos endógenos que pueden presentar acciones similares a la morfina.

enharinar Pasar un alimento sólo por harina antes de freírlo.

emplatar Colocar los alimentos ya preparados en el plato o bandeja donde serán servidos.

enzimas Sustancias, generalmente de naturaleza proteica, que intervienen en el metabolismo de los seres vivos, modificando y, generalmente, acelerando la velocidad de las reacciones químicas.

escabeche Preparación a base de aceite, agua, vinagre, sal y especias utilizada desde muy antiguo para conservar los alimentos, básicamente la carne y el pescado previamente cocinados.

escaldar Sumergir un alimento en agua hirviendo durante un corto espacio de tiempo.

escalfar Cocer durante pocos minutos un alimento en un líquido a temperatura próxima al punto de ebullición.

escalopar Cortar un alimento en láminas, al través.

escamar Retirar las escamas de un pescado.

esfínter Anillo muscular que deja una zona de paso en el centro y que sirve de válvula para regular el flujo de entrada y/o salida.

esófago Tubo de paredes musculares que une la boca con el estómago.

esperanza de vida Edad media que una persona puede esperar alcanzar. Se basa en datos estadísticos.

espumar Retirar con una espumadera la espuma y las impurezas formadas en la superficie de un caldo o salsa.

estofar Acción de guisar en la que todos los ingredientes se ponen crudos y generalmente al mismo tiempo.

estrés Tensión emocional que interfiere en el bienestar de la persona. Si es prolongado, puede llegar a perjudicar la salud (dolores musculares, insomnio, depresión, alteraciones inmunológicas, etc.).

estrógeno Hormona sexual. En la mujer, son responsables de los caracteres sexuales secundarios. Intervienen en la regulación del ciclo menstrual.

farsa Pasta utilizada para rellenar diferentes alimentos. Puede ser a base de pescados, carnes o verduras.

fibra alimentaria Sustancia que se encuentra en los alimentos de origen vegetal y que el organismo humano no es capaz de digerir ni absorber. Su función es, principalmente, mecánica y reguladora del tránsito intestinal.

fisiología Ciencia que estudia los órganos de los seres vivos, así como sus funciones.

flambear Rociar una preparación con un licor y prenderle fuego.

fondo o «fumet» Preparación resultante de la cocción concentrada de una serie de alimentos que se utiliza para mejorar ciertas preparaciones. Puede ser de carne, de pescado, de setas, etc.

fructosa Hidrato de carbono simple, soluble en agua y con gran poder edulcorante. Se encuentra principalmente como componente de frutas y miel.

gastritis Inflamación del estómago.

glasear Cubrir una preparación con mermelada cocida, azúcar, zumo de limón o licor. Proporciona brillo y transparencia al conjunto.

glucagón Hormona fabricada en el páncreas que contrariamente a la insulina, ejerce una acción hiperglucemiante, activando las reservas de glucógeno hepático.

glúcido Sinónimo de carbohidrato o azúcar.

glucógeno Forma de almacenar los hidratos de carbono en los animales. Los depósitos de glucógeno se localizan en el hígado y en los músculos.

glucosa Hidrato de carbono simple, soluble en agua y con gran poder edulcorante. Principal fuente de energía celular.

grasa saturada Grasa en la cual predominan los ácidos grasos saturados (sin ningún doble enlace). Suele ser sólida a temperatura ambiente. Un elevado consumo de este tipo de grasa se relaciona con la mayor incidencia de enfermedades cardiovasculares. La manteca es un alimento muy rico en este tipo de grasa.

grasa monoinsaturada Grasa en la cual predominan los ácidos grasos monoinsaturados. Sólo existe un doble enlace entre sus ácidos grasos. Es líquida a temperatura ambiente. Un alimento muy rico en esta grasa es el aceite de oliva.

grasa poliinsaturada Grasa en la cual predominan los ácidos grasos poliinsaturados. Existen dos o más dobles enlaces entre sus ácidos grasos. El aceite de girasol es un alimento muy rico en este tipo de grasa. Es líquida a temperatura ambiente.

gratinar Dorar en el horno la superficie de un alimento cubierto con queso o pan rallado.

guarnición Preparación que acompaña al plato principal.

hemoglobina Proteína de los glóbulos rojos de la sangre que les proporciona su color y la capacidad de transportar oxígeno.

hígado Órgano situado en el abdomen que, entre otras funciones, fabrica proteínas plasmáticas, regula el nivel de aminoácidos y es almacén de glucógeno.

hipercolesterolemia Nivel excesivo de colesterol total en sangre.

hiperglucemia Exceso de glucosa en la sangre.

hiperglucemiante Relativo a la sustancia que aumenta los niveles de glucosa en sangre.

hipertensión arterial Valor de la presión sanguínea por encima de los valores considerados normales según las características individuales.

hipoglucemia Nivel bajo de glucosa en la sangre. Puede llegar a tener consecuencias neurológicas graves.

hipoglucemiante Relativo a la sustancia que reduce los niveles de glucosa en sangre.

hipotálamo Glándula situada en la base del cerebro responsable del control de múltiples funciones, entre ellas el hambre y la sed.

hormonas Sustancias segregadas por diferentes glándulas que contribuyen al control de diferentes funciones vitales (desarrollo sexual, crecimiento, etc.).

hueso Unidad estructural del esqueleto de los animales vertebrados. Tejido duro y resistente que contiene diversos minerales, el más abundante de los cuales es el calcio.

infarto de miocardio Fallo repentino del suministro de sangre al corazón. Puede provocar daños irreversibles y fatales.

inflamación Reacción de los tejidos de un organismo a las lesiones o infecciones. Provoca dolor, hinchazón, enrojecimiento y aumento de temperatura de la zona afectada.

inmunidad Capacidad del organismo para hacer frente a determinados microorganismos y enfermedades mediante la producción de anticuerpos.

insulina Hormona segregada por el páncreas que reduce los niveles de glucosa en sangre facilitando la entrada de glucosa en las células.

intestino Órgano del sistema digestivo que va del estómago al esfínter anal. Se diferencia en intestino delgado e intestino grueso.

intestino delgado Segmento del intestino que va desde el estómago hasta el ciego (intestino grueso). En el adulto tiene una longitud aproximada de 7 metros. Se divide en 3 segmentos: duodeno (porción inicial), yeyuno (parte intermedia) e íleon (porción contigua al intestino grueso).

intestino grueso Segmento del intestino que va desde el intestino delgado hasta el ano. En el adulto tiene una longitud aproximada de 1,70 metros. Rodea al intestino delgado y se divide en tres partes: colon ascendente (lado derecho del abdomen), colon transverso y colon descendente (lado izquierdo del abdomen).

intrauterino Ubicado dentro del útero.

juliana Técnica de cortar un alimento, generalmente verduras, en tiras finas.

levadura En pastelería y panadería, masa fermentada que se mezcla con otra o con harina para hacerla fermentar.

ligar Añadir mantequilla o yema de huevo a una salsa previamente preparada para conseguir que quede fina y bien unida.

linfa Fluido del organismo que contiene glóbulos blancos, proteínas y grasas.

lípido Sinónimo de grasa. Nutriente energético que libera 9 kilocalorías por gramo.

liposoluble Sustancia que puede disolverse en grasa.

macerar Sumergir un alimento durante cierto tiempo, en un líquido con hierbas aromáticas a fin de perfumarlo y ablandarlo. El líquido se suele utilizar después en la elaboración de la salsa.

marinar Técnica utilizada para aromatizar y hacer comestible un alimento (especialmente pescado) sin necesidad de cocerlo.

mechar Introducir en el interior de un alimento tiras de tocino, jamón, etc., antes de guisarlo, para hacerlo más jugoso.

médula Tejido blando que se encuentra en el interior de los huesos y que interviene, entre otras funciones, en la formación de células sanguíneas.

membrana Tejido fino que conecta, cubre o protege las células o los órganos.

metabolismo basal Cantidad de energía mínima que necesita un individuo para mantener sus constantes vitales en funcionamiento.

metabolismo Conjunto de reacciones bioquímicas que tienen lugar en el organismo y que incluyen los procesos de síntesis y degradación que permiten a los seres vivos realizar sus funciones vitales.

molécula Unión de dos o más átomos mediante un enlace químico. Es la partícula más pequeña que puede existir de un compuesto.

músculo Conjunto de células especializadas y con capacidad de contracción y distensión para ejecutar movimientos.

napar Cubrir una preparación con una capa de salsa.

nulípara Hembra que no ha parido nunca.

nutriente Sustancia imprescindible para la vida. Los distintos nutrientes están contenidos en los alimentos y llegan al organismo a través del proceso alimentario. Los seis nutrientes son: hidratos de carbono, lípidos, proteínas, vitaminas, minerales y agua.

obesidad Exceso de grasa corporal que ocasiona un aumento de peso por encima de las recomendaciones en función de las características individuales (sexo, edad, altura, complexión).

órgano Conjunto de tejidos que trabajan al unísono para llevar a cabo una función determinada.

organoléptica Impresión sensorial referida al olor, color, sabor...

osteoporosis Pérdida de masa ósea que implica que los huesos sean más frágiles.

palatabilidad De paladar. Referente al gusto.

panaché Hortalizas y verduras cocidas que se presentan juntas como plato o guarnición.

patógeno Elemento, sustancia o situación que puede producir enfermedad.

perfumar Aromatizar.

peristaltismo Movimiento progresivo característico del intestino.

picar Cortar finamente un alimento o un condimento.

pirosis Acidez. Sensación de ardor que sube del estómago hacia la faringe.

placa de ateroma Depósito de lípidos formando placas que tiende a depositarse en las arterias y a obstruirlas.

placa dental Sustancia formada por saliva, bacterias y restos de alimentos que se deposita sobre los dientes, siendo la causa principal de la caries dental.

placebo Sustancia inactiva desde el punto de vista farmacológico. Puede funcionar a nivel psíquico.

prebiótico Sustancia no digerible capaz de estimular el crecimiento de las bacterias beneficiosas del colon (por ejemplo, fibra, fructooligosacáridos, etc.).

precursor Sustancia necesaria para fabricar otra.

prensar Colocar un peso encima de un alimento o una preparación para conseguir que pierda agua.

presión sanguínea Presión que ejerce la sangre sobre las arterias principales del cuerpo al ser bombeada.

probiótico Microorganismo con efecto beneficioso para la salud (por ejemplo, bífidobacterias).

proceso biológico Conjunto de actuaciones vitales o de la propia existencia.

progesterona Hormona sexual femenina, necesaria para el buen funcionamiento del sistema reproductor femenino.

profilaxis Prevención.

proteína Molécula formada por aminoácidos unidos formando largas cadenas. Las proteínas de los alimentos proporcionan al organismo los aminoácidos necesarios para la formación de estructuras y el mantenimiento de la vida.

rad Unidad de medida de radiaciones ionizantes.

reducir Concentrar un líquido, caldo o salsa, cociéndolo el tiempo suficiente para conseguir que pierda agua.

refinado Proceso químico que permite la purificación de una sustancia.

refrescar Sumergir un producto en agua fría inmediatamente después de cocido para interrumpir la cocción.

regar Echar un líquido sobre un alimento.

rehogar Cocinar los alimentos lentamente y tapados, para que se hagan en su propio jugo sin que cojan color.

remojar Sumergir en un líquido un alimento desecado para que recupere la humedad.

respiración Entrada y salida de aire de los pulmones. También describe la utilización del oxígeno por parte de las células de un organismo.

riñones Órganos situados en el abdomen a ambos lados de la columna vertebral. Filtran la sangre, eliminando así los productos de desecho y los excretan a través de la orina.

sacáridos Azúcares.

salar Añadir sal a un alimento o a una preparación.

saltear Pasar por aceite un alimento a fuego vivo.

salubridad Conjunto de condiciones sanitarias idóneas para el consumo de un alimento o producto alimentario.

sazonar Hacer más sabroso un alimento mediante diferentes ingredientes: sal, aceite, especias, hierbas aromáticas, etc.

secreción Producción y emisión de sustancias por parte de las células, glándulas u órganos.

sistema Conjunto de órganos que trabajan al unísono para llevar a cabo una función determinada.

sistema nervioso central Conjunto de órganos que está constituido por el cerebro y la médula espinal.

sístole/diástole Movimientos de contracción (sístole) y relajación (diástole) del corazón. La presión sanguínea llega al nivel máximo en la sístole y al mínimo en la diástole. Son los dos puntos de medida de la presión arterial.

sofreír Sinónimo de rehogar. Generalmente se aplica a la salsa de cebolla y tomate, siendo la base de muchos platos tradicionales.

soluto Sustancia disuelta en un líquido.

tamizar Pasar por el tamiz o por un colador fino harina o pan rallado para sacarle las impurezas. Convertir un producto en puré, pasándolo por el tamiz.

tasa de morbilidad Proporción de enfermedad de una determinada comunidad.

tasa de mortalidad Proporción de defunciones de una determinada comunidad.

tejido Conjunto de células especializadas que se unen para realizar una función concreta.

terapia Tratamiento de una enfermedad, alteración física o mental utilizando diversas sustancias o métodos: *farmacoterapia* (tratamiento mediante la administración de fármacos), *quimioterapia* (tratamiento con sustancias químicas), *radioterapia* (tratamiento mediante una fuente de radiactividad), *dietoterapia* (tratamiento a través de la dieta), *psicoterapia* (tratamiento mediante métodos psicológicos).

testosterona Hormona sexual masculina.

T.I.A. Toxiinfección alimentaria. Trastorno provocado por la ingesta de un alimento en mal estado.

tornear Redondear con un cuchillo un alimento para darle una forma artística y utilizarlo como guarnición de un plato.

tóxico Venenoso, dañino y en algunos casos, mortal.

toxina Sustancia tóxica generada por una bacteria.

tubo neural Médula espinal del embrión.

tumor Masa de tejido, formado cuando las células de una zona determinada se multiplican de forma anómala. Pueden ser benignos o malignos (cancerosos).

úlcera Herida producida por la pérdida de sustancia. Se localiza en la piel o en las mucosas.

vacuna Sustancia que se utiliza para inducir inmunidad contra algunas enfermedades infecciosas. Sensibiliza al sistema inmunitario frente a bacterias, virus o toxinas que producen la enfermedad específica.

varices Venas dilatadas localizadas debajo de la piel. También existen las varices internas, que no son visibles desde el exterior.

vegetariano Persona cuya alimentación excluye, en mayor o menor medida, alimentos de origen animal.

vena Vaso sanguíneo que transporta la sangre desde los diferentes órganos y tejidos hasta el corazón.

virus Agente .infeccioso microscópico, mucho más pequeño que una bacteria. Puede causar enfermedades de diversa gravedad.

BIBLIOGRAFÍA RECOMENDADA

ALCALDE, M., PLOU, J.F., GÓMEZ, A., MARTÍN, M. y BALLESTEROS, A. ALEMANY, M.,: Enciclopedia de las dietas y la nutrición. Ed. Planeta. Barcelona, 1995.

ALEMANY, M.: Obesidad y nutrición. Alianza Editorial. Madrid, 1992

ARANCETA, J., SERRA, Ll., ORTEGA, R., ENTRALA, A. y GIL, A.: Las vitaminas en la alimentación de los españoles. Estudio eVe. Ed. Panamericana. Madrid, 2000.

CERVERA, P., Clapés, J. y RIGOLFAS, R.: Alimentación y dietoterapia. 3ª ed. Ed. Interamericana-McGraw-Hill. Madrid, 1999.

CERVERA, P.: Alimentación materno-infantil. Ed. Masson. Barcelona, 2000.

CONTRERAS, J.: Antropología de la alimentación. Ed. Eudema. Madrid, 1993.

CREFF, A. F. y BEIARD, L.: Deporte y alimentación. Ed. Hispano Europea. Madrid, 1987.

CRUZ, J.: Alimentación y cultura. Antropología de la conducta alimentaria. Ed. Eunsa. Pamplona, 1991.

FISCHLER, C.: L'Homnivore. Ed. Odile Jacob. París, 1993.

FOZ, M. y FORMIGUERA, X.: Obesidad. Ed. Harcourt Brace. Madrid, 1998.

GRANDE COVIÁN, F.: Nutrición y salud. Ed. Temas de Hoy. Madrid,1993.

GRANDE COVIÁN, F.: La alimentación y la salud. Fundación Príncipe de Asturias. Oviedo, 1993.

HARRIS, M.: Bueno para comer. Alianza Editorial. Madrid, 1994.

LLOVERAS, G. y SERRA, J.: Comer, salud y placer. Ed. acv. Barcelona, 2000.

MATAIX, J. y CARAZO, M.: Nutrición para educadores. Ed. Díaz de Santos. Madrid, 1995.

MUÑOZ, M., ARANCETA, J. y GARCÍA-JALÓN, I.: Nutrición aplicada y dietoterapia. Ed. Eunsa. Pamplona , 1999.

SALAS, J. et al. Nutrición y dietética clínica. Ed. Masson. Barcelona, 2000 .

SEGURA, R., WEBB, S., TOVAR, J.L. y GAUSÍ, C.: Los minerales y la salud. Ed. Debolsillo. Barcelona, 2000.

SERRA, Ll. y ARANCETA, J.: Desayuno y equilibrio alimentario. Estudio EnKid. Ed. Masson, Barcelona, 2000.

SERRA, Ll., ARANCETA, J. y Mataix, J.: Nutrición y salud pública. Ed. Masson. Barcelona, 1995.

SERRA, Ll., ARANCETA, J. y MATAIX, J.: Guías alimentarias para la población española. Documento de consenso. Ed. Sociedad Española de Nutrición Comunitaria. Barcelona, 1995.

TURÓN, V.J.: Trastornos de la alimentación. Anorexia nerviosa, bulimia y obesidad. Ed. Masson, 1997.